3년 후
AI 초격차 시대가 온다

3년 후 AI 초격차 시대가 온다

3000퍼센트 가치 창출의 시작

정두희 지음

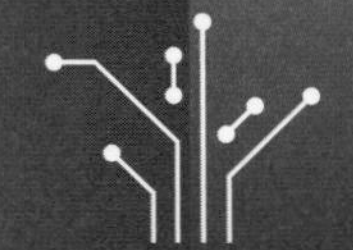

청림출판

한 그루의 나무가 모여 푸른 숲을 이루듯이
청림의 책들은 삶을 풍요롭게 합니다.

| 서문 |

앞으로 3년, AI 초격차 시대를 대비하라

우리는 지금 인공지능으로 인해 새로운 혁명기에 진입했다. 18세기 산업혁명은 인류에게 전례 없는 생산성 향상을 선사하며 역사의 중요한 전환점을 만들었다. 지난 혁명이 인간의 근육을 능가하는 것이었다면 지금의 혁명은 두뇌를 능가한다. 제조 등 특정 영역에 국한되는 지난 혁명과 달리 지금 혁명은 모든 산업을 아우른다.

10만 명 넘는 직원을 둔 거대기업들은 어떤 직원이 직장을 그만두고 이직하려 하는지를 인공지능으로 파악하고 있다. IBM 왓슨Watson의 이직예측 시스템은 95% 확률로 이직 직원을 예측한다. 인공지능은 우리 생명과 밀접한 의료 현장에서도 중요한 역할을 할 것이다. 이미 자궁암, 방광암 등의 암은 인공지능이 100%에 가까운 정확도로 검진을 해내고 있다. 이세돌과의 바둑 대결에서 승리한 알파고AlphaGo를 개발한 딥마인드Deep Mind도 2019년 들어서 첫 번째 상업용 제품을 내놓기 시작했다. 녹내장, 백내장 등 안과질환을 30초 내에 진단해낼 수 있는 의료기기다. 맛집 리스트는 어디에서나 볼 수 있지만, 요즘에는 로봇 레스토랑 가이드까지 나왔다. 사람 대신 로봇이 대신 요리를 해주는 무인 레스토랑이 리스트를 작성할 정도로 늘어났다는 뜻이다.

AI, 이상과 현실의 불일치

'AI의 대중화'는 미래 전망이 아니라 이미 눈앞에 닥치고 있는 현실이다. 과거에는 상상도 못하던 일이 지금 가능해지고 있다. 인공지능에 대한 기대는 매우 크다. 문제는, 기대와 현실 사이에 적지 않은 갭이 있다는 것이다. 〈MIT 슬론매니지먼트리뷰MIT Sloan Management Review〉에 따르면 전 세계적으로 인공지능을 완전히 내재화하여 기업 전반에 통합시킨 기업은 5%가 채 안 되며, 국내의 경우는 더욱 드물다. 인공지능으로 뚜렷한 현금흐름을 창출하고 있는 기업은 찾아보기가 매우 어렵다.

인공지능에 대한 기업의 기대는 매우 크지만 우리나라 기업 현장의 현실은 그에 미치지 못한다. 이유가 무엇일까? 방법론이 부재하기 때문이다. 빠르게 발전하는 AI 기술을 비즈니스 현장에서 어떻게 활용할지에 대한 뚜렷한 전략적 방향이 존재하지 않는다. 그럴 만도 하다. 인류는 이런 종류의 기술을 한 번도 써본 적이 없기 때문이다. 문제는 시장의 변화가 생각보다 매우 빠르다는 것이다. 인공지능 선도기업들은 멀찌감치 앞서가고 있고 그 격차가 점점 커지고 있다.

지금은 인공지능이 많은 산업의 구조를 본격적으로 바꿀 티핑포인트를 목전에 두고 있다. 티핑포인트의 특징 중 하나는, 임계점이 되기 전까지는 거대한 변화가 나타나지 않는다는 것이다. 물이 끓어서 기체로 날아가는 것은 100도를 넘어서면서부터다. 그 전까지는 액체가 뜨거워질 뿐 겉으로 볼 때는 액체 그대로다. 그러나 임계점을 넘어서면 급격히 기체화된다. 임계점은 근본적인 변화를 야기하는 시점이다.

시장도 마찬가지다. 인공지능에 대한 관심과 열기가 뜨거워지고는 있지만 구조적 변화는 아직 나타나지 않고 있다. 새로운 AI 기술의 발전은 끊임없이 보도되고 있지만 인공지능이 기업의 주력사업으로 자리잡진 않았다. 하지만 임계점이 되면 산업 내에 돌이키기 어려운 변화가 급격히 일어날 것이다. 액체가 기체로 바뀌듯 시장 역시 그 성질이 변할 것이다. 지난 산업혁명 이후 가내수공업에서 공장자동화 등으로 근본적인 생산방식이 바뀌었듯이 인공지능이 기업 경쟁력의 실질적인 핵심역량으로 자리잡을 것이다.

초격차의 원동력, AI

맥킨지앤드컴퍼니McKinsey & Company(이하 맥킨지)에 따르면 2022년까지 인공지능 기술을 도입하지 않은 기업이 전 세계적으로 70% 정도 될 것으로 예상한다. 선도기업이 인공지능을 통해 비즈니스를 고도화하여 새로운 현금흐름을 창출하는 동안 이들은 오히려 현금흐름 감소를 겪을 것이다. 후발기업은 뒤늦게 인공지능을 도입하려 하겠지만 그때는 이미 늦으리라는 것을 쉽게 예감할 수 있다. 인공지능의 파괴적 혁신Disruptive Innovation은 모든 산업에서 공통적으로 나타나게 될 현상이다.

그 시점을 지금으로부터 3년으로 보고 있다. 모든 혁신은 저항을 수반하기 때문에 실질적으로 수용하는 데는 충분한 시간이 필요하다. 그러나 인공지능 기술의 발전은 기하급수적으로 이뤄지고 있다. 인공지능의 연료 역할을 하는 데이터의 증가 속도는 갈수록 빨라지고 있고, 선도기업들의 인공지능 학습도 어느덧 무르익고 있다. 시장 또한 서서히 인공지능을 받아들일 준비를 하고 있다. 여러 글로벌 보고서가 공통적으로 이야기하듯, 3년 후부터는 시장의 근본적인 변화가 눈에 띄게 나타날 것이다.

그 시기에 선도기업들은 거대한 성장기회를 얻게 될 것이다. 인공지능에 의해 초지능화된 역량을 기반으로 월등한 제품과 서비스를 배포하고 확산시켜 시장을 장악할 것이다. 이들은 인간의 한계를 극복하고, 과거에는 상상조차 못한 엄청난 가치를 생산해낼 것이다. 소비자는 월등한 인공지능 기술을 보유하거나 활용하는 기업에 열광하게 될 것이다. 인공지능 기반의 비즈니스에 쏠림현상이 일어나 블랙홀처럼 모든 것을 빨아들일 것이다. 더 많은 소비자의 사용 데이터를 기반으로 인공지능 머신은 더욱 강력하게 고도화된다. 이 과정에서 준비되지 않은 수많은 기업이 시장에서 소멸될 것이다.

미래학자 토머스 프레이Thomas Frey는 미래의 거대수익은 과거처럼 노동이나 자산에 기반한 비즈니스가 아니라, 인공지능으로 경쟁우위를 확보한 비즈니스에서 창출된다고 강조했다. 인공지능 기술로 역량을 증폭시킨 소수는 시간이 갈수록 나머지와의 격차를 더 벌리고, 결국 전체를 지배하는 승자독식을 완성할 것이다. 미래 시장에서 인공지능은 초격차의 원동력이다.

인공지능에 의한 산업혁신에는 두 가지 핵심 축이 있다. 첫째는 AI 기술의 발전이고 둘째는 응용 애플리케이션의 증가다. 인공지능의 기술적 발전은 이미 인간이 상상하는 수준 이상까지 도달했고, 시간이 지날수록 발전 속도가 빨라지고 있다. 또한 고도화된 AI 알고리즘은 오픈소스 형태로 대중에 공개되어 일반 기업도 어렵지 않게 높은 기술적 수준을 확보할 수 있게 되었다. AI 기술의 발전은 어느 정도 확정되어 있다고 봐야 한다. 즉, 비즈니스를 개발하는 입장에서 수준 높은 AI 기술은 변수가 아닌 상수다.

중요한 점은 이렇게 고도화된 기술을 어떻게 응용할 것인지, 그 답은 정해져 있지 않다는 것이다. 알파고에 들어간 딥러닝 기술은 그 활용범위를 정하고 출발한 게 아니다. 이 기술은 제조, 금융, 의료, 농업 등 사실상 인류가 활동하는 모든 분야에 활용 가능하다. 실제 어느 분야에서 쓰일 수 있고, 각 분야에 어떻게 적용해야 할지에 대한 가이드라인은 주어지지 않는다. 그 답은 전적으로 시장에 달렸다. 이를 이끄는 게 바로 혁신가다. 기술은 말 그대로 연구실 혹은 실험실에 있는 잠자는 지식이다. 생각해보자. 사람들은 연구실에 있는 기술 그 자체를 이용하는 게 아니다. 사람들은 기술이 반영된 상품과 서비스, 즉 애플리케이션을 통해 기술을 이용한다. 기술이 개발되었다 하더라도 사람들이 사용할 수 있는 상품 및 서비스 형태로 나오지 않는다면 기술은 빛을 보지 못한다. 따라서 인공지능 기술을 실제 애플리케이션으로 응용하는 혁신적인 노력이 진정한 시장의 변화를 일으키는 초석이 된다.

그런데 기술을 어떻게 비즈니스에 적용할지에 대해 시장은 아직 서툴다. 시장에 기술이 존재함에도 불구하고 기술을 응용할 방법론이 없다는 점은 심각한 문제다. AI로 무장한 선도자들에 의해 시장이 파괴되기까지는 3년밖에 남지 않았다. 인공지능 혁신에 대한 방법론이 그 어느 때보다도 절실한 시점이다.

나는 이 공백을 메우기 위해 이 책을 썼다. 이 책은 기업이 AI 기술을 통해 비즈니스를 혁신하거나, AI로 특화된 혁신적 비즈니스를 창출하는 데 도움이 되는 실천적 지식을 전한다. 그동안 우리는 인공지능 관련 서적을 많이 접했다. 그러나 시중의 AI 관련 서적은 대부분 인공지능이 가져올 미래 트렌드에 초점이 맞춰져 있었다. 우리는 다가올 미래가 어떠할지에 대해서는 이미 충분히 들었다. 지금은 행동이 필요한 때다. 인공지능은 선점 게임이다. 시간이 지날수록 AI의 성능은 학습에 의해 고도화되고 데이터는 늘어나며 AI에 대한 숙련도는 커진다. 먼저 시작한 자가 유리할 수밖에 없다. 늦기 전에 AI를 기업 현장에 도입해서 경쟁력을 창출하기 시작해야 한다. 이 책이 그 가이드라인이 되어줄 것이다.

이 책에서는 AI 도입을 위해 알아야 할 중요한 기술적 이슈뿐 아니라, AI의 기능을 기반으로 비즈니스를 혁신하는 방법론, AI 도입을 위해 고려해야 할 실무적 지식, 경영자가 갖춰야 할 자세 등을 다룰 것이다. 실제 비즈니스 현장에서 어떻게 적용할지를 염두에 두고 이 책을 보기 바란다. 이를 위해 실제 비즈니스 사례를 풍부하게 넣었다. 이 책을 통해 많은 기업이 AI로 경쟁력을 확보하고, 더 나아가 우리나라가 AI 강국으로 발돋움하는 데 조금이나마 기여할 수 있기를 희망해본다.

Contents

2장 AI 기술이란 무엇인가

3장 AI 기술과 비즈니스 혁신

| 4장 | 혁신은 실행이다

5장 AI 이노베이터 마인드

1장

이미 시작된 인공지능의 시대

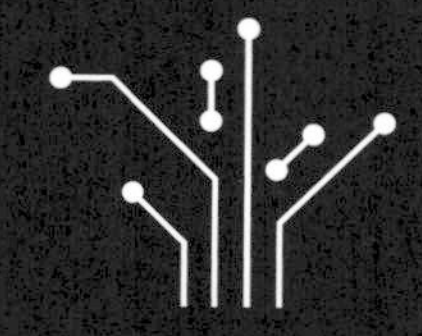

기술이 세상에 눈을 뜨고 있다

인류 역사를 생각해보면 거대한 변화가 일어난 특정 시기들이 있다. 먼저 말과 문자, 즉 언어의 탄생이 대표적이다. 언어의 탄생 이후 인간은 더욱 인간다운 존재가 됐다고 해도 과언이 아니다. 언어가 존재하기 이전에는 언어를 가진 이후의 삶을 상상조차 못했을 것이다. 두 번째 큰 변화는 농업혁명이다. 그 이전에 인류는 수렵·채집 생활을 했지만 농업혁명 이후에는 식량을 저장하는 생활을 하게 되었다. 덕분에 문명이라는 게 생겨났다. 사람들이 정착하고 모여 살면서 도시가 생겼다. 세 번째 큰 변화는 산업혁명이다. 인공적인 동력을 발명한 것이다. 그 전에는 도로, 건물, 옷을 만들 때 사람이나 동물의 근력을 사용해서 한계가 많았다. 그런데 증기, 석탄, 물을 이용해 에너지를 만들고 많은 이들에게 전력을 공급하기 시작하면서 한계를 극복해나갔다. 전기가 발명된 이후 전기모터가 생겼고, 그로 인해 이동수단이 다양화되었으며, 전기를 활용한 다양한 기기가 우리 곁에 함께하게 됐다. 미디어기기, 통신기기를 통해 과거와 달리 즉각적인 연결이 가능해짐에 따라 삶의 방식이 전반적으로 바뀌었다. 현대의 도시는 이때부터 형성되기 시작했다. 값싼 전기를 공급받아 편리한 생활을 하게 된 것이다. 4차 산업혁명은 여기에 인공지능이 더해진 것이다.

그렇다면 4차 산업혁명은 뭐가 다른 것일까? 3차 산업혁명 시대는 세상을 자동화하는 시대였다. 모든 기술이 자동화를 추구하며 개발됐다. 자동화를 주도하는 컴퓨팅 기술과 정보통신기술IT은 무어의 법칙Moore's Law에 따라 그 성능이 급속도로 증가했다. 그러나 4차 산업혁명 시대는 인공지능AI이 세상을 이해하는 시대다. 정보의 양은 감당하기 어려울 정도로 증가하고 있다. 지금 증가하는 데이터의 80% 이상은 보이지 않고invisible, 그 내용을 사람이 알지도 못한다unrecognize. 대신 이제는 컴퓨터가 이미지나 영상 같은 비정형unstructured 정보를 포함해 수많은 양의 데이터를 이해하게 됐다. 그리고 컴퓨터는 데이터를 통해 인간user을 이해하고, 문제에 대한 해결책을 스스로 찾아내게 됐다.

이제 우리는 로봇과 인공지능 기술이 결합된 수많은 솔루션을 경험하는 시대로 진입하고 있다. 스탠퍼드대학교 앤드루 응Andrew Ng 교수는 인공지능 기술이 100년 전 전기의 발명과도 같다고 주장했다. 전기만큼이나 인류에 미치는 영향력이 크다는 의미다. 인공지능, 특히 딥러닝deep learning 기술이 전기전자는 물론 자동차, 항공, 철강, 조선 등 주류

산업에 적용돼 산업의 구조를 크게 바꿀 것이다.

부의 이동이 시작된다

부의 창출 측면에서 4차 산업혁명은 이전 산업혁명들보다 훨씬 큰 변화라고 할 수 있다. 나는 전작《기술지능》에서 4차 산업혁명 시대에는 시장에서의 수익률이 거듭제곱 법칙power law을 따르게 될 것이라고 말한 바 있다. 이는 MIT 슬로언경영대학원MIT Sloan School of Management 교수 에릭 브린욜프슨Erik Brynjolfsson, 미래학자 토머스 프레이 등 전문가들이 강조하는 내용이기도 하다. 쉽게 말하면 시간이 지나 기술의 고도화가 진전될수록 시장의 부가 극소수의 기업 및 기술 권력자에게 흡수된다는 이야기다. 시장에서는 언제나 가장 희소한 자원을 가진 자에게 가장 큰 수익률이 돌아간다. 과거에는 노동자본이 부를 창출했다. 일한 만큼 돈을 벌었고, 노동자가 많은 회사가 더 많은 수익을 거뒀다. 부동산 등 자산 소유 자체가 부를 창출했다. 하지만 이미 많은 이들이 예측하듯, 소프트웨어가 노동을 대체하면서 노동가치는 점차 소멸될 것이며 거의 모든 사물을 저비용으로 프린팅할 수 있는 시대에는 투자 목적의 자산 소유가 무의미해진다. 4차 산업혁명 시대에 희소한 자원은 다름 아닌 기술자본이며, 그 핵심에는 인공지능이 있다. 인공지능, 소프트웨어 등 기술자본을 가진 자가 증폭된 역량을 활용해 월등한 제품을 배포하고 확산시켜 시장을 장악하고, 경쟁사들은 소멸하게 될 것이다. 월등한 인공지능 기술을 보유한 기업에 더 많은 소비자가 몰리고, 소비자의 사용 데이터를 기반으로 인공지능 머신은 더욱 강력하게 고도화된다. 결국 기술로 역량을 향상시킨 소수가 시장을 독식하게 된다.

제리 캐플런Jerry Kaplan 스탠퍼드대학교 교수는 "앞으로 노동은 기술 자본으로 빠르게 대체될 것이다. 혁신가들은 뛰어난 기술을 통해 노동 비용을 줄이고 효율성을 획기적으로 향상시킬 것"이라고 강조했다.

인스타그램이라는 회사를 살펴보자. 2012년 코닥이 파산보호 신청을 하던 그해에 이 회사는 1조 달러 가치를 인정받으며 페이스북에 인수되었다. 당시 직원은 고작 13명이었다. 13명 직원으로 1조 달러 가치를 인정받는 일은 전례 없는 일이다. 이런 사례는 이후로도 계속 나올 것이다. 컴퓨팅 기술의 힘을 여실히 보여주는 사례다. 그런데 인공지능은 이 효과를 배가시키고 있다. 정보기술 전문지 〈와이어드Wired〉의 창업자 케빈 켈리Kevin Kelly는 "인공지능 기술을 활용하면 능력 있는 한두 명의 직원만으로도 수십억 달러의 수익을 창출하는 시대가 열릴 것"이라고 주장했다. 기술을 알고 사용할 줄 아는 사람이라면 인력을 고용하지 않고도 많은 부를 창출할 수 있을 것이기 때문이다.

디즈니를 제치고 세계 최고의 엔터테인먼트 기업으로 자리매김한 넷플릭스의 시가총액은 2014년 말 200억 달러에 불과했지만 2018년 봄이 되자 1,530억 달러까지 불어났다. 4년 만에 7.7배 증가한 것이다. 전 세계 시청자 수는 1억 2,500만 명에 달한다. 넷플릭스의 성공 비결은 인공지능 기술에 바탕을 둔 추천서비스에 있다. 사용자가 선호하

AI 데이트 코치가 배우자를 찾아주는 세상을 그린 〈블랙미러: Hang the DJ〉 / 출처: 넷플릭스

는 콘텐츠를 파악한 후 이를 바탕으로 가장 흥미를 가질 만한 콘텐츠를 추천해주는 시스템이다. 넷플릭스는 우편으로 DVD를 빌려주는 회사로 시작했으나, 기술을 도입하고 비즈니스 모델을 바꾸면서 사용자들의 관심을 끄는 데 성공하여 지금의 공룡 기업으로 성장할 수 있었다.

넷플릭스는 드라마도 자체적으로 제작하는데, 최근 인기를 끄는 드라마 중 〈블랙미러〉라는 게 있다. 이 드라마는 각 시즌이 단편으로 이루어졌는데 그중 시즌 4의 한 에피소드 〈Hang the DJ〉는 인공지능 데이트 코치가 완벽한 배우자를 찾아주는 세상을 그린다. 참여자들의 정보를 분석하고 적절한 상대를 추천해, 몇 번 만나게 한 뒤 적중률을 높여서 최종적으로 운명의 짝을 정해주는 시스템이다. 99.8%의 성공률을 자랑한다.

놀라운 건 현실의 연애에서도 인공지능이 이미 이런 일을 하고 있다는 것이다. 워싱턴대학교의 페드로 도밍고스Pedro Domingos 교수에 따르면 "미국에서 결혼하는 커플의 3분의 1은 인터넷상에서 만나고 있으며, 머신러닝machine learning이 은밀한 중매자 역할을 하기 시작했다"고 한다. 사람의 취향을 학습해서 적절한 상대와의 만남을 주선하고 결혼까지 성사시키는 영화 같은 일이 현실에서 벌어지고 있는 것이다. 과거 남녀 매칭 앱이 한창 인기를 끌었는데, 인공지능이 지능형 매칭 서비스로 이를 고도화한 것이다. 독일의 유명 시장조사업체인 스타티스타Statista에 따르면 미국 매칭 앱의 매출규모는 2018년 12억 달러(약 1조 3,000억 원)에 이르고, 인공지능에 의한 서비스 고도화에 힘입어 2022년에는 16억 달러(약 2조 원)에 이를 것으로 전망된다.

이미 일상으로 들어온 AI

사실 놀라운 일은 아니다. 이미 인공지능은 우리 현실 곳곳에 자리를 잡고 있고, 그중에서도 인공지능 개인비서는 활발히 사용되고 있다. 알다시피 비서처럼 일상의 자잘한 업무를 편리하게 도와주는 서비스다. 애플 디바이스의 시리Siri, Speech Interpretation and Recognition Interface는 사람의 목소리를 인식해서 앱 실행은 물론, 전화를 걸고 문자도 보내주는 서비스로 개발됐다. 이제는 더 나아가 각 개인의 생활 패턴을 학습해서 새로운 인공지능 서비스를 제공한다. 가령, 내가 매일 아침 음악을 들으며 운동을 한다면 시스템이 그걸 배워서 굳이 내가 손으로 재생을 누르지 않아도 이어폰을 꽂자마자 자동으로 음악이 나온다. 그것도 그날 내가 가장 좋아할 만한 음악이 말이다.

구글 나우Google Now는 시리처럼 음성인식을 기반으로 사용자가 어떤 콘텐츠를 원할지 미리 예상하고 보여주는 서비스를 제공한다. 내가 구글에서 평소 류현진과 LA다저스에 관해 검색을 많이 했다면 그 패턴을 보고 내가 류현진의 팬이라는 것을 인지한다. 그리고 경기 관련 사항이나 관전 포인트를 카드 형태로 알려준다. 구글이 분석하는 범위는 매우 광범위하다. 캘린더, 위치정보, 메일 등 다양한 서비스에서 축적된 사용자별 데이터를 통합적으로 수집하여 개개인의 상황을 분석한다. 모니터링 당하는 것 같아 불쾌하다는 사람도 있지만, 구글의 맞춤화 수준은 매우 높다고 볼 수 있다.

아마존의 알렉사Alexa는 에코Echo라는 디바이스의 두뇌 역할을 한다. 날씨를 물어보면 알려주고, 음악을 요청하면 자동으로 재생해주고, 잔디에 15분간 물을 뿌리라든가 거실 청소를 하라든가 하는 다양한 주문을 할 수 있다. 집 안의 센서정보를 이용하여 내 자동차 키가 어디 있는지 아기 방의 온도는 어떤지 등 원하는 정보를 알려주기도 한다.

사람들이 즐겨보는 '테드TED'는 기술Technology, 엔터테인먼트Entertainment, 디자인Design을 주제로 1990년부터 진행된 강연회다. 강연자는 대부분 각 분야의 저명인사와 괄목할 만한 업적을 이룬 사람으로, 매우 다양한 아이디어를 접할 수 있다. TED의 고민은 '어떻게 하면 사람들이 필요로 하는 지식 영상을 쉽게 찾을 수 있게 할 것인가'였다. TED는 IBM의 왓슨 솔루션을 이용해서 이를 해결했다. 예를 들어 돈과 행복의 관계를 알고 싶다고 TED에 입력하면, AI 왓슨은 영상 정보, 영상에 담긴 강사들의 강연 내용 및 자막 정보 등을 전수 분석해서 질문에 가장 적합한 콘텐츠를 적중률 순서대로 보여준다. 중요한 점은 단순히 영상을 리스트업하는 데 그치지 않고 전체 영상 중에서도 내 질문에 적합한 대답 영역만을 재생시킨다는 것이다. 일반 키워드 검색과 응답 방식 자체가 다르다. 이렇게 인공지능은 우리가 모르는 사이에 일상 깊숙이 들어와 있다. 더구나 계속 진화하고 있고, 그 속도도 생각보다 매우 빠를 것이다.

인공지능의 경제적 잠재성

많은 기관이 인공지능이 앞으로 창출할 시장의 규모가 크다는 점을 강조한다. 글로벌 경영컨설팅 회사 맥킨지에 따르면, 인공지능은 2030년까지 전 세계적으로 약 13조 달러의 가치를 추가 창출할 것으로 전망된다. 2018년 기준으로 누적 GDP가 약 16% 증가할 것이다. 연간 GDP 성장률 1.2%에 달하는 효과다. 1800년대 증기기관 도입으로 연간 0.3%의 노동생산성이 향상됐다. 1990년대 로봇자동화의 영향으로 0.4%, 2000년대 정보기술 확산으로 0.6%의 생산성이 향상됐다는 점과 비교해보면, 인공지능의 가치창출 규모가 꽤 크다는 것을 알 수 있다. 〈포브스Forbes〉는 세계 100대 기업의 80%가 인공지능에 투자하고 있고, 향후 대부분의 비즈니스가 인공지능에 의해 고도화될 것으로 전망했다.

글로벌 리서치기관인 트랙티카Tractica는 30개 산업 분야에 걸쳐 인공지능의 294가지 실제 사례를 분류하여 산업별로 인공지능의 성장을 분석했다. 이에 따르면, 인공지능 소프트웨어가 창출한 매출은 2017년 54억 달러였지만 2025년에는 1,058억 달러로 증가할 것으로 전망된다. 인공지능 도입으로 큰 변화가 일어날 산업으로는 통신, 인터넷 서비스, 광고, 의료, 자동차 및 소매업을 꼽았다. 이 분야에 스타트업들이 대거 등장하면서 시장이 급변하고 있고, 이로 인해 이전보다 빠른 속도로 산업이 형성되고 발전할 것이라는 예상이다. 소프트웨어 및 하드웨어를 개발하는 오라클Oracle의 CEO 마크 허드Mark Hurd는 2020년까지 기업용 데이터의 절반 이상이 인공지능에 의해 자율적으로 관리될 것이라고 공언했다. 그는 오라클 역시 애플리케이션 및 데이터의 통합과 분석, 시스템 및 신원 관리를 자율적으로 수행하기 위해 머신러닝을 적극적으로 활용할 계획이라고 밝혔다.

인공지능은 실제 마케팅 및 영업, 공급망 관리 및 제조 분야 등의 비즈니스 현장에서 발생하는 문제를 해결하는 데 영향을 줄 것이다. 아마존은 수요예측에 인공지능의 중추적 알고리즘인 머신러닝을 사용한다. 누가 언제 어디서 무엇을 살지 예측하고, 이를 통해 예측배송을 실현한다. 내가 새로 나온 소설책을 구매하리라 예측해서 주문도 하기 전에 아마존은 미리 배송 준비를 마친다. 예측에 대한 확신이 있기에 가능한 일이다. 일반적인 상거래 업체가 이러한 기술을 지닌 경쟁사를 당해낼 수 있을까?

기술 장비가 사람의 얼굴을 인식한다는 것은 매우 놀라운 일이다. 안면인식은 지극히 주관적인 영역으로 여겨지기 때문이다. 그런데 페이스북은 사람의 얼굴을 97.25%의 정확도로 알아내는 딥페이스Deepface를 개발했다. 사진 속의 사물과 인물을 사람보다 정확히 구별하고 어떤 맥락인지 그 상황까지 인식한다. 사람을 인식한다는 것은 모든 커뮤니케이션의 시작이기 때문에 어마어마한 잠재성이 있다. 이를 통해 페이스북은 SNS 고객경험의 질을 높일 수 있다.

IBM도 이미지를 읽는 기술을 확보하기 위해 알케미Alchemy나 머지Merge 같은 기술회사를 인수해 이미지 분석 역량을 높이고 있다. 가령, 쇼핑을 하다가 마음에 드는 옷이 있을 때 스마트폰에 "저기 저 옷"이라고 말하면, 그 옷에 대한 정보뿐 아니라 그 옷에 잘 어울리는 코디 세트까지 추천해준다. 의류 판매업체의 매출을 획기적으로 높일 수 있는 방법이다.

그 밖에도 인공지능을 활용하는 기업은 많다. 뉴런사운드웨어Neuron Soundware의 음성인식 AI 기술을 이용해 보유 소프트웨어의 취약점을 분석해서 보안기능을 높이거나, 장비의 잠재적 고장 원인을 사운드 변화로 감지해내는 시스템을 도입하는 기업들도 있다. 또한 데이터 솔루션 업체인 퀀텀 블랙Quantum Black은 F1 경주를 위한 R&D 효율성을 높이기 위해 인공지능을 활용한다. 중국 인터넷 업체 바이두Baidu, 百度는 인공지능 기반의 검색과 예측판매 솔루션을 판매와 마케팅에 활용한다. 인공지능은 앞으로 비즈니스 전반에 걸쳐 활용될 것이다.

AI가 발전하게 된 3가지 배경

최근 인공지능 기술이 급속도로 발전하게 된 데는 몇 가지 배경이 있다. 첫 번째는 데이터의 폭발이다. 인공지능이 강력한 이유는 스스로 학습을 하기 때문이다. 인공지능은 머신 스스로 상황을 이해하고 어떻게 움직일지 그 방향을 스스로 찾아나간다. 데이터를 통해서 배우는 것이다. 인공지능 알고리즘은 바로 데이터를 기반으로 새로운 통찰력을 만들어낸다. 최근 1년간 생성된 데이터의 양이 과거 100년 동안 생성된 것보다 많다. 미국의 IT 마켓 리서치 회사인 IDCInternational Data Corporation는 2025년까지 163제타바이트(제타바이트는 1조 기가바이트)의 데이터가 생성될 것으로 전망한다. 방대하고 다양한 데이터를 통해 인공지능 머신의 성능은 시간이 갈수록 향상되고 있다. 인공지능이 산업에 미치는 영향력도 데이터 축적량에 비례한다. 케빈 켈리는 나와의 인터뷰에서 다음과 같이 전망했다.

"향후 인공지능으로 혜택을 보는 순서는 데이터를 많이 보유한 순서와 일치할 것이다. 현재 데이터 집약적인 산업일수록 인공지능의 영향을 많이 받을 것이다. 금융계가 인공지능의 영향을 받는 첫 타깃이다. 이미 엄청난 양의 데이터를 생성하고 있다. 두 번째는 소매업일 것이다. 수많은 고객행동 데이터를 보유하고 있다. 다음은 의료서비스일 것이다. 엄청난 양의 환자 및 진료 데이터를 생성한다. 교육처럼 데이터를 많이 생산하지 않는 산업이 제일 마지막으로 영향을 받을 것이다."

데이터 축적이 많이 이뤄질수록 더 빠르게 인공지능의 영향을 받는 것이다.

두 번째는 알고리즘의 발전이다. 아마존 알렉사의 (사용자와의) 소통능력, 예측배송을 통한 유통혁명, 자율주행 기술의 발전 등은 모두 알고리즘의 발전과 맥을 같이한다. 인공지능은 농사에 비유될 수 있다. 알고리즘은 씨앗이고, 데이터는 양분에 해당한다. 인공지능 머신은 데이터를 통해 배우고 성장한다. 이 알고리즘의 열매는 자율주행차가 될 수도, 머신러닝 바둑 프로그램이 될 수도, 제조 시스템이 될 수도 있다. 뒤에서 자세히 설명하겠지만, 최근 딥러닝 알고리즘의 발전으로 예측의 정확성이 비약적으로 향상됐다. 인공지능과 데이터는 상호보완적 관계다. 대용량 데이터를 기반으로 머신러닝 및 딥러닝 설계를 자동화하는 메타러닝meta learing 기술도 부상하고 있다. 이는 인공지능이 학습을 더욱 잘할 수 있도록 학습 최적화를 이끄는 기술이다. 또한 인공지능은 점차 강화학습 형태로 진화하고 있다. 인간이 학습을 이끌어주는 게 아니라 머신 스스로 시행착오와 반복 학습을 진행하며 발전하는 것이다. 농사는 씨앗을 심으면 곡식이 스스로 자란다는 점에서 일반적인 제조업과 차이가 있다. 강화학습에 의한 인공지능의 성장이 이와 같다. 학습 알고리즘 자체를 사람이 아닌 컴퓨터가 스스로 작성하고 스스로 성장한다.

세 번째는 컴퓨팅 능력의 향상이다. 컴퓨팅 기술은 자가촉매적 발전구조를 따른다. 즉, 한 기술이 다른 기술의 발전을 촉진하며 각각의 기술 발전 단계가 다음 기술의 더 빠른 발전에 기여한다. 우선 대용량의 연산처리를 가능케 하는 그래픽 프로세서Graphics Processing Unit, GPU가 지속적인 발전을 이루고 있다. 2018년 출시된 GPU는 5년 전 출시된 가장 빠른 버전보다 40~80배 더 빠르다. 이로 인해 인공지능 알고리즘이 대용량의 데이터를 학습하고 해석하는 능력이 월등히 향상됐다. 이렇게 하드웨어 기술은 인공지능 기술을 향상시키고, 인공지능 기술은 보다 효율적으로 연산할 수 있는 길로 하드웨어 기술을 이끈다. 여기에 클라우드 컴퓨팅과 데이터 저장 기술, 사물인터넷IoT 기술이 결합되고 있다. 구글이나 마이크로소프트 등 IT 기업은 공공 및 사설 클라우드를 결합한 하이브리드 솔루션을 제공하여, 기업들이 대규모 자본 지출 없이도 컴퓨팅 리소스를 신속하게 늘리고 인공지능 시스템을 운영할 수 있도록 지원한다. 이렇게 다양한 기술이 상호보완적으로 발전하면서 시너지 효과가 더욱 커지는 것이다.

기대와 현실 사이

이렇다 보니 인공지능 기술에 대한 사람들의 기대는 그 어느 때보다도 크다. 많은 기업이 인공지능 기술이 자사의 비즈니스를 지금보다 더 고도화해줄 것으로 생각하고 있다. 〈MIT 슬론매니지먼트리뷰〉가 2017년도에 전 세계 3만 명이 넘는 기술 전문가와 3,000명가량의 경영자를 대상으로 한 설문조사 결과에 따르면, 기업 경영진의 75%는 인공지능이 새로운 비즈니스 기회를 창출할 것으로 생각하고 있으며, 85%는 회사의 경쟁우위를 향상시킨다고 믿는 것으로 나타났다. 특히 기술, 미디어 및 통신 업계에서 기대감이 큰데, 이 분야의 전문가와 경영진 72%는 향후 4년간 인공지능으로 사업의 고도화가 이뤄질 것으로 예상했다. 공공 부문에서도 41%의 응답자가 인공지능 효과를 기대하는 것으로 나타났다. 인공지능은 잠재성이 크기 때문에 대부분의 기업은 인공지능의 역할에 많은 기대를 하고 있다.

자, 그럼 일반적인 기업 현장에서 인공지능은 어느 정도나 도입된 상황일까? 안타까운 사실이지만 인공지능에 대한 높은 기대에도 불구하고, 구글이나 IBM 같은 IT 기업 외에 대부분 비즈니스 현장에서 이 기술을 제대로 도입해 활용하는 기업은 그리 많지 않다. 〈MIT 슬론매니지먼트리뷰〉의 설문조사에서 드러난 것처럼 85%의 경영자 및 기술 전문가는 인공지능을 기업의 미래를 위한 전략적 기회로 여기고 있는데 반해, 실제 인공지능을 기업 프로세스에 적용한 사례는 23%에 불과하다. 인공지능을 완전히 내재화하여 기업 전반에 통합시킨 경우는

글로벌 기업들의 AI 도입 현황

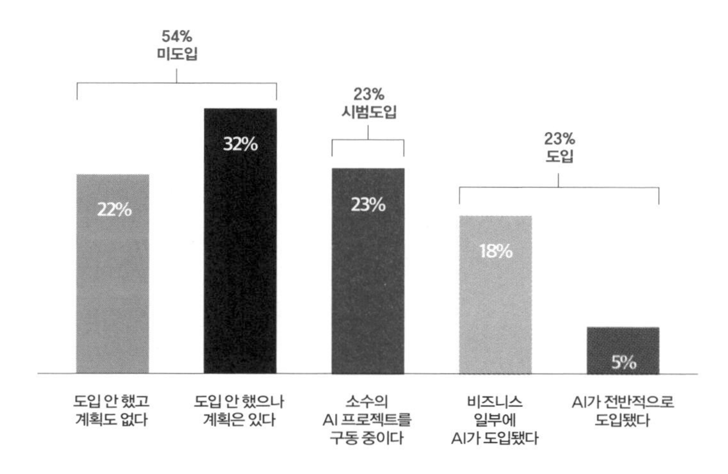

출처: 〈MIT Sloan Management Review〉, Reshaping business with artificial intelligence(2017)

단 5%밖에 안 된다. 또한 현재 인공지능이 조직 운영에 실제로 영향을 미치는 경우도 18%밖에 되지 않는다.

국내 기업의 현실은 어떨까? 나는 이를 조사하기 위해 2018년 8월, 국내 기업인 200명을 대상으로 '4차 산업혁명 기술 도입 현황'에 대한 설문조사를 진행했다. 그 결과, 인공지능 기술 도입을 준비하고 있는 국내 기업인은 16%밖에 되지 않았고, 실제 업무에 활용하고 있다는 답변은 12.5%로 나왔다.

인공지능을 도입한 기업들마저도 상당 부분은 아직 파일럿 수준에 머물러 있었다. 인공지능을 통한 마케팅 솔루션, 건강관리 솔루션, 금융 솔루션 등을 개발하기 위한 시도를 하고는 있지만 대부분은 애플리케이션 개발 초기의 미완성 수준이고, 이마저도 뚜렷한 ROIReturn on Investment(투자자본수익률)를 창출하지 못하고 있었다. 또한 상당수 경영자들이 인공지능 기술을 자사 내에서 어떤 방향으로 활용해나갈지 전략적 방향성을 갖고 있지 않았다.

더욱 안타깝게도 인공지능 기술을 실제 비즈니스 문제를 해결하기 위한 용도가 아니라 '인공지능을 활용하는 앞서가는 기업'이라는 이미지를 만들기 위한 '무늬'로만 개발하는 경우도 허다했다. 인공지능 기술이 기업을 포장하고 거래를 성사시키기 위한 용도에 머물고 있는 것이다. 이는 결국 기술에서 가치를 끌어내는 엔지니어링이 아니라 근거가 부실한 마케팅 수단에 지나지 않는 셈이다.

인공지능 기술에 대한 과대광고에 자극을 받아 시류에 편승해서 아무 방향성도 없는 AI 프로젝트를 추진하는 경우도 많았다. 비즈니스 목표를 달성하기 위해 회사의 자원을 전략적으로 사용하기보다 인공지능이 대단한 기술인 것 같으니 일단 뭐라도 해보자는 심정으로 무작정 도입한다. 이럴 경우 초기에 기업에서 인공지능 바람을 불게 할 수는 있겠지만 실질적이고 포괄적인 도입은 이뤄내지 못한다. 또한 조직 내 자원을 최적으로 사용하지 않기 때문에 AI가 제대로 작동하지 않고 전시품으로 전락할 공산이 크다. 결국에는 이 기술이 최선이 아니라는 것을 깨닫고 실망하게 된다.

인공지능 프로젝트는 소프트웨어를 구입하고, 데이터 관리시스템을 들여놓는다고 되는 게 아니다. 인공지능을 중심으로 하는 전사적 비전과 목표가 수립되어야 하고, 조직 전체 자원이 인공지능 기술과 호환을 이루도록 트랜스포메이션 되어야 한다. 거대한 조직개편이 필요할 수도 있다. 기술과 데이터가 조직 내 전반에 내재화되어야 하고, 시간이 갈수록 인공지능 시스템과 조직의 역량 학습이 동시에 이뤄져 시너지를 창출해야 한다.

기술 전문가 대니얼 파겔라Daniel Faggella는 인공지능을 제대로 도입하기 위해서는 AI를 중심으로 프로세스를 바꿔야 하고, 이를 위해 조직개편은 불가피하다고 조언한다. 또한 인공지능 기술을 조직 내에서 활용할 전문 인력이 충분히 갖춰져야 한다.

시간이 지나면 어떻게 될까? 트렌드 전문지인 〈에메르즈Emerj〉에 따르면 향후 전 세계 기업의 30%만이 인공지능을 위한 필수 기술 및 지적인 능력을 보유하게 된다고 한다. 또한 이 중 3분의 1만이 실제 문제를 해결할 수 있는 솔루션을 만들어낼 것이라고 한다. 인공지능을 도입하고 실제 기능을 하는 솔루션을 만들 역량을 갖추기가 생각만큼 쉬운 일이 아니라는 이야기다. 지금 인공지능 시장은 기대와 실행 사이에 심각한 불일치가 존재한다.

AI 시대,
후발주자의 운명

어쨌거나 인공지능 기술을 초기에 도입하는 기업은 역량을 계속 축적하면서 시장 지배력을 높여갈 것이다. 인공지능 인력, 컴퓨팅 성능, 방대한 데이터, 고도화된 알고리즘 등 인공지능 자원을 확보하여 내재화한 기업과, 이들 기업이 제공하는 기술을 빠르게 채택하여 자사의 제품 및 서비스에 결합하는 데 성공한 기업이 바로 시장을 선도하는 기업이 될 것이다. 인공지능 기술은 발전 경로가 선형적이지 않고, 이로 인한 이익의 분배는 균형적이지 않다. 시간이 지날수록 도입 기업과 미도입 기업의 격차는 커질 것이다. 맥킨지는 2017년을 기준으로 향후 5년 동안 조직관리 및 프로세스 혁신을 통해 AI 툴을 완전히 흡수한 선도기업은 2030년까지 122%의 현금흐름을 추가적으로 늘릴 수 있을

AI 도입으로 인한 현금흐름 창출 변화

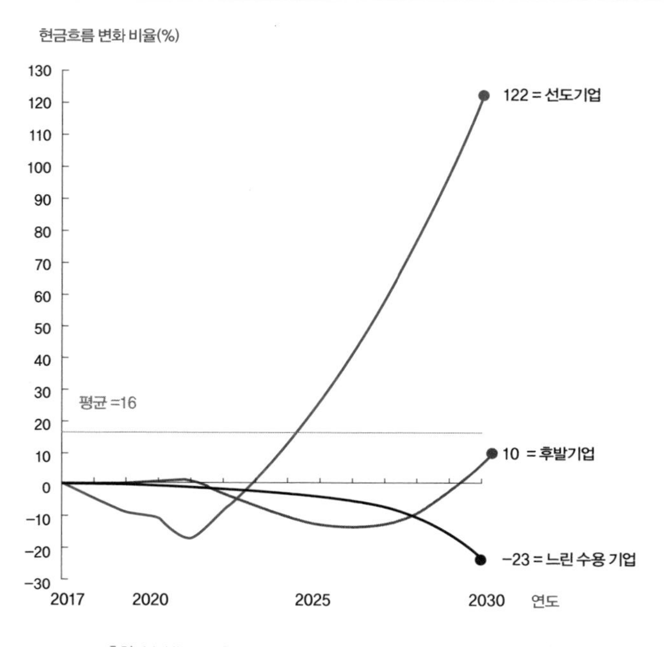

출처: McKinsey Global Institute, Notes from the AI frontier(2017)

것으로 전망했다. 이는 인공지능 기술이 연간 6%의 추가적인 순 현금흐름 증가를 가져올 것이라는 의미다. 현재와 동일한 비용 및 수익 모델을 유지했다고 가정하고, 순전히 인공지능 기술이 창출하는 경제적 가치만을 고려한 수치다. 인공지능의 현금흐름 창출 능력은 2022년 이후부터 가속도를 보일 것이다. 맥킨지는 이러한 현금흐름 파티를 즐길 선도기업은 전체 기업의 10% 수준에 그칠 것으로 예측한다.

반면, 앞으로 3년 동안 인공지능 기술에 전혀 투자를 하지 않거나 이를 도입하지 않는 기업은 전 세계적으로 60~70% 정도가 될 것이다. 2030년, 선도기업이 새로운 현금흐름을 창출하는 동안 이들은 현재와 비교해 23% 정도의 현금흐름 감소를 경험하게 될 것이다. 더 심각한 것은 후발기업의 현금흐름 감소 현상이 더욱 가속화될 것이라는 점이다. 이러한 후발기업은 뒤늦게 인공지능 도입에 투자하려 하지만, 도입이 너무 늦었기 때문에 선도기업을 따라잡는 데는 한계가 있다. 인공지능 경쟁에 참여하는 것 자체가 불가능할 수도 있다. 오히려 관련 비용을 제한하고 투자를 줄이는 등의 다른 방법으로 위기를 모면하는 게 현명할 수도 있다. 인공지능의 파괴적 혁신이 모든 산업에서 공통적으로 나타날 것이므로, 각 기업은 인공지능 기술 도입에 대한 투자를 지체하지 말아야 한다.

중요한 점은 인공지능의 파괴성이 지금 당장은 드러나지 않는다는 것이다. 신기술의 수명주기를 나타내는 S곡선S-Curve을 보면, 기술 발전 초기에는 그 양상이 완만하다. 한동안 눈에 띄지 않다가 어느 순간이 지나면 갑자기 폭발적 성장 궤도를 그린다.

인공지능 기술은 아직 S곡선의 성장 지점에 이르지 않았다. 새로운 기술을 배우고 기업 내에 도입하는 데는 막대한 비용이 따르기 마련인데, 불확실성이 높아서 막상 투자에 머뭇거리기 쉽다. 게다가 아직 기술이 채 성숙하지 않았기 때문에 기술적 미숙함이 눈에 띄기도 한다. 사회도 아직 신기술을 받아들일 준비가 안 되어 있다. 페이스북이나 인스타그램, 트위터 등 플랫폼 기업의 개인 데이터 유출 문제, 우버 자동차 사망사고, 가짜 이미지 및 비디오를 생성하는 딥페이크Deep fake 등

신기술 성장곡선

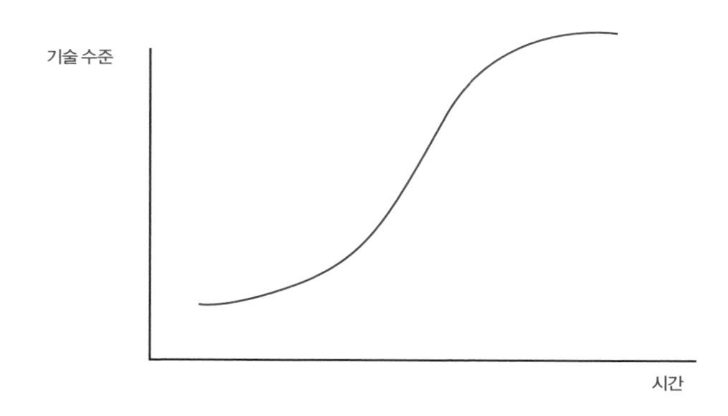

이미지 생성 알고리즘의 등장과 인공지능 서비스의 신뢰성 문제 등 여러 가지 어려움을 겪고 있다. S곡선이 우리에게 주는 지침은 바로 이것이다. 초기에 불완전한 모습을 보이더라도 과소평가해서는 안 된다. 시장을 파괴하는 와해성 기술은 모두 초기에 불완전하고 미성숙한 모습을 보이기 때문이다. 향후 기술 수준이 지속적으로 발전하고, 새로운 업체와 응용프로그램이 계속 나와서 경쟁이 누적되면 신기술의 발전 속도는 점점 빨라지고, 기술이 가진 문제는 상당 부분 해결될 것이다. 맥킨지는 인공지능의 성장 기여도가 2017년 기준, 향후 5년보다 10년 후에 세 배 이상 높을 것으로 전망했다. 일찍부터 인공지능을 도입한 기업은 비약적 발전기에 경쟁기업과의 격차를 크게 벌리면서 모든 수혜를 누리게 될 것이다. 인공지능을 제대로 도입하지 못한 기업들은 그 시기가 지나면 도태되거나 퇴출될 가능성이 높다. 그때의 운명을 결정하는 시점이 바로 지금이다. 준비된 자만 살아남는다.

후발주자들의 AI 도입이 더딘 이유

후발주자들이 인공지능을 도입하지 못하는 이유는 무엇일까? 신기술 투자는 일종의 모험이다. 생소한 영역을 개척하는 일이다. 미래가치를 창출하기 위해 생소한 영역에서 위험을 감수하고 모험을 감행하는 것이 기업가 정신이다. 이러한 기업가 정신을 발휘하려면 모험하는 대상을 충분히 이해해야 한다. 나는 게으름은 대부분 이해 부족에서 비롯된다고 생각한다. 미리 준비하지 않은 사람들은 대부분 '그렇게 중요한지 몰랐다'라면서 자신의 이해 부족을 후회한다. 인공지능에 대한 불충분한 이해가 더딘 도입의 근본적 원인이다. 지식이 없으면 마인드셋이 형성되지 않고 행동으로 옮기기 어려워진다. 그렇다면 구체적으로 어떤 이해가 부족한 걸까?

첫째는 '인공지능 기술로 뭘 할 수 있는지what to do에 대한 정확한 이해'다. 〈MIT 슬론매니지먼트리뷰〉는 기술 도입에 실패한 기업 대부분은 인공지능의 진정한 기능을 파악하지 못했다고 설명한다. 이들은 투자 기준을 충족하는 매력적인 비즈니스 적용 포인트를 찾아내지 못했기 때문에 투자에 소홀하고 적극적인 변화를 꾀하지 않는다. 딥러닝이 우수한 예측능력을 가지고 있다고 하지만, 사실 이 기술이 그 자체로 수익을 창출하는 건 아니다. 기술을 창의적으로 적용한 사례와 견고한 비즈니스 모델은 사용자, 곧 기업가가 만들어야 한다. 기술은 용도가 정해진 상태로 세상에 나오지 않는다. 관건은 이 기술을 비즈니스에 어떻게 쓸지, 창의적으로 적용하는 능력이다.

둘째는 '인공지능 기술 자체에 대한 이해what it is'다. 사실 기술에 대한 이해는 첫 번째 이유와 매우 밀접한 관계를 갖는다. 기술에 대한 이해가 없다면 당연히 기술의 사용방법도 이해할 수 없다. 자사의 비즈니스에 최고로 적합한 알고리즘이 무엇인지 이해해야 하며, 어떤 종류의 데이터가 필요한지 이해해야 한다. 또한 알고리즘과 데이터의 상호역학관계와 이를 통해 어떤 가치를 창출할 수 있는지를 명확히 이해해야 한다. 나아가 제품과 서비스에 적용하는 방법에 대한 이해, 그리고 여기에 들어가는 개발비용을 이해할 수 있어야 한다. 이러한 이해가 없는 상태라면 창의적 응용에 대한 통찰은 불가능하다. 이것은 경영자 혼자 이해한다고 되는 게 아니고, 조직이 기술을 이해해야 한다. 선도기업들은 이미 강력한 알고리즘을 갖추고 있으며, 이에 더해 조직 전반적으로 알고리즘의 기능과 데이터에 대한 폭넓은 이해까지 갖추고 있다. 이러한 이해를 기반으로 하기 때문에 조직 내에 산재돼 있는 데이터의 통합 작업이 쉽게 진행되고, 분석 인프라의 조성 또한 빠르다. 조직 전체 교육에도 적극적이며 경영자가 이 부분에 투자를 많이 하고 조직도 유연하게 따른다. 반면 후발기업들은 많은 경우, 조직 간 사일로 현상(부서 간 장벽)을 겪고 있으며 데이터가 산재한 상태에서 벗어나지 못한다. IT 및 전산 관련 부서 외에는 인공지능 기술에 대한 지식의 필요성을 전혀 느끼지 못하며 학습을 하려는 의지도 낮다. 교육기능이 전무하다.

셋째는 '무엇을 바꿔야 하는지에 대한 이해what to change'다. 인공지능 도입의 목적은 궁극적으로 임직원과 인공지능의 역량을 통합해 최대의 시너지를 창출하는 것이다. 이를 위해서는 조직 내에서도 AI와의 호환을 위한 변화가 불가피하다. 여기에 커다란 막연함이 있다. 직원들이 매일 하는 작업의 환경을 얼마나 어떻게 바꿔야 하는지 알기 어려운 것이다. 선도기업은 인공지능이 조직 내 행동을 바꾸리라는 것을 인지하고 있고, 변화에 유연하다. 그러나 후발주자는 대부분 인공지능이 조직을 바꿀 것이라는 인지를 아예 못하거나 어떻게 바꿔야 할지 모른다. 인공지능에 관한 전문지식을 갖춘 인재를 영입하면 자연히 인공지능 역량이 생기는 것으로 착각하는 경우도 많다. AI 관련 인재를 영입해도 적절히 배치하고 활용해야 제대로 역량을 발휘할 수 있다. 또한 인공지능 도입은 업계의 역동성에도 영향을 준다는 것까지 고려해야 한다. 경쟁기업이 인공지능 기반 제품과 서비스를 출시하는 것은 커다란 위협이 아닐 수 없다. 경쟁기업이 인공지능을 도입하면 산업 내에 크고 작은 반응이 일 수 있기 때문이다. 이처럼 인공지능은 다양한 층위의 변화를 가져오며, 기업은 스스로 변화에 적극적으로 임해야 한다.

인공지능을 제대로 도입하려면 비즈니스 모델과 조직관리 프로세스 전반에 걸쳐 기존 패러다임과는 전혀 다른 접근방법이 필요하다. 창업을 하는 기업가는 전혀 다른 방식으로 시작해야 하고, 이미 설립된 기업은 어찌 보면 제2의 창업이 필요하다고 하겠다. 이를 위해서는 기술에 대한 충분한 이해가 반드시 필요하다. 사실 개인용 컴퓨터가 보편화되기 시작한 1980년대도 지금과 비슷한 상황이었다. 기업인들에게 컴퓨터는 생소하고 복잡한 기술이었다. 초기에 컴퓨터가 비즈니스에 꼭 필요한 기술이라고 인식하는 사람은 많지 않았다. 당시 기업인들은 회계를 관리하고, 문서를 전송하고, 우편을 보내는 등의 업무를 위해 컴퓨터 프로그래밍을 배우고 활용 방법을 익히는 데 귀중한 시간과 자원을 들일 필요를 못 느꼈다. 컴퓨터의 잠재성과 사업 연계성을 잘 아는 소수만 이를 활용하기 시작했다. 이들은 컴퓨터 기술에 대한 지식이 있었고, 이것이 비즈니스를 어떻게 고도화할지, 그리고 컴퓨터를 조직에서 활용하려면 업무 프로세스는 어떻게 바꾸어야 하는지를 남들보다 잘 알고 있었다.

인공지능도 마찬가지다. 인공지능은 유망기술이지만 아직 충분한 이해가 이뤄지지 않았다. 많은 기업에게 인공지능은 중요하지만 당장은 필요하지 않은 존재다. 조기 도입에 성공하는 기업은 소수다. 앞서 살펴본 것처럼, 기술 주기상 인공지능이 지금 시장에서는 크게 효력을 발휘하지 않을 것이다. 그러나 3년 후에는 거대한 지각변동이 일어날 것이고, 그 시작은 1~2년 후로 예상된다. 그동안 드러나지 않던 기업이 스타로 부상하는 반면, 많은 기업이 시장에서 퇴출될 것이다. 관건은 지식이다. 기술과 변화에 대해 충분히 이해한 기업이 먼저 움직여 파티를 즐길 준비를 할 것이다. 지금 기업이 어떤 행동을 하느냐가 3년 후 운명을 정할 것이다.

앞으로 2장에서는 기업인이 반드시 알아야 할 인공지능 기술의 중요한 개념과 원리를 다룰 것이다. 그리고 3장에서는 인공지능이 실제 비즈니스에서 어떻게 구현되고 어떤 혁신을 일으킬지를 살펴볼 것이다. 인공지능 기반의 비즈니스 혁신은 크게 다섯 가지 모델로 구조화된다. 인공지능의 기능을 활용해 비즈니스를 혁신하거나 새로운 비즈니스 모델을 개발하는 데 있어 가이드라인 역할을 해줄 프레임워크를 다양한 사례와 함께 제시할 것이다. 4장에서는 인공지능 기술 도입에 대해 다룬다. 조직이 인공지능을 도입할 때 실질적으로 부딪히는 문제와 해결책을 다룰 것이다. 마지막으로 인공지능 도입에 있어 중추적 역할은 결국 경영자의 몫이기 때문에 5장에서는 경영자가 갖춰야 할 자질에 대해 짚고 넘어갈 것이다.

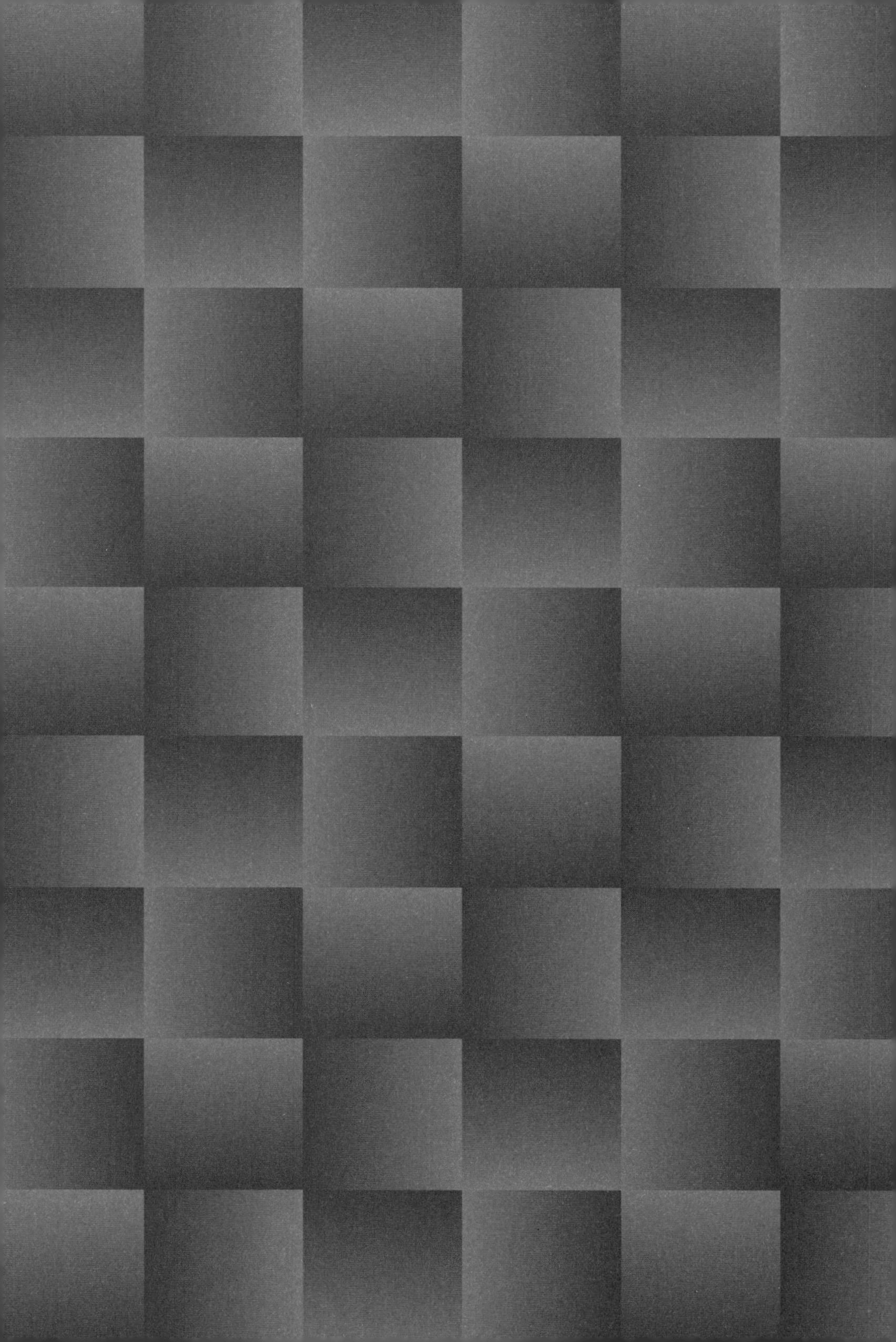

2장

AI 기술이란 무엇인가

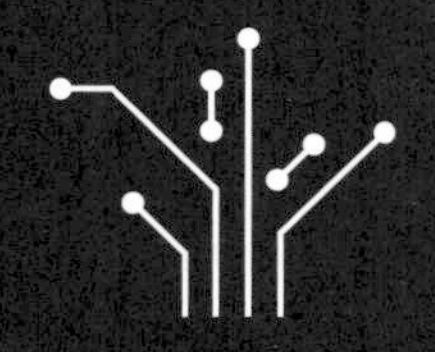

아주 오래된 미래의 기술

인공지능은 미래지향적인 신기술이면서도 그 역사가 길다. 1956년 스탠퍼드대학교 컴퓨터과학자인 존 매카시John McCarthy가 처음 개념을 만들었는데 그는 인공지능을 지능적인 기계, 특히 지능적 컴퓨터 프로그램을 만드는 기술로 정의했다. 인공지능은 인간의 생각과 유사한 능력을 구현할 목적으로 만들어졌고, 초기 기술은 사전적 프로그래밍으로 추측 및 추론을 하는 전문가시스템expert system 플랫폼 형태로 개발됐다. 당시 응용프로그램은 많지 않았다. 1980년대에는 미국 정부의 연구자금이 줄어들면서 기술의 발전도 주춤했다. 그러다가 1990년대 IBM 왓슨의 딥블루Deep Blue가 러시아 체스 마스터 게리 카스파로프Garry Kasparov를 이기면서 주목을 받기 시작했고, 인공지능은 다시 발전의 기류를 타기 시작했다. 2016년, 구글 딥마인드의 알파고가 이세돌 9단과의 바둑 대결에서 승리하면서 인공지능은 또다시 세상을 놀라게 했다. 머신러닝, 딥러닝의 잠재성에 대한 기업 및 국가의 관심이 커졌고, 여러 분야에 이 기술을 적용하게 되었다.

인공지능은 인간에 의해 명시적으로 프로그래밍되지 않아도 컴퓨터가 지능적으로 작동하도록 하는 기술이다. 과거의 컴퓨팅은 If, Then, Else 등 정해진 조건과 규칙에 따라 빠른 연산을 해내고 정확한 답을 내놓는 것이었다. 그러나 인공지능은 인지컴퓨팅cognitive computing이다. 쉽게 말하면, 사람이 설정해놓은 규칙 범위 내에서만 작동하는 게 아니고 컴퓨터가 스스로 필요한 정보를 인지해 습득하고 의사결정을 한다. 생각하고 행동하는 사람의 기술을 이제는 컴퓨터가 수행하기 시작했다는 것이다.

AI는 머신러닝으로 통한다

가장 주목받는 인공지능 기술은 머신러닝이다. 이와 함께 딥러닝도 주목을 받는다. 용어에 대한 혼동을 막기 위해 부연설명을 하자면, 인공지능이 가장 광의의 개념이고 그 안에 머신러닝이 있으며 딥러닝은 그 안의 하위기술이다. 머신러닝은 기계machine와 학습learning의 합성어다. 즉, 기계가 특정 논리에 맞춰 방대한 데이터를 학습한 뒤 이를 기반으로 알고리즘을 찾아내어 변화를 예측하는 것이다. 컴퓨터과학자 아서 새뮤얼Arthur Samuel은 머신러닝을 가리켜 '사람이 일일이 프로그래밍하지 않아도 학습과 처리가 가능한 기능'이라고 정의했다. 의사결정을 도와주는 대부분의 인공지능 서비스는 머신러닝 기반이다. 쉽게 이야기하면, 사람이 생각하는 방식을 컴퓨터에 그대로 옮겨놓은 것이다.

백화점에서 문을 여는 간단한 행동을 할 때도 사람들은 눈앞에 보이는 사물과 환경을 관찰하고 이해한다. 만일 문 앞에 폭탄이 있다고 해보자. 우리는 이를 위험한 상황으로 파악하고 들어가면 안 되겠다는 결론을 내린다. 짧은 시간이지만 이러한 과정을 거치며 생각을 한다. 이 내용을 조금 더 기술적으로 풀어서 살펴보자. 먼저 현상을 관찰하고 사실과 상황을 파악한다. 그리고 기존에 있었던 경험과 지식을 바탕으로 새로운 사실을 패턴화해서 기억한다. 문 앞에 폭탄이 있다는 것은 기존 경험에 비추어볼 때 그 패턴이 전혀 다른 상황이다. 이 새로운 상황에 대해 가설을 세운다. '눈앞에 있는 것은 위험한 물질, 즉 폭탄일 것이다.' 그리고 기존에 TV에서 봐왔던 폭탄 모양을 기억해, 같은 종류인지 추론해본다. 폭탄이 터지면 수많은 사람이 다친다는 사실을 떠올리며 상황을 더욱 심각하게 인지한다. 그리고 물체를 한 번 더 자세히 살피면서 폭탄이 맞는지 평가한다. 그리고 도망가야 하는지, 신고를 먼저 해야 하는지 등 최적의 행동에 대한 결정을 내린다. 이렇게 관찰하고 이해하고 평가하고 결정하는 생각의 기술이 바로 머신러닝이라고 보면 된다.

AI 발전을 이끌 기대주, 딥러닝

딥러닝은 머신러닝을 구현하는 기술 중 하나인데, 높은 수준의 추상화abstraction를 통해 인간이 사물을 구분하듯 데이터 속에서 패턴을 발견하고 분류를 통해 예측한다. 고양이 이미지를 인식하는 것을 예로 들면, 딥러닝 알고리즘은 기존에 축적된 수많은 동식물 이미지 패턴과 비교하면서, 같은 이미지인지 확인하는 식으로 고양이라는 정답을 찾아간다. 딥러닝은 이처럼 패턴인식을 통해 가장 좋은 길을 찾아가는 기술이다.

딥러닝은 인공신경망artificial neural network을 기반으로 한다. 인공신경망은 말 그대로 인간의 신경을 흉내 낸 기법이다. 사람의 뇌에서 일어나는 정보처리 과정을 살펴보면, 눈이나 귀 등 감각기관에서 받아들인 정보가 뉴런을 통해 뇌로 전달되고, 뇌는 이 정보를 토대로 판단하여 무엇을 할지 각 기관에 명령을 내린다. 뇌에는 여러 개의 뉴런이 연결되어 있는데 올바른 뉴런을 찾아가는 방식으로 복잡한 연산 등을 수행한다. 이러한 두뇌의 작용을 모방한 게 인공신경망이다. 딥러닝에서 '딥deep'은 사람의 뇌세포를 모방한 인공신경망이 여러 개의 층으로 구성되었다는 의미이며, 이 두뇌 작용의 프로세스를 본떠서 기계가 스스로 데이터를 분석하고 답을 낸다. 딥러닝에서는 데이터만 넣어주면 깊은 망을 통해 스스로 데이터의 특징을 찾아낸 후 분류나 판단까지 수행한다.

머신러닝 중 가장 기본적인 학습 방법은 지도학습supervised learning이다. 간단히 말하면 지도하는 선생이 있는 것이다. 컴퓨터가 학습할 데이터를 선별하는 것부터 원하는 결과값이 나올 수 있도록 데이터와 알고리즘을 조정하는 선생 역할을 사람이 한다. 이미지 판별의 경우, 이미지별 특징을 컴퓨터에 학습시키고 새로운 동물 이미지를 입력하면 이미 정해진 결과값과 비교하여 답을 내놓는다. 또 다른 학습 방법은 비非지도학습unsupervised learning이다. 딥러닝도 여러 학습 방법을 적용할 수 있지만 특히 비지도학습 방식에서 뛰어난 성능을 자랑한다. 일명, 자율학습이다. 선생이 하던 작업이 생략된다. 바탕이 되는 데이터를 그대로 주고, 딥러닝 알고리즘이 인공신경망을 이용해 스스로 분석한 후 답을 내는 방식이다. 대표적인 예로 구글의 텐서플로TensorFlow가 딥러닝 기반 이미지인식 기능이다. 사전정보가 필요 없고 입력에 대한 목표 결과값도 주어지지 않는다. 기계 스스로 수집된 데이터 간의 유사성을 찾아 입력 데이터를 파악해낸다. 선생의 지도 없이 컴퓨터가 스스로 학습하여 특정 결론을 도출하는, 보다 성숙된 머신이다.

딥러닝은 일반 머신러닝과 성능 면에서 차이가 있다. 특히 비정형화되고 복잡한 데이터에 대한 인식 능력이 뛰어나다. 가령 빨래 바구니에 여러 옷이 겹쳐져 있을 때, 일반적인 머신러닝 모델은 미리 정의된 특징을 분석해서 이를 예측의 기반으로 삼기 때문에 옷 하나하나를 인식하기가 어렵다. 반면, 딥러닝은 사물이 서로 겹쳐져 있는 복잡한 사진도 이해한다. 대상을 인식하는 역할을 하는 노드nod가 따로 떨어진 계층에 배열되어 있으며, 각 노드는 사진 속의 개별 요소를 검토한 다음 이를 완전히 이해하기 위한 연산을 한다. 연산 결과로 생성된 신호가 다른 노드로 전달되고, 그 후 계층 내의 모든 신호를 전체적으로 평가하여 사진 속 옷이 각각 정확히 무엇인지 최종적으로 예측한다. 예를 들어, 사진 속 사람 얼굴을 식별하고자 할 때 일반 머신러닝은 코, 눈동자 등 개별적인 특징을 제공하지 않으면 정확히 인식하지 못한다.

그러나 딥러닝은 여러 장의 사진 데이터를 제공하면 이를 검토해 여러 특징을 이해함으로써 사진 내용을 독자적으로 예측한다.

딥러닝은 10여 년 전부터 막강한 성능을 뽐내기 시작했다. 사실 딥러닝 또한 그 나름대로 뿌리가 깊다. 1957년 미국 심리학자 프랭크 로젠블랫Frank Rosenblatt은 지각perception이라는 명칭으로 정의된 두뇌의 상호 연결성을 흉내 내는 알고리즘을 개발했다. 그러나 당시의 알고리즘은 매우 복잡해서 실용성이 떨어졌고 한동안 자취를 감췄다. 그러다 1986년 '역전파back-propagating 오류에 의한 학습 표현'에 관한 논문이 발표되면서 다시 주목을 받기 시작했다. 다소 어려운 개념이지만 간략하게 설명하자면, 인공신경망 학습 처리를 하는 과정에서 오차를 최소화하기 위해 함수의 기울기를 효율적으로 계산하는 방법이다. 인공신경망의 뛰어난 학습 효율성이 부각되면서 연구자들의 이목을 끌었다. 1990년대에는 '서포트 벡터 머신support vector machine'이라는 비교적 간단하지만 성능이 뛰어난 기법이 등장하면서 관심을 받았다. 이 기법은 데이터를 효과적으로 분류하여 수집 및 학습을 원활하게 해준다. 2000년대 들어서는 연산 과정에 클라우드 기술이 적용되면서 새로운 국면을 맞이하게 된다. 클라우드를 이용해 대규모의 연산을 할 수 있게 되자 딥러닝의 숨겨진 힘이 세상에 드러나게 되었다.

2011년 앤드루 응 교수가 구글과 함께 수행한 구글 브레인Google Brain 프로젝트의 결과를 세상에 발표하면서 딥러닝의 위력은 더욱 널리 알려졌다. 컴퓨터 1만 6,000대를 연결해 유튜브에 올라온 1,000만 개의 이미지 중 어떤 것이 고양이인지 찾는 데 성공한 것이다. 프로젝트의 내용은 간단했지만 그 방식은 센세이션을 일으켰다. 사전에 고양이에 대한 정보를 입력하거나 이미지 경계를 찾아서 구분하는 작업을 전혀 하지 않았기 때문이다. 스스로 데이터의 핵심 내용을 추출하고 판단을 내리는 자율학습을 한 것이다. 딥러닝이 정보를 처리하는 기능을 수행할 때 사람의 역할이 없었다지만, 처리할 정보를 입력하는 일만은 사람이 했다. 그런데 구글 브레인의 딥러닝은 입력마저 기계가 스스로 했다. 바로 머신러닝의 또 다른 학습 방법에 해당되는 강화학습 reinforcement learning이다. 강화학습은 스스로 학습하는 방법만으로 문제를 해결하는 알고리즘이다.

2016년 이세돌을 이긴 기존 알파고는 바둑 선수 수천 명과 대결을 하고 전문가가 제공한 수많은 기보를 통해 바둑을 학습했지만, 이와 달리 강화학습 기반의 업그레이드 버전인 알파고 제로는 기본적인 바둑 규칙을 배우는 것 외에는 인간의 도움을 전혀 받지 않았다. 알파고 제로는 이 방식으로 3일간 약 500만 회 정도의 대국을 스스로 치렀고, 기존 알파고와의 대결에서 100전 100승을 기록했다. 스스로 학습하는 과정에서 인간이 시도하지 않는 방법도 개발했다는 점에서 더욱 세상을 놀라게 했다. 인간의 도움 없이 스스로 바둑을 학습한 알파고 제로는 오히려 인간 지식의 한계에 제약을 받지 않기에 잠재성이 크다. 알파고 제로는 인간의 데이터를 전혀 사용하지 않아도 인공지능이 얼마나 많은 발전을 이룰 수 있는지를 보여주고 있다.

딥러닝에 적합한 용도

그렇다면 딥러닝은 어떤 조건과 목적으로 사용해야 효과적일까? 딥러닝을 실행하려면 기존 머신러닝에 비해 엄청나게 큰 연산능력이 필요하다. 때문에 하드웨어적인 기반이 갖추어졌을 때 딥러닝 알고리즘을 활용하는 게 적절하다. 많은 연산을 병렬적으로 수행하기에 적합한 GPU가 주로 사용되었기 때문에 엔비디아Nvidia의 주가가 최근 3년 사이에 열 배 정도 오르는 데 크게 기여했다는 점도 알아둘 필요가 있다. 소프트웨어도 중요한 역할을 한다. 구글이 2016년 공개한 딥러닝 패키지인 텐서플로 같은 소프트웨어가 주류에서 딥러닝이 급속도로 채택되고 이용될 수 있었던 원동력이다. 텐서플로 덕분에 딥러닝의 수요는 최근 5년 동안 폭발적으로 증가했으며, 이는 딥러닝 개념을 무료 소프트웨어로 변환시킨 일등공신이다. 따라서 고성능의 하드웨어와 방대한 데이터가 확보되어 있다면 딥러닝을, 학습 과정에서 수많은 등급 분류를 사용해야 하거나 최적의 답을 빠르게 도출할 목적이라면 일반적인 머신러닝을 선택하는 것이 바람직하다.

이렇게 막강한 능력을 보유한 딥러닝은 분류와 예측능력이 필요한 많은 기업에 새로운 대안으로 떠올랐다. 구글은 딥러닝을 이용해 자사 데이터센터 온도를 99.6% 정확도로 조절하고, 그동안 똑똑한 구글 인재들이 더 이상 줄이지 못한 전기 사용량을 대폭 줄였다. 딥러닝으로 넓은 공간 안에 설치된 여러 대의 에어컨 사용량을 최적화한 것이다. 번역에도 딥러닝 알고리즘이 사용된다. 구글의 알파고는 5,000개 단어를 5초 이내에 번역해버린다. 그 정확도가 2년 전에 비해 월등히 향상되었다는 건 써본 사람이라면 다들 아는 사실이다. 국내 네이버 파파고도 딥러닝 기반의 서비스다. 어떻게 작동할까? "오늘 점심에 어떤 음식 먹을까?"라는 문장을 번역서비스 창에 입력한다. 트레이닝 데이터에 의해 학습이 된 딥러닝 번역 알고리즘은 이 문장을 통째로 코드화한다. 그 후 이 코드를 푸는 과정에서 영어 문장을 생성한다. "What kind of menu do you want for lunch today?" 생성한 문장을 정답과 비교하면서 정답과 오답의 차이를 측정한다. 그 결과를 다시 처음으로 보내면 알고리즘은 번역의 질을 개선하기 위해 다른 결과를 생성한다. 그렇게 정답과의 차이를 줄여나간다. 문법을 일일이 가르쳐줄 필요가 없다. 알고리즘이 스스로 학습해 점점 더 정확한 문장을 만들어간다. 국내 인공지능 전문가 중 한 명인 조경현 교수는 알고리즘의 정확성을 높이는 데 있어서 어텐션 메커니즘attention mechanism이 중요하다고 설명한다. 문장을 알고리즘에 통째로 집어넣을 때 알고리즘은 단어와 단어, 어절과 어절의 관계까지 파악해야 번역이 가능한데, 어느 대목에 집중attention하는지에 따라 이후 프로세스의 정확도가 달라진다. 즉, 어느 부분이 중요한지를 스스로 파악해내는 집중의 정확도가 결과의 수준을 결정하는 것이다. 마치 공부 잘하는 학생이 전체 챕터에서 어느 부분이 중요한지를 파악해 이를 중심으로 효율적으로 공부하는 것과 유사하다.

자율주행에도 딥러닝이 활용된다. 사람이 운전을 하면 자동차는 주행법을 스스로 깨친다. 딥러닝 기반 인공지능을 탑재한 자동차를 사람이 운전하면 자동차가 서서히 운전하는 방법을 깨치고, 종국에는 자율주행이 가능한 자동차로 발전하는 것이다. 자율주행차 스타트업인 콤마닷에이아이Comma.ai는 2016년 3월 자율주행 학습이 가능한 인공지능을 만들어 자동차에 탑재했는데, 이 차는 약 10시간 동안의 학습으로 기본적인 자율주행에 성공했다. 기존에는 고가의 특화센서를 자동차에 장착하는 식의 접근법을 사용했고, 완성차 업계의 종사자들이 중심이 돼서 개발을 했다. 전문가들은 다양한 센서정보와 주행 규칙을 모델링해서 자율주행 기능을 구현했다. 지금까지 자율주행 기술은 거대 정보통신기술 기업과 소수 완성차 업계의 전유물이었다. 레이저를 목표물에 비춰 사물과의 거리를 측정하고 물성을 감지하는 센서 비용도 고가다. 콤마닷에이아이 등의 딥러닝 기반 자율주행 기술은 주행을 반복할수록 사람이 운전에 익숙해지는 것과 같은 방식으로 자율주행 기술을 완성한다.

최근 2년간 실리콘밸리 기업을 중심으로 딥러닝을 활용한 자율주행 기술을 구현하는 기업이 빠르게 증가하고 있다. 전문가들은 "자율주행 기술의 핵심은 이미 딥러닝으로 이동하기 시작했으며, 고가의 특화센서를 저가의 범용센서가 빠르게 대체해나가고 있다"고 강조한다. 자율주행 기술의 패러다임이 딥러닝으로 전환된 가운데, 향후 미래차 시장경쟁의 핵심은 인공지능 분야의 역량, 특히 주행에 필요한 데이터 확보가 될 전망이다. 딥러닝 기술의 완성도도 결국 다양한 상황의 데이터 확보에 의해 좌우될 것이다. 최근 콤마닷에이아이나 테슬라 같은 기업이 수억 킬로미터에 달하는 주행 데이터를 수집하는 이유다. 과거 자율주행 기술의 핵심이 자본이었다면, 지금부터는 데이터와 시간의 싸움으로 봐도 무방하다. 자율주행 시장 초기부터 데이터를 확보한 기업과 그러지 못한 기업의 격차는 매우 클 것으로 예상되며, 어쩌면 과거 자본에 의한 격차보다 더 높은 진입장벽이 될 수도 있다.

AI 세부 기술의 발전 현황

머신러닝과 딥러닝을 필두로 하는 인공지능은 그 외에도 다양한 하위기술을 포함하고 있다. 각각의 기술은 저마다 다른 속도로 발전하고 있다. 인공지능 기술의 종류가 다양한 만큼 기술 발전의 스펙트럼도 넓다. IT 연구기관 포레스터Forrester는 주요 인공지능 기술의 발전 현황을 하나의 그래프로 정리했다.

진보가 빠른 기술 영역 중 하나는 자연어처리Natural Language Processing, NLP 부분이다. 텍스트 분석, 이미지 분석 및 음성인식을 기반으로 인간과의 의사소통을 가능케 하는 기술이다. 이 기술은 맞춤법 검사나 번역 프로그램에 사용되었으나, 이제 음성인식 기반의 인공지능 개인비서 서비스로 진화했다. 개인비서는 일반 개인과 가장 가까운 인공지능 모델이다. 애플의 시리, 아마존의 알렉사, 구글 보이스Voice, 마이크로소프트 코타나Cortana 등은 인간의 말을 이해하고 모방하기 위해 자연어처리 기술을 사용한다. 스마트폰을 통해 서비스가 빠르게 확장되고 있다. 자연언어생성Natural Language Generation, NLG, 음성인식 등의 기술도 독자

AI 기술 발전 양상

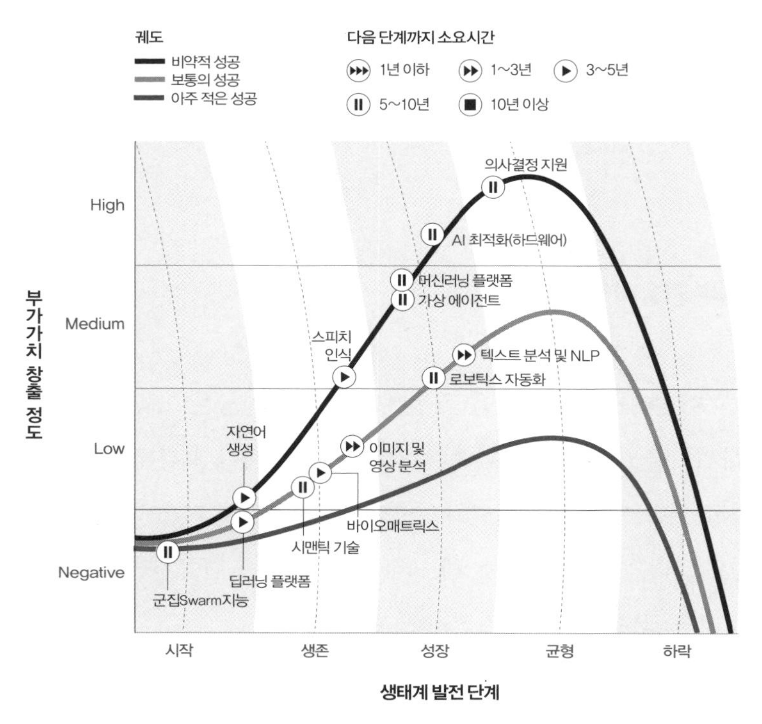

출처: Forrester Research, TechRadar: Artificial Intelligence Technologies(2017)

적으로 발전하고 있다.

장기적으로 가장 유망한 분야는 의사결정 지원decision management이다. IBM에 따르면 2025년 즈음에는 이 분야의 시장 규모가 2조 달러에 육박할 것으로 전망된다. 디지털 혁명을 일으켰던 전통 IT 시장의 규모가 2015년 1조 2,000억 달러였다는 점과 비교해보면, 의사결정 지원 분야의 성장 잠재성이 매우 크다고 하겠다. 그밖에도 헬스케어, 유통,

온라인커머스, 제조 등 여러 산업에서 수요가 확대될 것으로 보인다. 기업과 업무의 모든 의사결정 방식에서 가장 눈에 띄는 변화가 일어날 것이다. 지금까지 사람의 지식과 판단에 의존해서 의사결정을 했다면 앞으로는 방대한 지식을 기반으로 하는 인공지능의 뛰어난 판단능력을 동원해 보다 정교한 의사결정을 할 수 있을 것이다. 기업 내부의 문서, 협업에서 나오는 모든 정보와 외부 기업에서 오는 내용, 그리고 고객정보나 산업 트렌드에 대한 정보가 통합되어 하나의 지식기반을 이룰 것이고, 이를 토대로 생산이나 판매에 대한 최적의 의사결정 대안이 제시될 것이다. 구글 같은 글로벌 기업의 CEO는 이미 인공지능으로부터 사업계획안을 받고 있고, 임원들이 제시하는 기획안과 함께 살펴보며 의사결정에 참고한다.

가상 에이전트Virtual Agents는 주변 환경을 인지하여 목적 달성 확률을 극대화하는 행동을 하는 기술이다. 이 기술은 금융 솔루션에 매우 빠르게 적용되고 있다. 가상 에이전트로 콜센터 업무가 대체되는 것이 그 한 예이다. 대면 판매에 비하면 아직 그 비중이 적지만, 앞으로 다양한 혜택과 선택 기능이 늘어나면 밀레니얼 세대를 중심으로 그 비중이 계속 커질 것이다. 보통 자산관리사는 매일 다양한 정보를 습득하고, 고객의 포트폴리오를 관리해준다. 시장에 나타나는 변화와 사회 및 정치적 상황을 고려하고 여러 기관에서 내놓은 전망 리포트 등을 종합하여 새로운 투자종목을 추천하거나 관련한 의사결정을 내린다. 인공지능 시스템은 이러한 결정을 보다 정확하고 편리하게 할 수 있도록 추천하고 지원하는 형태로 발전할 것이다. 정부의 보안, 세금이나 공공

문의 같은 공공서비스에도 이미 가상 에이전트가 도입되고 있고, 도시 행정 업무로 영역을 점차 넓혀갈 것이다.

제조 분야에서 인공지능과 로봇기술의 융합으로 제조공정의 무인 자율생산 시스템이 스마트 팩토리로 발현됐다면, 사무 현장에서는 ERPEnterprise Resource Planning(전사적 자원관리) 시스템의 다음 단계인 로봇 프로세스 자동화Robotics Process Automation, RPA를 적용한 새로운 사무자동화 시대가 열리고 있다. RPA란 빅데이터를 비롯한 사물인터넷, 인공지능 등 4차 산업혁명의 기반이 되는 기술을 사용해 PC 및 모바일 화면에서 규칙적이며 반복적인 업무를 소프트웨어가 대신 수행하도록 하는 자동화 프로그램을 의미한다. 현재 RPA 시스템은 반복적인 처리과정이 많은 금융권과 의료계, 법조계를 중심으로 도입 중에 있으며 향후 인공지능과의 융합을 통해 기존 단순·반복 업무를 넘어 전문가 영역으로 확장될 전망이다.

컴퓨터에 시각을 부여해 이미지를 분석함으로써 유용한 정보를 생성하는 컴퓨터비전computer vision도 유망하다. 컴퓨터비전을 통한 이미지 및 영상 인식 기술Image and Video Analysis이 다양한 분야에 활용될 것이다. 이 기술은 과일의 결함을 발견하는 데 사용되었고, 이제 동영상의 부분 부분을 검색하거나 복잡한 거래 자료를 분류해내는 일을 수행한다. 생체인식Biometrics 기술은 이미지와 터치 인식, 언어 및 신체언어를 포함하되 이에 국한되지 않는 인간과 기계 간의 자연스러운 상호작용을 가능하게 하는 기술이다.

그렇다면 각 기업은 어떻게 인공지능 기술을 개발하고 있을까? 구글은 2016년 CEO인 선다 피차이Sundar Pichai가 'AI 퍼스트AI First'를 천명하면서, 앞으로 구글의 미래성장 전략에서 인공지능이 중심 역할을 수행할 것이라고 선포했다. 사실 구글은 2014년에 이미 인공지능 신생벤처였던 딥마인드를 4억 달러에 사들이는 등 인공지능 역량을 키우고 있었다. 구글에서 인공지능은 검색기능을 향상시키고, G메일에서 답장을 제안하는 기능을 수행하는 등 의미 있는 서비스 고도화 작업을 이끌었다. 구글 어시스턴트Google Assistant(구글이 개발한 지능형 가상비서)는 음성명령을 해석하는 자연어처리에 의존하며, 새로운 듀플렉스 AIDuplex AI는 독립적으로 레스토랑을 예약할 수 있다.

인공지능 기반 서비스를 적극적으로 개발하고 있는 또 다른 기업은 아마존이다. 아마존은 클라우드 플랫폼 AWSAmazon Web Service를 주축으로 인공지능 서비스를 확장해가고 있다. AWS를 통해 기본적인 클라우드 컴퓨팅과 스토리지 기능뿐 아니라 데이터베이스 분석, 예측, 관리, 모바일 애플리케이션 개발, 보안, 하이브리드, 엔터프라이즈 애플리케이션 등 100개 이상의 광범위한 서비스를 제공한다. 대표적인 서비스는 딥러닝을 통해 이미지를 분석하는 아마존 레코그니션Rekognition, 텍스트를 음성으로 제공하는 아마존 폴리Polly, AI 음성비서 서비스를 개발할 수 있는 아마존 렉스Lex 등이다. AWS는 개발자들이 애플리케이션의 핵심 알고리즘을 개발하고 운영, 관리하는 데 드는 시간을 줄여주고 비즈니스 핵심역량에 집중하게 만드는 방향성을 갖고 있다. 그렇다 보니 사용자는 레고를 조립하듯 AWS의 주요 기능을 토대로 아키텍처를 구성해 빠르게 서비스를 개발할 수 있다.

IBM은 왓슨을 중심으로 인지컴퓨팅 기술을 오랫동안 개발해왔다. 2014년에는 왓슨 기술을 개발했고, 사업화를 담당하는 신사업 조직인 왓슨그룹을 만들었다. 왓슨은 '인간을 돕는 AI, 비즈니스를 위한 AI'를 강조한다. 왓슨의 기술을 활용할 개발자, 스타트업, 파트너와의 협업 생태계를 구축하는 데 투자를 많이 하고 있다. 이를 위해 자체 기술개발 파트와 별개로 '왓슨 기술아키텍트 팀'을 만들었다. 일반 개발자 혹은 타 기업이 왓슨이 개발한 AI 기술을 활용하여 본업에 집중하도록 돕는 것이 목적이다. IBM에 따르면 이미 왓슨 앱의 APIApplication Programming Interface(표준 기반 기술을 사용해서 통신 네트워크를 통해 원거리에서 호출할 수 있는 소프트웨어 구성 요소 인터페이스) 사용은 월 30억 건을 넘는다. 수많은 개발자가 왓슨을 기반으로 앱을 개발 중이다.

애플은 앱스토어에서의 불법거래 적발, 배터리 사용 최적화 등 다양한 영역에 인공지능을 도입했지만, 경쟁사보다 인공지능 기술 역량이 뒤처진 것으로 평가된다. 이를 만회하기 위해 애플은 최근 구글의 인공지능 책임자인 존 지아난드레아John Giannandrea를 스카우트해서 머신러닝 기반의 고도화 전략을 추진했다. 애플은 안면인식 기술을 기반으로 고객이 광고에 어떻게 반응하는지 감지할 수 있는 이모션트Emotient, 음성 인터페이스를 위한 플랫폼을 제공하는 보컬IQvocalIQ, 인공지능 소프트웨어 개발을 지원하는 실크랩스Silk Labs 등 다양한 인공지능 신생업체에 투자해 역량을 확보하려는 노력을 했다.

마이크로소프트는 2018년에만 인공지능 기술 기반의 스타트업 다섯 곳을 인수했다. 마이크로소프트는 인공지능을 사용하여 MS오피스에서 데이터를 분석하며, 인공지능 음성 알고리즘 코타나의 상호작용 기능을 확장시키고, 챗봇Chatbot의 활용도를 높이고 있다.

자율주행 기술의 잠재성이 높다 보니 많은 기업이 이 분야에 뛰어들고 있다. 다임러·폭스바겐·도요타 등 기존 자동차업체는 2016년 이후 딥러닝 관련 스타트업을 대거 인수했으며, GM과 포드는 10억 달러가 넘는 금액을 투자해 딥러닝 기반의 자율주행 스타트업을 인수했다.

AI 기술의 5가지 특장점

인공지능이 비즈니스에서 부각되는 이유는 뛰어난 성능을 자랑하기 때문이다. 인공지능을 제대로 활용하려면 그 독자적 성능과 장점을 잘 알아야 한다. 인공지능의 특장점은 다음과 같다.

학습성

첫째는 학습성이다. 인간이 다른 동물과 다른 점은 학습을 한다는 것이다. 인간은 학습을 통해 한 생애 안에서도 많은 발전을 이루고, 사회나 국가도 학습을 통해 성장한다. 그런데 인간 고유의 특성인 줄

로만 알았던 학습능력을 인공지능이 지녔다는 점은 새로운 시야를 갖게 한다. 인공지능이 학습능력을 갖고 있다는 건 스스로 진보할 수 있다는 의미다. 집에 있는 일반 냉장고는 오늘이나 1년 후나 성능이 동일하다. 오히려 감가상각이 되어 제품의 가치가 줄어들 뿐이다. 그러나 인공지능 기반의 냉장고는 1년 후 성능이 지금보다 좋아진다. 나에 대해 더 잘 이해하고, 처음보다 내 명령을 더 잘 처리하게 된다.

머신러닝의 경우, 그 작동원리 자체가 사람의 학습 과정과 비슷하다. 이해하고, 연관시켜 적용해보고, 경험하는 것이다. 인공지능이 작동하도록 하려면 먼저 정확한 이해가 필요하다. 업계에서는 이를 컴퓨터에 주입ingest한다고 이야기한다. 헬스케어 사업에 인공지능을 도입하려 한다면, 우선은 수많은 헬스케어 정보와 산업 정보를 주입해야 한다. 1,200만 개의 화학구조, 2만 개의 유전자 정보, 100종이 넘는 의학교과서와 의학저널, 1만 1,000개 이상의 드러그 라벨drug label, 그리고 특허 정보를 주입해 인공지능이 헬스케어 사업에 대해 이해할 수 있도록 한다. 정말 방대한 공부를 하는 것이다. 이렇게 어느 정도 이해를 지속하면 지식기반이 축적된다. 이를 코퍼스corpus라고 부른다. 지식기반을 풍부하게 갖출수록, 이른바 '머리에 든 게 많아지니' 일을 더욱 스마트하게 수행하게 된다. 하지만 지식을 밀어 넣는다고 해서 공부가 되는 건 아니다. 이렇게 주입한 지식과 다른 다양한 영역의 지식 사이의 관계를 분석하고, 데이터 간의 관계를 파악하면서 한 단계 더 높은 학습을 해야 한다. 예를 들어 아스피린은 열이나 두통 등의 증상과 관련된 약이고, 이걸 먹으면 진통 효과가 있다는 것을 깨달아야 하는 것이다. 또한 아스피린은 어떤 약재와 함께하면 부작용을 낳는데, 이 약재가 들어간 한약이 있다면 두 가지를 동시에 먹으면 안 된다는 결정을 도출해낼 수 있어야 한다. 이렇게 서로 다른 영역을 연결해서 새로운 인사이트를 만들어간다.

자, 이제 어느 정도 지식과 인사이트를 갖춘 똑똑한 머신으로 성장했다. 이제 테스트를 해볼 정도가 됐다. 현실에서 직면하는 어떤 문제에 대해 인공지능 시스템에 질문을 던진다. 그럼 인공지능 시스템은 이를 분석해서 그동안 학습한 지식기반을 통해 분석하고 나름의 가설을 세운 후 근거와 함께 솔루션을 도출한다. 이 솔루션이 얼마나 신뢰할 만한지를 측정하고, 최종 신뢰도의 순위에 따라 결과를 제시한다. 이렇게 얻어지는 결과는 하나의 경험이 되고, 이 경험은 머신러닝을 통해 다시 학습된다. 이런 식으로 인공지능은 주어진 산업에 맞게 공부하며 성장해나간다. 이 학습을 통해 인공지능은 보유기능을 더욱 발전시킨다.

정확성

두 번째는 정확성이다. '모라벡의 역설Moravec's Paradox'이라는 게 있다. 인간이 잘할 수 있는 일은 컴퓨터가 어려워하며, 컴퓨터가 쉽게 하는 일은 인간에게 어렵다는 것이다. 복잡한 연산은 컴퓨터에게 쉬운 일이다. 사물의 이미지를 구분하거나 글을 읽고 문맥을 파악하고 새로운 문장을 만드는 일은 인간에게는 쉽지만 그동안 컴퓨터로서는 불가능했다. 인공지능은 이를 가능하게 해주기에 더욱 놀라운 기술로 주목을 받는다. 앞으로 인공지능의 정확성을 필요로 하는 분야는 매우 다양해질 것으로 예상된다.

스탠퍼드대학교는 2018년 IT 기업들의 인공지능 시스템을 대상으로 독해력 테스트를 실시했다. 위키피디아에 등재되어 있는 500개 이상의 설명글을 읽은 후, 자연어처리 기술을 통해 내용을 파악하고, 10만 개 이상의 질문에 답하는 테스트다. 예를 들면 "음악가 안토니오 살리에리의 국적이 어디인가?", "세렝게티 공원의 크기는 얼마나 되는가?"와 같은 질문에 정확히 답하는 것이다. 이 테스트에서 1등을 차지한 인공지능 시스템은 모두의 예상을 깬 알리바바의 딥신경망 모델이었다(마이크로소프트와 공동 1등). 알리바바는 인공지능에 많은 자금을 투자한 기업 중 하나다. 이 테스트에서 알리바바는 82.44점을 기록했다. 더 놀랍게도 이 기록은 일반적인 인간의 평균 독해력인 82.3점을 뛰어넘는다. 알리바바 자연어처리 연구원인 루오 시Luo Si는 이번 인공지능의 독해력 성적을 "획기적 사건"이라고 불렀다. 이 기술은 이미 챗봇에 적용되어 알리바바의 고객상담 등 업무에 적용되고 있다. 고객들의 문의 내용 90%를 이해하며 대응하고 있다.

텍스트만이 아니다. 형체를 인식하는 수준 또한 놀랍다. 반도체업체 엔비디아가 이스라엘 스타트업 애니비전Any Vision과 공동 개발한 CCTV는 사람의 얼굴을 인식할 수 있는 인공지능 시스템이다. CCTV 카메라가 얼굴을 찍어 연속으로 스캔한 후 순식간에 그 사람이 누구인

CCTV를 통한 안면인식 시스템 / 출처: Mashable

지 식별하는데, 그 정확도가 무려 99%다. 수많은 군중 속에서 수배 중인 테러리스트나 범죄자를 색출하는 데 요긴하게 활용될 것이다. 관심을 끄는 것은 이 기술을 스마트폰이나 노트북 같은 모바일기기로도 사용할 수 있다는 것이다. 찾고 싶은 인물을 DB에 추가하면 CCTV에 이 사람이 찍힐 경우 바로 알림이 온다. 이 정확도 때문에 많은 기업이 자사의 서비스에 연동시키기 위해 관심을 보이고 있다. 엔비디아는 시스코Cisco, 제넨텍Genentech, 옴니AIOmni AI 등에 이 기술을 제공하는 파트너십을 맺었다.

페이스북도 딥러닝 기술을 적용해 딥페이스라는 얼굴인식 알고리즘을 2014년 3월 발표했다. 페이스북은 사진 속 얼굴이 각각 누구인지를 페이스북 회원정보와 사진을 기반으로 식별하고 있는데, 바로 이 기술을 이용한 것이다. 이 알고리즘은 뉴욕대학교 얀 르쿤Yann LeCun 교수가 이끌고 있는 인공지능 개발 그룹이 개발을 주도했다. 페이스북

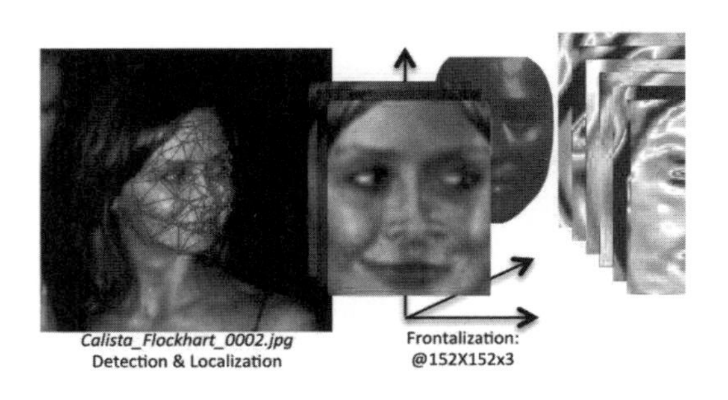

딥러닝을 이용한 페이스북의 딥페이스 / 출처: Facebook

은 딥페이스 알고리즘으로 전 세계 이용자의 얼굴을 인식하고 있다. 인식 정확도는 2017년 기준으로 97.25%다. 인간의 눈은 97.53%의 정확도를 지닌 것으로 알려졌다. 딥페이스의 정확도는 인공지능 학습이 지속되면서 점점 향상되고 있고, 내가 모르는 사람까지 알려준다는 점에서 그 성능이 더 뛰어나다고 볼 수 있다. 페이스북은 지금 이용자가 업로드한 옆얼굴 사진만으로도 이미지 속 인물이 누구인지 판별해 낼 수 있다.

인공지능의 질병 진단 수준은 이미 전문의를 능가하고 있다. IBM 왓슨 헬스케어 솔루션은 패턴인식 기반의 기술을 이용해 이미지를 정확하게 판독해낸다. IBM 왓슨에 따르면, 암의 경우 진단이 어렵다고 알려진 대장암은 98%, 방광암 91%, 췌장암 94%, 자궁경부암 100%의 정확도를 보이고 있다. 보통 질병으로 인한 사망률을 보면, 세 명 중 한 명은 암으로 사망하며, 암 치료비의 증가율은 일반 치료비의 세 배에 달하는 상황이다. 그런데 의사의 암 진단 중 20%는 오진이라고 한다.

AI 기반의 슈팅로봇, 큐 / 출처: Newatlas

이런 현실에 비추어 보면 인공지능이 가져오는 의료 혜택은 매우 크다고 볼 수 있다.

인공지능의 정확성은 지적·감각적 정확성만을 의미하지 않는다. 하드웨어적인 정확성도 포함한다. 도요타는 인공지능을 스포츠 로봇에 도입했다. 농구선수다. 이들이 개발한 로봇 큐Cue의 슈팅 능력은 놀라울 정도다. 이 로봇의 키는 190센티미터이며, 단거리 슛은 거의 100%의 정확도를 자랑한다. 인공지능으로 구현된 이 로봇은 20만 번 정도 연습하면서 슈팅 정확도를 높였고, 그 결과 프로선수를 뛰어넘는 실력을 갖추게 되었다. 이런 로봇이 쓰일 영역은 많다. 가령 제철소의 고로나 원자력발전소 같은 위험지역의 변화를 모니터링할 때 인적 피해 없이 정확한 처리를 해낼 수 있을 것이다.

속도

다음은 속도fast processing다. 머신러닝은 데이터를 토대로 지식을 축적하고, 패턴을 인식하고, 의사결정을 내리는데 그 처리 속도가 매우 빠르다는 특징을 갖고 있다. 방대한 데이터, 병렬 및 선형 컴퓨팅을 통해 인간보다 빨리 학습하고 빨리 처리한다. 마이크로소프트는 2014년 7월 'MS 리서치 컨퍼런스'에서 개 품종을 컴퓨터가 분류하는 인공지능 프로젝트, 아담Adam을 공개했다. 사용자가 스마트폰으로 찍은 개 사진을 보여주면 지능형 비서 코타나와 연동해 컴퓨터가 품종을 알려주는 것이다. 이 알고리즘은 약 1,400만 장의 개 사진을 토대로 학습했다. 당시 구글이 소개한 인식기술과 비교해 약 50배나 더 빠른 분석 속도를 보여서 화제를 모았다.

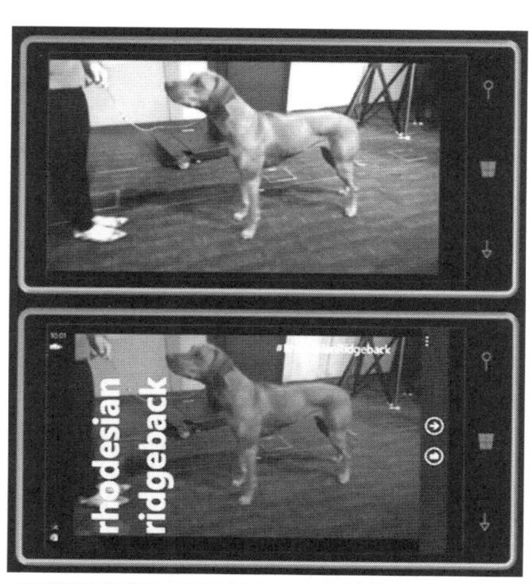

개 품종을 알려주는 마이크로소프트, 아담 / 출처: Miscrosoft

인공지능 기반의 의료 영상 분석기업 아테리스Arterys는 딥러닝을 통해 CT와 MRI 이미지를 판독해 심장, 간, 허파의 병소를 찾아내는 기술을 개발했다. MRI 이미지를 시각화해서 혈류나 기관의 상태를 읽고, 종양 의심 여부 및 진행상태를 순식간에 가려낸다. 사람이 하면 45분 걸리는 판독작업을 15초 만에 수행한다.

인공지능은 시간 전쟁으로 불리는 신약 개발의 속도 또한 획기적으로 단축시킨다. IBM 왓슨은 배일러Baylor나 존슨앤드존슨Johnson&Johnson과 협력하고 있다. 신약 개발은 특성상 보통 5~7년의 기간, 3조 원 이상의 자금이 투입된다. 임상실험 전까지 실시되는 2~3년 동안의 연구는 70% 정도가 조사업무다. P53유전자에 대해서만 매년 5,000개의 보고서가 나오고 관련 논문은 7만 개다. 이를 다 읽는 데 38년이 소요된다. 그러나 인공지능은 이를 일주일 이내에 다 해치운다. 런던의 스타트업 베네볼벤트AIBenevolvent AI 또한 신약 개발에 새로운 전기를 마련했다. 인공지능을 활용해 신약물질 대상을 찾는 시간을 혁명적으로 단축한 것이다. 보통은 신약물질 대상을 선정하는 데만 2년 정도가 소요된다. 그러나 인공지능을 활용하면 한 달여 만에 검증을 끝낼 수 있다.

중국의 대형 보험사 중 하나인 핑안보험Ping An Insurance은 인공지능을 통해 보험 및 금융 서비스 포트폴리오 전반에 걸친 고객서비스를 개선했다. 인공지능 기반 얼굴인식 기능을 통해 고객을 빠르게 식별해내고, 이를 통해 3분 안에 온라인 대출을 해주기도 한다. 이 시스템은 3억 개 이상의 얼굴 데이터를 통해 학습되었다.

속도는 곧 효율성과 직결된다. 항공기 제조사인 에어버스Airbus는 최근 A350 항공기 생산에 인공지능 시스템을 도입했다. 지속적인 입력, 퍼지 매칭fuzzy matching(두 가지를 비교할 때 완전히 동일한가가 아니라 비슷한가의 여부를 판단하는 방법), 자체 학습 알고리즘을 결합하여 생산 프로세스에서 나타나는 문제의 패턴을 식별하고 즉시 처리해낸다. 이로써 생산 중단이 거의 일어나지 않고, 모든 프로세스가 생산 현장에 최적화되어 가장 빠른 속도로 제품을 생산해낸다. 그 결과, 생산 시간의 3분의 1이 단축되었다. 인공지능은 상당수의 인력이 투입되는 반복활동에서 인건비를 줄이며 수익을 높이는 기능으로 활용될 것이다.

병원 의료서비스의 만족도는 소요시간에 의해 결정된다. 환자(고객)들은 빠르고 간편하게 원하는 검사를 받기를 바란다. 인공지능은 병원 의료서비스의 많은 부분에 도입되어 검사 속도를 높일 것으로 전망된다. MRI 스캔은 현재 사용 가능한 최고의, 그리고 가장 안전한 진단 도구다. 환자의 몸 안에서 일어나는 많은 일을 의사는 이 사진을 통해 이해한다. 그러나 MRI 스캔을 받아본 사람은 알다시피 시간이 많이 걸리고, 밀실 공포증을 유발하기도 한다. 스캔은 길면 한 시간까지 걸리고, 그사이 환자는 답답한 통 안에서 숨을 죽인 채 가만히 있어야 한다. 페이스북은 MRI 스캔을 10배나 빠르게 수행할 수 있는 획기적인 인공지능 기술 '패스트 MRIFast MRI'를 개발했다. 환자 사진을 찍을 때 더 작은 용량, 더 적은 데이터 수집을 지향하는데, 훈련된 신경망 기술을 사용해 사진 간 간격을 메움으로써 스캔 속도를 높이는 원리다. 아무리 길어도 MRI 스캔 시간이 15분을 넘지 않는다. 물론 작은 종양이 누락되는 위험을 줄이는 게 관건이다. 임상 환자 1만 명의 MRI 영상

300만 개를 포함한 방대한 양의 데이터를 학습하여 패스트 MRI는 속도와 정확도를 높이고 있다.

통찰력

단순히 사람을 알아보는 게 인지능력이라면 그 사람이 어떤 정치적 성향을 갖고 있는지까지 아는 것은 통찰력이다. 스탠퍼드대학교 연구진은 구글 이미지를 분석하여 한 개인의 투표 성향까지 알아내는 알고리즘을 개발했다. 물론 이는 정치적 성향에 국한되지 않는다. 각 개인의 소득, 구매습관 등을 사진을 보고 예측해낸다. 이 알고리즘은 구글 스트리트 뷰Google Street View에서 5,000만 개의 거리 장면을 수집하고, 거기에서 2,200만 대의 차량을 식별한 후 총 2,657개의 분석 틀을 만들었다. 이 작업을 사람이 하면 이미지 하나를 보고 분류하는 데 10초밖에 안 걸린다 해도 총 15년 이상이 걸릴 것이다. 인공지능은 이를 2주 만에 수행했다. 인공지능은 스트리트 뷰에 있는 차량 이미지, 모델 및 연도 정보, 그리고 지역 정보 등을 결합하고, 지역별 대통령 선거 투표 성향까지 학습한다. 자동차를 통해 주민의 인구동태 통계, 사회경제적 속성, 정치적 선호까지 추정한다. 가령 공화당에 투표한 선거구에는 픽업트럭이 많으며, 민주당 지지자들이 많이 타는 차량은 세단이라는 사실을 밝혀냈다. 세단과 픽업트럭의 숫자를 세면서 특정 지역을 15분쯤 운전하고 다니면 주민들이 어느 당에 투표했는지를 예측할 수 있다고 한다.

인공지능의 통찰력은 기업의 가치를 높이는 중요한 역할을 한다. 세계 슈퍼유니콘(기업가치 100억 달러 이상) 기업 중 기업가치가 가장 높은 곳은 어디일까? 장이밍張一鳴이라는 무명의 중국인이 만든 스타트업 바이트댄스ByteDance, 字節跳動다. 2018년 소프트뱅크로부터 투자를 유치하면서 창업 6년 만에 기업가치가 750억 달러(한화 약 85조 원)로 뛰었다. 이는 미국 차량공유업체 우버의 기업가치 720억 달러를 넘어서는 규모다. 비결은 인공지능이다. 바이트댄스는 설립 당시 '오늘의 헤드라인'이라는 뜻의 진르터우탸오今日頭條 앱 서비스를 시작했다. 일반적인 뉴스 서비스와 달리 인공지능을 통해 이용자가 좋아하는 뉴스 테마 및 구독 패턴을 예측한다. 이를 기반으로 맞춤형 뉴스를 제공하는 것이다. 진르터우탸오는 뉴스 제공자의 입장이 아니라 철저하게 구독자의 입장에서 모든 서비스를 재구성했다. 위챗WeChat 등 SNS 계정에 입력된 나이, 직업, 관심 분야, 거주지 등을 분석하고 서비스 이용자들이 직접 창작한 콘텐츠도 플랫폼에서 유통될 수 있도록 했다. 이 서비스가 사람들의 선택을 받을 수 있었던 비결은 바로 구독자의 기호를 통찰해 가장 좋아할 만한 맞춤형 정보를 제공한 데 있다.

자율성

인공지능은 잠을 자지 않는다. 이 역시 이 기술의 특장점이다.

24시간 내내 인간에게 필요한 일을 처리해낸다. 일반적으로 시스템의 성능은 사람의 개입을 최소화하면서 원하는 일을 처리하는 데서 결정된다. 인공지능은 인간의 기능을 본떠 만든 것이다. 그 말은 인간이 할 일 중 많은 부분을 인공지능이 대신 자율적으로 처리해준다는 의미다. 가장 간단한 예로, 에어컨이 온도를 알아서 맞춰주면 어떨까? 미쓰비시 전기三菱電機는 인공지능이 구현된 실내 에어컨을 출시했다. 이 에어컨에는 적외선 센서가 달려 있어서, 실내 온도를 감지하고 외부 온도와 햇빛에 의한 온열 효과까지 고려하여 체감온도를 예측해낸다. 이 체감온도 변화를 0.1도 단위로 측정하고, 사람이 최적의 편안함에 이를 수 있도록 최적 온도를 자동으로 조정한다. 밖이 너무 더워서 집으로 들어가면 에어컨은 이미 가동 중이다. 또한 너무 강하게 가동되면 추울 수 있는데, 이를 방지하기도 한다. 사람이 추위를 느끼기 전에 바람 세기와 온도를 조절해 최적의 상태로 만들어준다. 에너지가 절약되는 것은 물론이다.

수족관에 인공지능을 도입하면 어떻게 될까? 블루네로Bluenero는 물고기에게 자동으로 먹이를 공급해주고 전용 앱으로 언제 어디서나 물고기 상태를 확인할 수 있는 가정용 스마트 수족관을 출시했다. 이 수족관에는 일주일 동안 물고기에게 먹이를 줄 수 있는 자동 식량공급 장치가 장착되어 있다. 또한 블루투스를 이용하여 스마트폰으로 적정 온도를 조절할 수도 있다. 풀 스펙트럼 LED가 내장되어 이상적인 수중환경을 제공하며, 수중식물의 성장을 돕고 6단계 필터로 수질을 관리해준다. 이 수족관은 16갤런, 26갤런, 36갤런의 크기로 만들어져 있

가정용 스마트 수족관, 블루네로 / 출처: Bluenero

다. 이 회사의 창업자는 오렌지색의 아름다운 니모를 사서 키웠는데, 막상 해보니 물 순도 및 식사시간 등의 관리가 매우 까다롭다는 것을 경험하고 '감상의 즐거움만 제공하는 수족관'이라는 아이디어를 떠올렸다고 한다.

자율처리는 다양한 업종과 결합해 새로운 형태의 서비스로 진화할 것으로 보인다. 유통업에도 새로운 문화가 생길 수 있다. 바로 자율주행 기능이 있는 마트다. 로봇이 대신 매장관리를 하는 무인마트는 이미 여러 곳에 생겼다. 그러나 로보마트Robomart는 이보다 더 진화된, 바퀴 달린 식료품 자율매장이다. 앱으로 호출하면 가장 가까운 무인차량이 집 앞 현관까지 찾아와 채소와 과일 등의 식료품과 생필품을 제공한다. 고객 입장에서는 사전 주문 없이도 물건을 살 수 있고 집 앞까지 매장이 와주니 더없이 편하다.

구글의 엔지니어도 뉴로Nuro라는 이름의 식료품 자율주행 배달 서비스를 내놓았다. 기존의 상품 배송용 자율이동 로봇은 인도로 이동하지만 이 로봇은 도로를 달린다. 구글의 자율주행차 개발 조직에 있던 데이브 퍼거슨Dave Ferguson과 CTO였던 지준 주Jiajun Zhu가 2016년 구글을 떠나 뉴로를 창업했고, 웨이모Waymo, 우버, 테슬라 등 유명 기업들의

바퀴 달린 식료품 자율매장, 로보마트와 구글의 뉴로 / 출처: Techcrunch

엔지니어들을 모아 이 기술을 개발했다. 뉴로는 물품의 배달, 반납 또는 구매를 위해 설계되었다. 자율주행 기능이 있는 로봇이 내가 원하는 물건을 집까지 가져오는 방식의 비즈니스는 상거래 패러다임을 완전히 바꿀 것으로 보인다.

AI 알고리즘은 가져다 쓰는 것?

최근에는 아마존, 구글, IBM, 마이크로소프트 등의 IT 기업이 이러한 특장점을 지닌 인공지능 알고리즘을 플랫폼 방식으로 외부에 공유하고 있다. 일반 기업은 인공지능 애플리케이션을 직접 개발하지 않더라도, 선진기업이 개발해놓은 고급 인공지능 기능을 손쉽게 사용할 수 있다. 선진기업은 자사의 플랫폼 지배력을 확대하기 위해 이러한 정책을 펼친다. 일반 기업 입장에서는 알고리즘을 개발하는 능력보다 필요한 알고리즘이 어디에 있는지 검색하는 능력이 더 중요할 수도 있다.

가령, 아마존은 자사가 보유하고 있는 AI 기능을 AWS를 통해 대중에 공개하고 있다. 대표적인 AI 서비스가 아마존 레코그니션이다. 딥러닝 기반의 이미지인식 서비스로, 이미지 속의 사람, 동물, 자동차 등 다양한 형상을 식별한다. AI가 형상을 인식할 때 신뢰도 점수를 산출하며, 이를 통해 이미지 검색을 정확하게 할 수 있게 된다. 이 기술을 활용하면 사람의 얼굴 표정을 인식해서 특정 상품이나 서비스에 대한 만족도나 향후 구매 여부를 예측할 수 있다. 또한 안면인식 기능을 통해 사용자의 신원을 식별하는 기능을 구현할 수도 있다. 이 레코그니션 기능은 AWS의 스토리지 서비스와 연동된다. 클라우드 서비스인 아마존 S3Simple Storage Service의 이미지 파일을 분석·처리할 수 있으며, 특히 API를 이용해 새로운 애플리케이션을 개발할 수도 있다.

아마존의 또 다른 AI 서비스는 아마존 렉스다. 아마존 가상비서 알렉사와 동일한 기술이 적용된 서비스인데, 코드 제작 도구인 AWS 람다Lambda 기능과 아마존 렉스를 활용하면 원하는 지능형 챗봇을 손쉽게 만들 수 있다. 이는 페이스북 같은 SNS 서비스와도 연동할 수 있기 때문에 확장성이 크다. 아마존 렉스는 사용량이 많이 증가하더라도 자동으로 확장이 이뤄진다. API 연동을 통해 사용한 만큼만 비용을 내면 된다는 것이 장점이다. 이렇게 AWS가 제공하는 AI 서비스 모음을 활용하면 AI나 딥러닝 지식이 없어도 애플리케이션에 활용할 수 있다.

아마존 폴리도 주요 서비스다. 폴리는 딥러닝 기반의 '텍스트 투 스피치Text To Speech, TTS' 서비스로, 텍스트를 입력하면 음성이 나온다. 24개 언어를 지원하며 47개 유형의 음성으로 출력된다. 약자나 숫자 조합, 동음이의어 같은 텍스트까지도 문맥을 인식해서 제대로 발음한다. 기계음이 아닌 사람이 말하는 것 같은 음성을 출력하는 게 핵심기술이다.

IBM 또한 왓슨의 인지컴퓨팅 기술을 적극 공유하고 있다. 헬스케어, 의료, 유통, 금융 등 다양한 분야에서 왓슨을 도입해 활용하고 있다. 스포츠웨어 업체 언더아머Under Armour는 왓슨의 기술을 이용, 소비자들의 운동, 수면, 식생활 등의 정보를 파악해 건강관리 및 운동 트레이너 역할을 하는 애플리케이션인 UA레코드UA Record를 개발했다. 사용자가 자신이 먹는 음식 사진을 찍어서 올리면 왓슨이 이미지인식 기술을 이용해 영양 관리 및 식단 추천서비스까지 제공한다. 아웃도어 브랜드 노스페이스North Face도 왓슨을 온라인 쇼핑몰에 적용했다. 고객이 쇼핑을 하면서 질문을 던지면 답을 줄 뿐 아니라 구매결정도 돕는다. 왓슨은 온라인 쇼핑몰에서의 고객활동 데이터를 분석, 학습하여 고객서비스에 활용한다. 왓슨의 톤 애널라이저Tone Analyzer 기술을 이용해 목소리로 주문을 처리하는 온라인 자동주문서비스, 이지버튼Easy Button도 내놓았다. 미국 로펌 베이커앤드호스테틀러Baker&Hostetler는 왓슨 기반 법률자문 솔루션인 AI 변호사, 로스Ross를 내놓았다. 로스는 법률 리서치 업무를 수행하며, 이로써 법률회사의 리서치 업무 소요시간을 20~30% 단축시켰다. 또한 자연어처리와 머신러닝 기술로 일반적인 법률자문과 자연어 기반의 질문에 답변하는 역할도 수행한다.

뿐만 아니다. IBM은 최근 기업의 인공지능 모델 개발을 돕는 개방형 플랫폼 AI 오픈스케일AI OpenScale을 선보였다. IBM은 AI 설계에 사용되는 복잡한 심층신경망을 자동으로 구축하는 뉴넷SNeuNetS 신경망 합성 엔진을 AI 오픈스케일을 통해 제공한다. 뉴넷S는 기업의 AI 개발을 자동화하는 기술로, 특정 데이터에 대한 맞춤형 AI 모델을 자동으로 설계해준다. 이를 통해 기업은 인공지능 전문가 없이도 신속하게 AI를 도입하고 간편하게 운용할 수 있다. IBM의 AI 오픈스케일은 IBM 클라우드와 IBM 클라우드 프라이빗을 통해 제공된다.

페이스북과 구글은 광고 플랫폼을 제공한다. 머신러닝 기반의 강력한 광고 툴이다. 의류업체가 페이스북에 1만 명의 고객 이메일 리스트를 제공하면, 페이스북은 자사의 플랫폼에서 해당 사용자를 찾고, 그들이 좋아하는 것, 그들이 사는 곳, 그들의 성별, 그들이 하는 일 등에 관한 속성을 알아낸다. 이를 바탕으로 이 고객들과 가장 유사한 다른 사용자들을 선별해 프로모션을 진행한다. 광고가 언제, 어떤 형식으로 보이는지는 사용자의 특성에 맞추어 최적화된다. 이를 통해 전달되는 광고는 클릭률뿐만 아니라 참여율도 매우 높다.

기업마다 고객의 개인정보가 담긴 데이터를 보유하고 있다 보니 보안이 점점 중요해지고 있다. 최근에는 데이터 보안을 대신 처리해주는 인공지능 기반 애플리케이션도 나왔다. 다크트레이스Darktrace가 대표적이다. 이 시스템은 독자적인 학습능력으로 기업의 보안체계를 스스로 구축한다. 즉, 개발자가 복잡한 보안설정을 할 필요가 없고, 애플리케이션이 스스로 기업 내 정상 행동을 파악하여 비정상 혹은 위협 상황을 독자적으로 감지한다. 이를 통해 심각한 부정행위를 탐지해주기도 하고, 시스템을 공격하는 악성활동으로부터 보호해주기도 한다. 데이터 중심의 비즈니스에서 보안 시스템은 필수다. 규모가 작은 회사는 대기업만큼 탄탄하게 대비해놓지 못해서 해커들에게 더욱 취약하다. 그러나 이러한 인공지능 보안 애플리케이션은 각 기업이 손쉽게 도입할 수 있다.

특정 기능에 특화한 인공지능 알고리즘을 제공하는 기업도 있다. 고객관계관리CRM 전문업체인 세일즈포스Salesforce에는 '아인슈타인Einstein'이라 불리는 인공지능 알고리즘이 있다. 기업이 세일즈포스의 아인슈타인이 적용된 CRM을 도입하면 고객관리와 관련된 범용 AI를 확보하게 되는 셈이다. 이를 이용해서 자사의 영업능력과 고객서비스 품질을 대폭 향상시킬 수 있다. CRM 플랫폼의 각 부문에는 머신러닝, 자연어처리, 패턴인식 등이 적용되어 있다. 잠재고객의 데이터를 분석해 영업 적중률이 높은 타깃 고객을 발견하도록 도와주는 리드 스코어링Lead scoring 기능을 개선할 수도 있다.

인공지능 애플리케이션 개발을 지원하는 API

기업을 인수하거나 AI 서비스를 구매하는 게 아니라 애플리케이션을 직접 개발하는 편이 유리할 때도 많다. 물론 직접 개발하면 개발에 시간이 소요되고, 개발비용도 분야에 따라 많이 들 수 있다. 또한 인공지능 관련 엔지니어링 지식이 없으면 개발이 불가능하다. 그러나 애플리케이션을 필요한 조건에 따라 자유롭게 업데이트할 수 있고, 사용에 대한 비용을 지출하지 않으며, 개발한 프로그램을 토대로 비즈니스를 확장하기 수월하다는 장점이 있다. 좋은 소식은 인공지능 기능을 구현하기 위한 오픈소스가 다양하게 공유되어 있다는 사실이다. 구글, 마이크로소프트, 페이스북, 아마존, 야후는 모두 머신러닝, 딥러닝 기반의 다양한 알고리즘 소스 라이브러리를 공개했다. 대부분 무료 소프트웨어이기 때문에 인공지능을 도입하려는 기업 입장에서는 개발 비용을 최소화할 수 있다. 인공지능을 구현하는 데는 알고리즘 개발능력보다 쓰고자 하는 알고리즘 소스가 어디 있는지 아는 능력이 필요하다. 개발자가 모든 최고급 기능을 독자적으로 개발하기란 불가능하다. 오히려 선진 개발자들이 각 영역에서 공들여 개발해놓은 소스를 찾아서, 최고급 소스로만 구성된 우수한 성능의 애플리케이션을 만드는 게 더 빠르고 현명한 방법이다.

그럼 선진기업이 공유하는 인공지능 라이브러리에는 어떤 것이 있을까? 구글의 텐서플로가 가장 유명하다. 구글의 텐서플로에 있는 오픈소스들은 알파고뿐 아니라 자사의 검색엔진, 번역기, 메일 등의 서비스에 활용되고 있다. 이와 더불어 구글은 지난 2015년에 오픈소스를 공개하여 전 세계 개발자가 이를 자유롭게 사용할 수 있게 했다. 아마존이 지원하는 MX넷MXNet은 아직 구글 텐서플로에는 미치지 못하지만, 아마존의 투자와 지원에 힘입어 생태계를 빠르게 확장하고 있다. 마이크로소프트가 개발한

딥러닝 오픈소스 라이브러리 인기 순위

순위	딥러닝 라이브러리	점수
1	텐서플로	172
2	카페	89
3	케라스	69
4	MX넷	53
5	테아노(Theano)	38
6	딥러닝4j(Deeplearning4j)	29
7	CNTK	27
8	토치7(torch7)	17
9	패들	14
10	체이너(chainer)	13

출처: Github(2017년 기준)

CNTKComputational Network Toolkit도 유명하다. 마이크로소프트는 코타나 및 스카이프 등의 번역과 음성인식 서비스에 이를 활용하고 있다. 바이두가 개발한 패들Paddle과 버클리 비전 학습센터BVLC에서 개발한 카페Caffe, 케라스Keras 등도 유명하다. 개발자들이 가장 많이 찾는 오픈소스 공유 사이트 깃허브GitHub에 따르면 가장 인기 있는 오픈소스 라이브러리는 구글 텐서플로, BVLC의 카페와 케라스, 아마존의 MX넷 순이다. 이러한 라이브러리 안에 수만 개 단위의 각종 알고리즘 소스가 있다. 수많은 소스 중에서 최적의 것을 찾는 것이 중요한 기술이라고 하겠다.

주목해야 할 인공지능 오픈소스

IT 전문저널 〈CIO〉는 개발자들이 주목해야 할 인공지능 오픈소스들을 선정했다.

포사FOSSA

포사는 개발자가 사용하는 코드를 지속적으로 검색하고 추적해 관련 라이선스를 식별함으로써 오픈소스 라이선스를 준수하도록 프로세스를 자동화한다. 이 소프트웨어는 개발자 소유 라이브러리와 내부에 숨어 있는 원시 라이선스를 모두 분석한다. 또한 클릭 한 번으로 속성, 보고서, 감사 결과를 생성할 수 있다.

스냅루트Snap Route

운영자의 요구사항에 따라 사용자를 정의할 수 있는 플렉스스위치FlexSwitch라는 완전한 모듈형 오픈소스 네트워크 운영체제를 제공한다. 네트워크 스택stack의 모든 요소는 운영자가 볼 수 있으며 API에 완벽하게 접근할 수 있다. 조직은 플렉스 스위치를 사용해 필요한 것만 제어하고 그 밖의 모든 것을 피함으로써 비즈니스에 미치는 위험과 영향을 줄일 수 있다.

로켓닷챗Rocket.Chat

'팀 커뮤니케이션을 위한 최고의 무료 오픈소스 솔루션'으로 알려진 로켓닷챗은 기업이 개인 간 채팅 서비스를 호스팅할 수 있는 무료 웹 채팅 개발 플랫폼을 제공한다. 슬랙Slack과 유사하지만 오픈소스다. 헬프데스크help desk(컴퓨터나 네트워크에 익숙하지 않은 사용자의 문의에 응답하는 중앙 사이트), 그룹 채팅, 화상 통화를 제공하는 툴킷에 200명이 넘는 개발자가 참여해 테스트했다.

콘테나Kontena

대규모 컨테이너 관리에 어려움을 겪는 조직에는 콘테나가 도움이 될 수 있다. 2015년 3월에 설립된 콘테나는 컨테이너화된 앱 및 마이크로서비스를 실행하기 위한 오픈소스 플랫폼을 제공한다. 콘테나는 온프레미스On-premise(소프트웨어 등 솔루션을 클라우드와 같은 원격 환경이 아닌 자체 보유한 전산실 서버에 직접 설치해 운영하는 방식), 클라우드 또는 하이브리드 인프라에 대해 사용자 친화적인 서비스를 제공한다. 이 시스템을 사용하는 데는 데브옵스DevOps(개발development과 운영operation의 합성어로, 개발과 운영 담당자가 서로 연계하여 협력하는 개발 방법론)나 리눅스 지식이 거의 필요 없다. 이 시스템은 프로덕션 환경에서 컨테이너를 실행하고 확장하는 데 필요한 모든 것을 제공한다.

넥스트클라우드Nextcloud

선도적인 웹회의 및 재무계획 회사인 스트럭터AGStruktur AG에서 분사해서

2016년에 출범한 오픈소스 파일 호스팅 서비스다. 이 서비스는 워크플로 관리, 여러 기기에서의 공유 등을 제공하는 동시에 안전한 화상회의와 전화회의 서비스를 제공한다. 파일 보안 측면에서 보면 2단계 인증을 지원하며 맥 OS X, 리눅스, 윈도, 안드로이드를 비롯한 다양한 운영체제에서 실행된다. 로컬 및 원격 저장소에 대한 데이터를 암호화할 수 있는 암호화 앱을 다운로드할 수 있다.

아키네오Akeneo

2013년 설립한 아키네오는 프랑스에 본사를 둔 제품정보 관리 전문업체다. PHPHypertext Preprocessor로 작성된 이 오픈소스 관리 도구는 165개 이상의 국가 2,500개의 활성 커뮤니티에서 쓰이고 있다. 아키네오는 제품정보 관리를 기업에 온프레미스로 제공하거나, 소규모 조직에는 클라우드 서비스로 제공한다. 마케팅 담당자, 전자상거래 관리자, 데이터 거버넌스 드라이버를 대상으로 한다.

스프리커머스Spree Commerce

일반적으로 사용되는 마젠토Magento, 하이브리스Hybris 또는 디맨드웨어Demandware와 마찬가지로 스프리커머스는 루비Ruby(인터프리터 방식의 객체 지향 스크립트 언어)로 개발됐으며 500명이 넘는 기여 개발자가 함께하는 가장 큰 오픈소스 전자상거래 프로젝트 중 하나다. 2015년 영국의 명품 매장 포트넘앤드메이슨Fortnum & Mason은 스프리커머스의 새로운 오픈소스를 이용해 고도화된 웹사이트를 구축했는데, 이로써 웹사이트를 방문하는 고객이 이전보다 20% 증가한 것으로 조사됐다.

하이지에이아Hygieia

캐피탈원Capital One이 개발한 하이지에이아는 사용자가 엔터프라이즈급 대시보드를 통해 거의 실시간으로 배송 파이프라인의 상태를 시각화함으로써 조직의 데브옵스 전략을 지원하는 것을 목표로 한다. 이 캐피탈원 오픈소스 프로젝트는 하나의 대시보드를 통한 포괄적인 엔드투엔드 비즈니스 절차end-to-end business processes(중간 매개체를 거치지 않고 네트워크의 종단간 직접 연결되는 프로세스) 제공을 목표로 한다.

리액티브 네이티브 Reactive Native

페이스북에서 개발한 리액티브 네이티브는 자바스크립트로만 구성된 모바일 앱 구축 플랫폼을 제공한다. 리액티브 네이티브의 자바스크립트 코드 라이브러리는 2013년 깃허브에서 출시돼 개발자가 웹 및 모바일 채널에서 코드를 재사용할 수 있도록 한다. 즉, 엔지니어는 iOS와 안드로이드에서 동일한 앱을 처음부터 만들 필요가 없다. 최초의 교차 플랫폼 리액티브 네이티브 앱인 '광고관리자'는 런던에 있는 개발팀이 만들었다. 광고관리자를 사용하면 소셜 네트워크에 광고하는 기업이 자사의 계정을 관리하고 새로운 광고를 만들 수 있다.

오픈 서비스 카탈로그 매니저 Open Service Catalog Manager

2015년 12월 후지쯔는 오픈 서비스 카탈로그 매니저라는 최초의 오픈소스 프로젝트를 발표했다. 이 플랫폼은 기업 및 서비스 업체에 클라우드 관리 소프트웨어를 제공하는 것을 목표로 한다. 오픈 서비스 카탈로그 매니저를 사용하면 조직에서 자체 서비스 모드로 클라우드 서비스 및 애플리케이션을 활용해 자체 엔터프라이즈 저장소를 구축할 수 있다.

매터모스트Mattermost

고랭Golang(2009년 구글이 개발한 프로그래밍 언어가 Go이고, Go 프로그래밍 언어를 줄

여서 고랭이라고 부른다)과 리액트React(조합형 인터페이스를 제작하기 위한 오픈소스 라이브러리)로 작성된 매터모스트는 오픈소스와 온프레미스 팀 채팅 프로그램을 제공한다. 슬랙과 마찬가지로 자체 호스팅 메시징 및 파일 공유 채널을 제공한다. 슬랙의 기능과 거의 일치하지만 오픈소스라서 많은 애플리케이션을 통합할 수 있다.

MX넷MXNet

MX넷은 개발자를 다른 프로그래밍 프레임워크에 연결하는 데 중점을 둔 딥러닝 리소스를 오픈소스 라이브러리로 제공하는 다국어 머신러닝 데이터베이스다. MX넷은 심볼 코어 및 명령형 작업을 자동으로 병렬 처리하는 종속성 스케줄러를 핵심으로 사용한다. 그뿐만 아니라 MX넷은 더 빠르게 만드는 것을 목표로 하는 그래프 최적화 레이어를 제공한다.

인스펙InSpec

디버거 작업을 목표로 오픈소스 프레임워크를 제공하고 컨트롤의 우선순위를 지정하기 위한 데이터 태그를 생성하며 명령 줄 인터페이스Command Line Interface, CLI('명령어 인터페이스'라고도 하며 가상 터미널 또는 터미널을 통해 사용자와 컴퓨터가 상호작용하는 방식)를 통해 신속하게 테스트를 실행함으로써 컴플라이언스 테스트 프로세스를 자동화한다. 인스펙은 워크플로를 검사하여 보안·규정 준수 또는 정책 관련 문제를 신고한다.

바젤Bazel

구글이 개발한 바젤은 공유코드 저장소를 활용하는 빠른 소프트웨어 구축 플랫폼을 제공한다. 바젤은 캐싱Caching(사용자들의 요청이 많은 콘텐츠를 별도 서버에 임시 저장한 뒤 필요할 때마다 바로바로 데이터를 전송하는 기술)을 사용하여 자동화된 테스트를 제공한다. 대표적인 사용 기업으로는 브레인트리Braintree, 스트라이프Stripe, 데이터브릭스Databricks 등이 있다.

출처: 〈CIO〉, 2019. 01.15. 'CIO가 올해 주목해야 할 16개 오픈소스', Christina Mercer, Thomas Macaulay

AI 기술의 취약점

모든 신기술에는 양면성이 있다. 특장점이 있지만 실제 활용하는 현장에서는 기술 본연의 한계에 직면한다. 인공지능도 만능 시스템처럼 인식되곤 하지만 그 나름대로 취약성이 있다. 인공지능에 대해 충분히 이해하려면 이 기술의 취약점도 직시해야 한다.

첫 번째는 데이터 의존도가 크다는 점이다. 인공지능 기술을 실제로 활용하려면 알고리즘을 학습시킬 수 있을 만큼 큰 데이터세트를 작성하거나 확보해야 하는데 그러기가 어려울 수 있다. 의료 분야의 경우, 환자의 진단 결과를 정확하게 예측하려면 방대한 데이터가 필요하다. 앞서 언급한 대로 수만 개의 유전자 정보, 수백 개의 의학저널 등의 지식뿐 아니라 방대한 양의 임상시험 데이터도 필요하다. 이러한 데이터를 확보하거나 데이터에 접근할 수 없다면 인공지능의 수혜를 입기 어렵다는 한계가 있다.

IBM 왓슨이 암 치료 분야에서 활약하고 있지만 한편으로는 추가적인 발전에 대해 회의론이 일고 있는 것도 사실이다. 의학전문매체 〈STAT〉는 왓슨이 정확하지 않고 위험한 진단을 내린다고 폭로했고, 〈월스트리트저널WSJ〉도 왓슨이 실제 환자에게 미치는 영향이 제한적이라고 평했다. 이러한 평가의 배경에는 환자의 데이터 수집에 존재하는 한계가 있다. 왓슨은 의학 논문과 교과서 등 방대한 의료정보를 학습하고 있으나, 문헌자료와 연결할 실제 환자 데이터가 부족하다. 암 환자를 진료하려면 개인 병력과 치료 결과, 과거 유사 환자 사례 등 다양한 데이터를 학습해야 하는데, 방대한 관련 데이터를 모으는 데는 현실적으로 어려움이 있다. 특히 희귀암이나 재발암 등에 대해서는 데이터 부족 때문에 의료적 성과를 내지 못하고 있다.

두 번째는 데이터의 편향성이다. 인공지능의 학습이 데이터로 진행되다 보니, 데이터 자체가 편향되어 있으면 인공지능의 판단 또한 편향될 수 있다. 아마존에서는 머신러닝을 기반으로 500대 컴퓨터를 동원해 구직자 지원서를 5만여 개 키워드로 분석하는 방식을 적용했다. 그런데 학습을 시작한 지 1년여가 지나자 이 시스템이 경력 10년 이상의 남성 지원자만 후보로 고르기 시작했다. 여성이라는 단어가 들어가면 감점을 하기도 했다. 그동안에는 IT 기업에 남성 지원자가 압도적으로 많았기 때문에, 이런 데이터를 기반으로 한 인공지능이 남성 편향적으로 서류를 분류한 것이다.

이 문제를 해결하기 위한 방법으로 IBM은 AI 오픈스케일을 내놓았다. 편향된 데이터에 근거한 치우친 결과를 검증하고 바로잡을 수 있는 개방형 기술 플랫폼이다. 이 플랫폼은 인공지능이 적용된 시스템이나 운용 환경에 관계없이 AI가 도출한 의사결정 과정을 설명하고 투명하게 관리하며 AI 편향성을 탐지한다. 어쨌거나 데이터의 편향성 이슈는 모든 분야에서 고려될 수 있다. 인공지능이 사람보다 객관적인 판단을 내릴 수 있는지에 대해서는 조금 더 증명이 필요한 시점이다. 사람의 생명과 직결되는 자율주행에도 인공지능이 적용될 수 있기 때문에 이는 결코 사소한 과제가 아니다.

세 번째는 인공지능의 취지와 달리 인간의 노동이 아직 많이 필요하다는 점이다. 현재 시장에 있는 인공지능 서비스의 90%는 지도학습 방식이다. 지도모드의 인공지능에는 인간이 데이터를 주입해주고 지도를 해주어야 한다. 사람이 데이터를 일일이 분류하고, 가공 작업까지 해야 한다. 물론 조직 내 여러 부서의 가용 데이터를 추출해서 통합해주는 인공지능 알고리즘도 존재한다. 그러나 일반적으로 아직까지는 알고리즘 지도를 위해 사람의 손과 시간이 많이 필요한 단계이다.

네 번째는 인공지능이 도출한 결과를 설명하기가 어렵다는 점이다. 딥러닝의 처리방식은 블랙박스다. 딥러닝이 수많은 데이터로 학습을 하고 정확하고 빠른 예측을 해내고 있지만, 어떠한 원리로 예측을 하는지는 과학자나 엔지니어도 알지 못한다. 과장해서 이야기하면, 그동안 보여준 성능을 믿고 맡기는 것이다. 가장 진보된 과학이지만, 상당히 과학적이지 않은 아이러니한 모습이다. 데이터 편향성이 나타나는 이유도 처리 과정이 이처럼 '깜깜이' 방식이기 때문이다. 개발자도 전후 사정을 정확히 알지 못하기 때문에 잘못된 판단이나 윤리적인 문제에 봉착할 수도 있다.

다섯 번째는 간접학습의 어려움이다. 인공지능은 상당히 산업 특화적이다. 어느 특정 산업에서 성숙한 인공지능 머신은 다른 분야에서 똑같은 활약을 하지 못한다. 학습하는 배경과 데이터가 다르기 때문에 그대로 적용하지 못하는 것이다. IBM 왓슨이 진단 알고리즘을 개발해 헬스케어 시장을 개척하는 데 성공했지만, 같은 알고리즘을 금융시장에 활용하려면 데이터도 새로 확보해야 하고, 금융산업 전문가와 함께 학습을 새로 시작해야 한다. 알고리즘 적용방식이 거의 비슷하다 해도 환경이 바뀌면 재교육을 해야 한다는 점은 알고리즘의 확장성 측면에서 한계점이라고 볼 수 있다.

AI는 앞으로 어떻게 발전할까

그럼 인공지능 기술은 앞으로 어떤 방향으로 발전해나갈까? 먼저 인간과의 상호작용 능력이 점차 고도화될 것이다. 현재의 모델은 수동적으로 음성이나 텍스트에 의해 작동한다. 앞으로는 인공지능의 자율성이 보다 향상될 것이다. 점차 스스로 상황을 이해해서 인간에게 필요한 솔루션을 알아서 제시해주는 방향으로 발전해나갈 것이다.

학습의 자율성 또한 점점 강화될 것이다. 지금은 대개 인간이 규칙을 설정해놓으면 이 규칙에 따라 일을 수행하는 지도모드로 구현되고 있다. 앞서 설명한 대로 시장에 있는 대부분의 인공지능 서비스는 지도학습 방식이다. 인간이 이용자 정보나 데이터를 주입하고 특정 기능을 수행하도록 관리하는 등 인간의 개입 범위가 아직 넓다. 앞으로는 인간이 손을 떼는 비지도모드, 나아가 스스로 학습 데이터를 창출해 학습을 진행하는 강화학습 방식으로 전환될 것이다.

데이터의 종류는 지금보다 더 많아질 것이다. 지금은 텍스트나 이미지 인식을 중심으로 상용화되고 있는데, 앞으로는 이미지에서 다양한 멀티미디어 데이터로 그 기반이 이동할 것이다. 데이터의 수집과 분류도 자동화되는 방향으로 발전할 것이기 때문에, 축적되는 데이터의 양이 기하급수적으로 늘어날 전망이다.

데이터 접근 측면에서는 기업들이 내부에 저장해놓은 데이터만이 아니라 곳곳에 편재된 다양한 데이터에 접속하고 관리할 수 있는 기회가 늘어날 것이다. 과거 단일 플랫폼에서 지원했던 환경에서 점차 클라우드 플랫폼 기반의 고성능 환경으로 바뀔 것이다.

인공지능 기술이 적용되는 기기는 점차 소형화되고, 인간의 신체에 더욱 밀착될 것으로 예상된다. 인공지능 비서 서비스는 에코와 같은 별도 디바이스를 통해서만이 아니라, 우리 손에 있는 스마트폰을 통해 작동되고, 곧 증강현실AR 글라스나 시계 등에서도 구동 가능해질 것이다. 범인을 색출하는 데 활용되는 안면인식 기술도 과거에는 CCTV 같은 카메라에 의존했지만, 앞으로는 경찰이 쓰는 안경에 적용되어 현장을 돌아다니면서 용의자를 검거할 수 있게 된다.

또한 앞서 살펴본 인공지능의 약점이 극복되는 방향으로도 기술은 진화할 것이다. IBM은 인공지능의 블랙박스 같은 불확실성을 제거하기 위해 AI 오픈스케일을 통해 AI가 도출한 의사결정 과정을 정확하게 이해하고 투명하게 관리할 수 있게 하며, 데이터의 편향성이 탐지되면 자동으로 신속하게 대응할 수 있도록 돕는 기능을 제공한다.

지금까지 인공지능 기술에 대한 기본적인 내용을 살펴봤다. 이러한 기술적 배경이 필요한 이유는 다른 데 있지 않다. 인공지능이라는 도구를 사용하여 비즈니스에서 장단기 전략을 수립하려면, 이 도구에 어떤 기능이 있는지, 어떠한 장점이 있는지, 한계는 무엇인지, 앞으로 어떻게 발전할 것인지를 정확히 알아야 하기 때문이다. 이러한 기술적 지식을 바탕으로, 다음 장부터는 본격적인 혁신방법론에 대해 살펴보고자 한다.

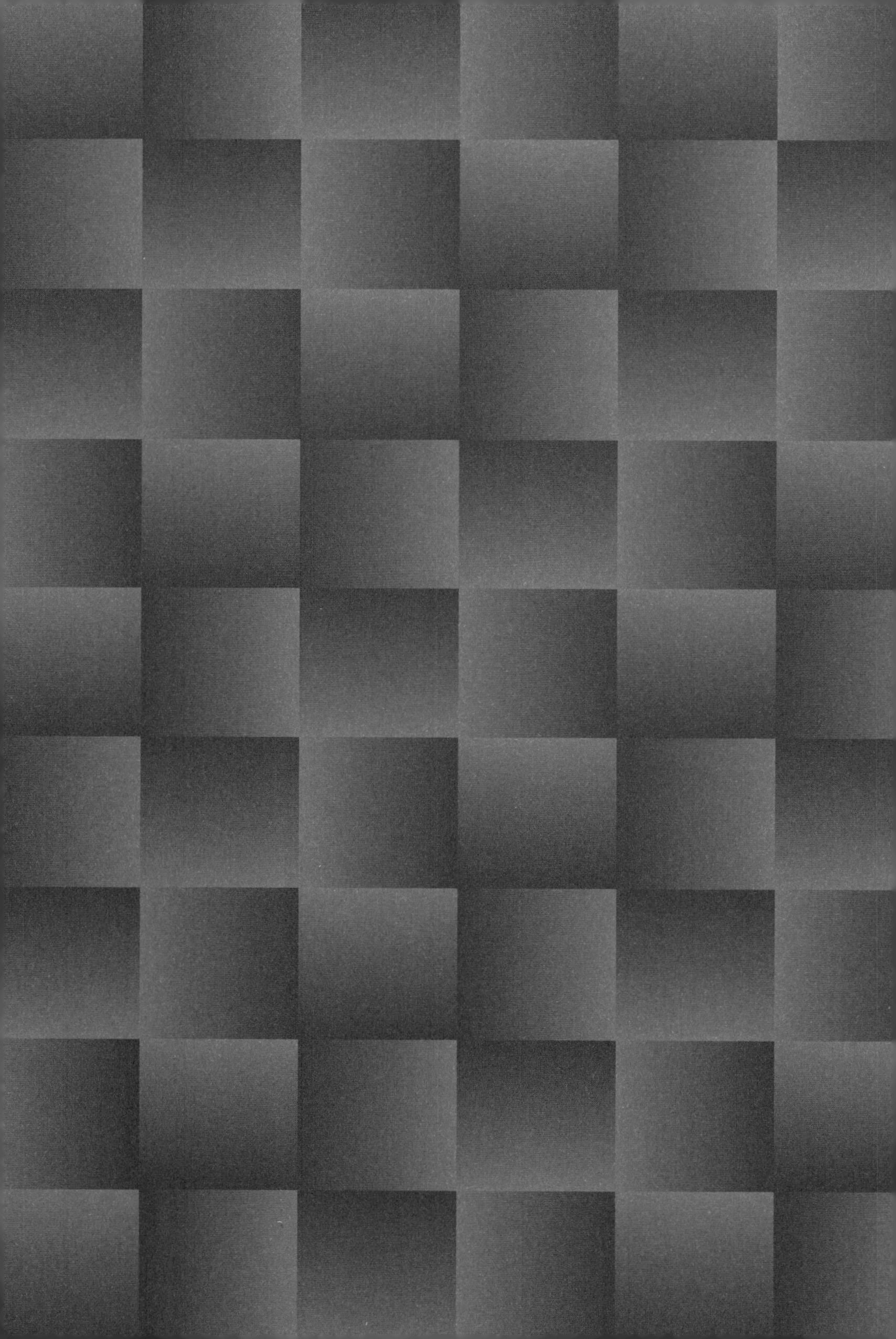

3장

AI 기술과 비즈니스 혁신

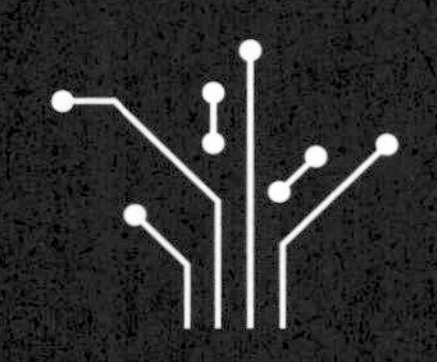

인공지능 제품을 만든다는 것

인공지능 기반의 비즈니스를 개발하는 데는 세 가지 핵심요소가 필요하다. 알고리즘, 데이터, 비즈니스 모델. 데이터가 풍부해야 인공지능 머신이 학습을 하여 사용자에게 맞는 서비스를 제공할 수 있다. 알고리즘이 있어야 데이터를 통해 사용자에게 제공할 결과물을 창출할 수

인공지능 비즈니스의 3가지 요소

알고리즘 Algorithm	데이터 Data	비즈니스 모델 Business Model

있다. 비즈니스 모델은 데이터나 알고리즘과 같은 기술적 자원을 토대로 사용자에게는 가치를, 기업에는 수익을 가져다주는 역할을 한다.

인공지능 혁신은 이 세 가지 요소를 기반으로 창조적인 응용을 하는 것이라고 볼 수 있다. 앞으로 머신러닝 기반의 AI 알고리즘은 수없이 쏟아져나올 것이다. 데이터의 양과 질도 기하급수적으로 향상될 것이다. 인공지능을 통한 비즈니스 혁신은 이전에 없던 새로운 가치를 만들어내는 일인데, 이러한 기술적 기반을 어떻게 응용하여 가치를 만들어내는지는 비즈니스 모델을 어떻게 가꾸느냐에 달렸다. 기술을 가장 먼저 개발하는 것 못지않게 기술에서 가치를 먼저 끌어내는 것도 중요하다. 애플은 아이팟, 아이튠즈, 아이폰 등을 선도적으로 내놓아 시장의 절대 강자로 발돋움했지만 관련 기술을 최초로 개발한 업체는 아니다. 최초로 기술을 개발하진 않았지만 참신한 방식으로 신기술을 활용해 수익성 높은 비즈니스 모델을 완성시킨 덕분에, 이 기술 분야에서 최고 강자가 될 수 있었다. 인공지능 기반의 비즈니스 혁신은 결국 기술의 창조적 응용이다. 이것을 잘하려면 몇 가지 조건을 갖춰야 한다.

첫 번째는 기술적 통찰technological insight이다. 기술 및 제품을 혁신하는 방법에는 크게 두 가지 접근법이 있다. 혁신의 출발점 위치에 따라 시장에서 '끌어오기market pull'와 '기술 밀어 넣기technology push'로 구분된다. 전자는 시장이 혁신을 이끄는 경우로, 고객의 니즈와 문제가 대두되어 이를 해결해주는 제품과 서비스가 개발되는 형태다. 후자는 기술이 제공하는 기능을 기반으로 소비자에게 필요할 법한 제품을 개발하는 방식이다. 시장의 역사를 보면 두 접근법의 우선순위는 계속 바뀌어왔다. 과거 상품 자체가 많지 않던 시절에는 제조업체가 제품을 만들어 내면 소비자는 선택의 여지없이 그 제품을 사야만 했다. 전형적인 '기술 밀어 넣기'가 통하던 시절이다. 그러나 제품의 종류가 많아지고 성능이 다 같이 고도화되면서 이제는 기술 자체로 차별성을 갖기 어려워졌다. 대신 고객이 원하는 미세한 니즈를 잘 포착해서 절묘하게 해결하는 제품이 시장을 장악하는 시대가 되었다. 즉 '시장에서 끌어오기'가 통하는 시대가 한동안 이어졌다.

4차 산업혁명 시기는 급진적 혁신radical innovation이 동시다발적으로 등장하는 시대다. 인공지능 같은 새로운 기술이 등장해서 인류의 생활양식을 바꾼다. 이러한 시기에는 다시 '기술 밀어 넣기'가 중요해진다. 여기에는 중요한 이유가 있다. 급진적 변화가 일어나는 시기에는 시장에서 기회를 감지하기가 어렵다. 무서운 잠재성을 지닌 인공지능 기술이 소개되고 있지만, 소비자는 이 기술이 자신에게 뭘 가져다줄지 모르기 때문이다. 인공지능이 중요한 미래 기술이라는 데는 모두 동의하지만, 정작 이 기술의 핵심개념인 딥러닝 알고리즘이 우리 삶을 어떻게 바꿀지에 대해서는 명확하게 이해하지 못한다. 인공지능이 이끌어낼 자율주행차나 무인점포 같은 환경이 어떤 가치를 만들어낼지 소비자는 아직 알지 못한다. 마케팅 부서가 소비자를 대상으로 설문조사, 포커스그룹 인터뷰 등을 아무리 실시해도 필요한 답을 얻어낼 수 없다.

스티브 잡스가 이런 말을 한 적이 있다. "헨리 포드가 당시 사람들에게 어떤 교통수단을 원하는지 물었다면 '더 빠른 말'이라는 답이 돌아왔을 것이다." 당시 사람들은 자동차가 뭔지 몰랐으니 당연하다. 지금이 바로 그때와 똑같은 상황이다. 스티브 잡스는 아이팟, 아이튠즈, 아이폰 등 혁신적인 제품을 내놓아 시장을 장악했다. 이러한 혁신제품은 사람들이 기다리고 기대하던 종류가 아니었다. 클라우드 기술, 온라인과 오프라인 기기의 동기화 기술 등 지식을 바탕으로 기술적 가능성을 통찰한 후 만든 제품이기 때문이다. 기술이 무엇을 할 수 있는지 알았기에 보통 사람들은 필요하다고 느끼지 못했던 니즈를 먼저 제안할 수 있었던 것이다. 스티브 잡스는 "소비자는 자신이 무엇을 원하는지 모른다"라고 말하며 그들이 무엇을 원하는지 알게 해주는 제품을 만들어야 한다고 했다. 지금 인공지능 기술로 비즈니스를 계획하고 있는 경영자라면 기술적 통찰력을 바탕으로 소비자 스스로도 모르는 니즈를 감지해낼 수 있어야 한다.

두 번째는 창조적 융합creative integration이다. 인공지능 기술에는 자연어처리, 머신러닝, 딥러닝, 지능엔진 등 다양한 세부기술이 있지만 각각이 독립적으로 사용되기보다는 다양한 기술과 융합되어 혁신제품을 만들어낸다. 가령 자율주행 자동차를 만들기 위해서는 차량 앞에 있는 사물이 무엇인지 인식하는 센싱 기술과 비디오비전 기술이 필요하고, 피해 지나갈지 양보할지 판단하는 인공지능엔진 기술도 필요하다. 또한 사용자가 선호하는 엔터테인먼트 콘텐츠를 파악해서 차량 안에서 제공하는 딥러닝 기술도 필요하다. 인공지능 기술만이 아니다. 차량 윈도에 교통상황과 차량의 잔여 배터리 등의 정보가 투영되는 증강현실 기술, 차량 안 시트가 흔들림 없도록 도로 상황에 맞추어 자동으로 평형 조절되는 기술 등 다양한 기술의 융합이 필요하다.

인공지능의 적용 분야 차원에서도 다양한 융합이 일어날 것이다. 인공지능 기술은 용도가 정해지지 않고 개발된다. 개발자가 인공지능 알고리즘을 개발할 때, 이 알고리즘의 활용 영역이 어디부터 어디까지라는 식으로 그 범위를 정해주지 않는다. 하나의 인공지능 알고리즘이 활용될 수 있는 영역은 사실상 무한하다. 알파고에 적용된 딥러닝 알고리즘은 바둑이나 체스게임에도 활용됐지만, 영어 번역 서비스에도 활용되고, 고객의 선호를 예측해 맞춤형 서비스를 제공하는 데도 활용된다. 물류회사 차량의 이동 효율화를 극대화하는 데도 쓰일 수 있다. 마트에서 상품 재고를 파악하는 데도 쓰이고, 자율주행차량, 의료, 의사결정, 음악 작곡에 이르기까지 모든 분야에 적용된다고 해도 과언이 아니다. 전혀 예상치 못한 영역에 인공지능이 결합되어 새로운 혁신을 이뤄내는 일이 많아질 것이다. 인공지능 기술을 새로운 분야에 어떻게 융합할 것인가, 그리고 어떠한 기술과 결합할 것인가 하는 측면에서 창조성이 필요하다.

창조적 융합을 가장 잘 실천하고 있는 기업은 스타벅스다. 커피전문점과 인공지능의 조합이 왠지 어울리지 않아 보이지만 스타벅스는 이를 아주 자연스럽게 수행하고 있다. 이 회사는 최근 음성명령이나 채팅창을 통해서 주문할 수 있는 '마이 스타벅스 바리스타' 서비스를 시작했다. 인공지능 챗봇 기술을 이용, 음성이나 채팅을 통해 마치 스타벅스 내 점원과 대화하듯이 주문을 하는 서비스다. 아마존의 가상비서 알렉사를 통해서도 스타벅스 커피를 주문할 수 있도록 했다. 스타벅스의 핵심은 고객과의 정서적 유대감을 형성하는 것인데, 인공지능 기술이 이를 더욱 강화해주리라 보고 다양한 AI 기술을 적극적으로 결합한 것이다. 스타벅스 창업자인 하워드 슐츠Howard Schultz는 "기술혁신은 브랜드를 강화하고 매장관리의 효율성을 개선하며 수익성을 높여주고 경쟁우위를 확대해 고객에게 스타벅스에서의 경험의 질을 높이는 기회를 만들 것"이라고 주장한다.

스타벅스뿐 아니라 많은 기업이 인공지능을 창조적으로 융합하여 제품 및 서비스를 고도화하고 있다. 월마트는 보사노바로보틱스Bossa Nova Robotics에서 개발한 스캐닝 로봇을 자사 서비스에 도입했다. 여기에는 컴퓨터비전, 형체인식, 패턴인식 등 인공지능 기술이 융합되어 있다. 매장 내 선반에 있는 재고 물품을 인식해서 몇 시간의 노동활동을 줄일 수 있다. 로봇은 매장에서 3D 이미지를 사용해 모든 선반의 재고를 탐지한다. 잘못 배치된 물품이 있다면 바로 인지하여, 제자리에 갖다놓을 수 있도록 조치를 취한다. 사실 매장 내 재고 확인은 대단히 시간 소모적이고 노동집약적인 일이다. 시간당 인력을 관리하는 전통적 소매유통업체는 이 비용과 시간을 줄이기 위해 다양한 노력을 하지만, 매장 규모가 클수록 일이 어려워진다. 로봇은 가격표가 없거나 잘못 붙어 있거나, 아예 없는 경우도 감지해낸다. 또한 고객이 움직이는 경로와 패턴을 분석해서 어느 구역에 어떤 아이템을 배치해야 구매 가능성이 높은지를 파악하는 등 매장 디스플레이의 최적화를 지원한다. 이로 인한 결과는 고객서비스 품질의 제고와 기업의 수익성 향상이다. 인공지능 비즈니스 혁신은 기술을 얼마나 창조적으로 융합할 수 있느냐에 달렸다.

세 번째는 분명한 방향성이다. 인공지능 기반의 새로운 제품과 서비스를 만들 때 이 모든 과정의 종착지는 고객경험의 혁신customer experience innovation이 되어야 한다. 클레이튼 M. 크리스텐슨Clayton M. Christensen 하버드비즈니스스쿨 교수는 '고객이란 제품을 구매하는 사람이 아니라 문제를 해결해주는 제품을 고용hire하는 사람'이라고 했다. 인공지능 혁신의 수혜 대상은 고객이 되어야 한다. 기업은 고객에게 이전과 다른 새로운 경험을 선사해야 한다. 고객은 인공지능 기반 제품 및 서비스를 통해 기존 제품에서 경험하지 못했던 새로운 경험을 할 때 가치를 느낄 것이다. 인공지능 기술에는 고객이 가진 문제를 기존 경쟁사가 따라 할 수 없는 절묘한 방식으로 해결해줄 잠재성이 있다. 이 잠재성은 독특한 경험의 창출이라는 결과로 나타나야 한다.

삼성전자는 인공지능 기술이 가미된 스마트 에코 시스템을 패밀리허브Family Hub라는 스마트 냉장고에 융합시켰다. 여기에는 음성비서 빅스비Bixby가 내장되어 있기 때문에 가족 구성원의 목소리를 인식, 질문과 명령에 응답한다. 냉장고 안에 들어 있는 음식의 보존상태를 모니터링할 수 있고, 오래되어 먹으면 안 되는 음식이 무엇인지 알아낼 수 있다. 냉장고가 가득 차 있다면 어떤 음식을 먼저 먹어야 하는지를 쉽게 알 수 있다. 냉장고 문의 터치스크린을 사용해 주방을 홈 엔터테인먼트 공간으로 만들 수도 있다. 삼성 모바일기기에 설치된 다양한 앱을 사용하거나 삼성 모바일기기를 원격으로 조작할 수 있다. 삼성 스마트 오븐과 연동하여 추천 레서피에 나와 있는 온도와 시간을 미리

오븐에 적용, 예열할 수 있다. 또한 슈퍼마켓에서 식료품을 살 때 냉장고 안에 무슨 재료가 없는지를 원격으로 확인할 수 있다. 일반 냉장고는 단순히 음식물을 보존하는 기능을 할 뿐이었다. 그러나 인공지능 기술이 결합된 냉장고는 가족의 건강을 지켜주며, 다 떨어진 음료를 주문할 수 있고, 부엌에서 각 방에 있는 기기들을 제어할 수 있다. 소비자에게 전혀 다른 종류의 경험을 만들어낸다.

데이터와 분석 알고리즘의 융합은 소매업 비즈니스도 바꿀 것이다. 의류 비즈니스를 예로 들면, 기존 방식대로 비슷한 몇 개의 의류를 균일하게 생산하는 것이 아니라, 맞춤형 주문제작 형태로 발전할 것이다. 생산이 차지하는 비중은 작아질 것이다. 대신 인공지능이 고객 데이터를 기반으로 추천 의류를 제시해 판매하고, 고객의 피드백을 기반으로 디자인을 변경하는 등 완전한 상호작용이 실현되어 맞춤형 디자인 방식으로 바뀔 것이다. 의류업체 언스푼Unspun도 그런 기업 중 하나다. 3D 이미지 프로세싱과 증강현실 기술을 사용하여 맞춤 드레스를 개발한 후 고객이 선택하면 빠른 속도로 제품을 제작한다. 딥러닝을 통해 고객의 구매를 예측하고, 고객이 원하는 대로 최적의 맞춤형 방식으로 의류를 제공한다.

정리해보면, 인공지능 기반의 비즈니스 혁신을 이루려면 AI 기술과 시장을 꿰뚫어 보는 통찰력이 있어야 하고, AI의 탁월한 기능을 다양한 요소와 결합해 최적화된 솔루션을 만들어내야 한다. 또한 그 솔루션은 고객경험의 혁신으로 이어져야 한다.

AI 혁신이란 무엇인가

인공지능 비즈니스 혁신을 한마디로 간단히 이야기하면 인공지능 '기술'을 기반으로 새로운 '가치'를 끌어내는 것이다Creating value from technology. 이를 위해서는 AI 기술에 대한 깊은 이해가 선행되어야 한다. 기술을 이해해야 하고, 기술로 무엇을 혁신할지 알아야 하며, 어떠한 방식으로 혁신할지, 궁극적으로 무엇을 지향하는지를 파악해야 한다. 따라서 AI 혁신은 다음과 같은 세 가지 중요한 질문을 통해 이루어질 것이다.

무엇을 혁신할 것인가

인공지능은 앞서 살펴본 바과 같이 '기술 밀어 넣기' 접근법으로 혁신을 추구해야 하는 속성을 가지고 있다. AI 혁신은 인공지능의 요소기술에 의한 혁신이다. 인공지능 요소기술은 머신러닝이나 딥러닝처럼 핵심 알고리즘을 통해 구현한 기술이며, 상업화가 가능한 애플리케이션이나 솔루션을 개발하는 데 쓰이는 핵심기술이다. 이 요소기술을 통해 특정 기능을 극대화하거나 새롭게 창출하는 방식으로 혁신을 진행할 수 있다. 구글, 아마존, MS 등 인공지능 선도기업과 이 기업들이 개발한 500여 종의 AI 솔루션을 분석해볼 때 인공지능 요소기술로 혁신할 수 있는 기능은 크게 인식, 예측, 자동화, 소통, 생성 등 다섯 가지다. 기업이 AI 혁신을 위해 해야 할 첫 번째 과제는 어떤 기능을 혁신할지 정하는 것이다.

AI 기능 혁신

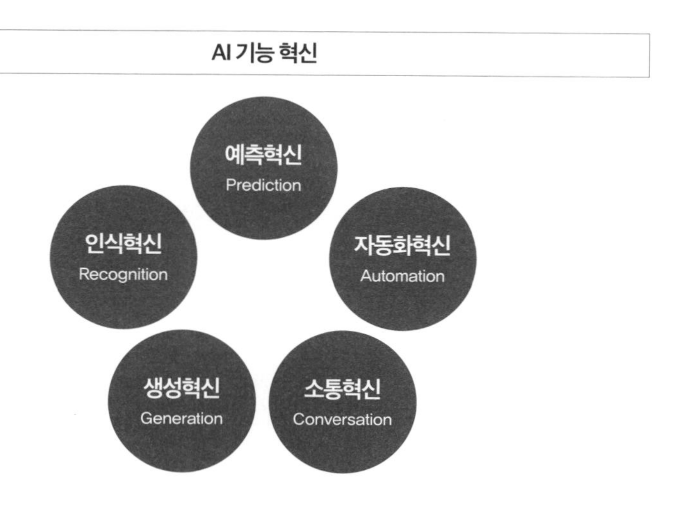

어떻게 혁신할 것인가

무엇을 혁신할지 정했다면 이번에는 AI 기술을 통해 어떻게 혁신할 것인지에 대한 접근방법을 정해야 한다. AI 혁신에 접근하는 방법은 크게 네 가지다. 각 모델의 핵심 요소기술을 기반으로 기존 제품 및 서비스의 일부 혹은 전체 기능을 고도화하는 방식, 아예 다른 기능으로 대체하는 방식, 기능 단위가 아니라 아예 기존에 없던 전혀 새로운 제품이나 서비스를 창출하는 방식, 그리고 동일한 제품 및 서비스에 대한 가치제안value proposition 및 가치전달value delivery 방법을 바꾸는 방식이다.

AI 혁신 접근방법

고도화 Advancement approach	**대체** Substitution approach
창출 Creation approach	**가치 전환** Pivoting approach

무엇을 이룰 것인가

무엇을 혁신할 것인가, 어떻게 혁신할 것인가에 대한 성찰은 이러한 노력의 궁극적 지향점이 존재하지 않으면 의미가 없다. 궁극적인 목적에 최적화된 영역과 방식을 찾아야만 비로소 AI 혁신의 완성도가 높아지기 때문이다.

AI 혁신은 기술에서 출발하지만 궁극적인 지향점은 고객에게 있어야 한다. 보다 정확하게 이야기하면 고객경험의 혁신이어야 한다. 기술개발 및 제품구현 활동 자체에 매몰되어서는 안 된다. 이 활동으로 고객경험이 획기적으로 향상되고 고객만족도가 극도로 높아지는 결과를 이뤄내야 한다.

AI 혁신은 기업을 운영 중인 경영자와 스타트업을 준비하는 창업자 모두 추구할 수 있다. 기업을 운영 중이라면 AI 기술을 신사업 전략에 활용하거나 기존 제품 및 서비스를 혁신하는 데 활용할 수 있고, 스타트업을 준비하는 창업자라면 혁신적인 아이템을 개발하는 용도로 활용할 수 있다. 고객경험을 어떻게 혁신할 것인가? 바로 이것이 AI 혁신의 지향점임을 염두에 두어야 한다.

이제 보다 자세히, 그리고 깊이 각각을 성찰해보려고 한다. 인식, 예측, 자동화, 소통, 생성 등으로 이뤄지는 AI 혁신의 영역에서부터 시작해보자.

세상을 이해한다,
인식혁신

인공지능 비즈니스 혁신의 첫 번째 모델은 인식기술에 기반한 혁신이다. 인식은 인공지능 기술을 다른 컴퓨팅 기술과 구별하는 속성이자, 현실 속으로 빠르게 진입할 수 있게 해준 능력이다. 인공지능은 인식 기능을 통해 사용자의 말을 알아듣고, 사용자가 원하는 게 무엇인지를 인지하여 그에 맞추어 반응하고, 상황에 대해 이해한다. 인식기능이 없던 기존의 비즈니스에 이를 부여할 때 전혀 다른 종류의 비즈니스가 탄생할 수 있다. 인식혁신은 조금 과장해서 이야기하면, 잠자는 제품과 서비스에 의식을 불어넣는 것이다. 인공지능이 인식하는 대상에 따라 음성인식, 이미지인식, 안면인식, 감정인식, 맥락인식 등으로 구분해볼 수 있다. 사례를 통해 각각의 혁신모델을 살펴보자.

음성인식

비서에게 5월 3일 오전 10시에서 12시 사이 미용실 예약을 부탁했다. 비서는 예약 후 알려주겠다며 내가 평소에 가는 미용실에 전화를 건다. 미용실에서 전화를 받자 "5월 3일 12시에 예약이 가능할까요?"라고 묻는다. 미용실 직원이 그때는 자리가 없다고 한다. 그러자 비서는 10시에서 12시 사이에 빈 시간을 묻는다. 직원이 오전 10시가 가능하다고 하자 비서는 예약을 마치고 나에게 예약 상황을 보고한다.

2018년 5월 구글의 개발자 컨퍼런스에서 공개된 AI 서비스 듀플렉스Duplex 시연 장면이다. 듀플렉스가 사람의 말을 알아듣고 무리 없이 대화하는 것을 보고 업계는 떠들썩했다. 사람의 말을 알아듣는다는 건 그동안의 컴퓨터로서는 불가능한 일이었다. 음성인식 기술 주도의 혁신은 딱딱한 제품과 서비스에 이처럼 생동감 있는 문제해결 능력을 불어넣는다는 지점에서 가치를 만들어낸다. 음성인식 기술은 컴퓨터가 마이크 등 센서를 통해 얻은 음향학적 신호가 디지털 정보로 변환되는 것을 기본으로 한다. 아날로그 음성이 디지털 정보로 변환된다는 것은 사람의 목소리가 머신을 학습시킬 수 있는 데이터 형태로 바뀔 수 있다는 것을 의미한다. 스마트폰이 대중화되면서 소리 데이터는 기하급수적으로 늘어났고, 이를 통해 음성인식 알고리즘은 크게 성장했다.

AI 수용 속도가 가장 빠른 가상비서가 음성인식을 활용한 혁신모델에 해당된다. 아마존의 가상비서 알렉사에게 말로 지시하면 전등을 꺼준다. 문득 음악이 듣고 싶다면 알렉사에게 부탁만 하면 된다. 알렉사의 능력은 이런 간단한 작업에서 끝나지 않는다. 자신의 아이디가 유출되지 않았는지 물어보면 유출 혹은 해킹 여부를 확인해 알려준다. 피자를 시키라고 말하면 알아서 주문할 뿐 아니라 배달될 시간까지 추적해서 알려준다. 우버와도 연결되어 있어 우버 차량을 예약할 수도 있다. 간단한 말로 알렉사에게 시킬 수 있는 일이 1만 가지도 넘는다.

알렉사 자체의 혁신도 지속적으로 일어나고 있다. 아마존은 스크린이 탑재된 인공지능 스피커 에코쇼EchoShow를 내놓았다. 음성인식을 기반으로 하는 기존의 에코 시리즈에 화상대화를 할 수 있도록 7인치 스크린을 장착한 홈허브기기다. 다른 사람과 화상통화를 할 수 있다는 점이 에코쇼의 가장 큰 특징이다. 상대에게 내가 가진 물건을 보여줄 수 있다. 영상이나 음악 가사, 보안 카메라, 사진, 일기예보, 할 일 목록 및 쇼핑 목록 등을 공유할 수도 있다. 사람들이 가장 많이 활용하는 아마존 에코의 기능 중 하나가 음악 감상인데, 알렉사에게 "좋아하는 음악을 틀어줘" 하고 명령하면 내가 좋아하는 음악을 재생해준다. 에코쇼는 이에 더해 뮤직비디오를 재생시키거나 노래 가사를 보여줄 수 있다.

아마존의 인공지능 스피커, 에코쇼
출처: Amazon.com

이렇게 다양한 기기 및 사물에 음성인식 기능을 심어서 지능형 제품으로 탈바꿈시키는 게 음성인식

인공지능 비서가 탑재된 스마트 미러, 듀오 / 출처: duo.computer

모델의 혁신 접근법이다. 그 대상은 매일 아침 보는 거울이 될 수도 있다. IBM과 파나소닉Panasonic은 스마트 미러 듀오Duo를 출시했는데, 여기에는 음성명령과 터치스크린으로 작동하는 아마존 알렉사 같은 인공지능 비서가 탑재되어 있다. 아침에 막 일어나면 이것저것 준비할 것이 많아 분주하게 움직여야 한다. 사람들은 매일같이 거울 앞에 서지만 이 시간 동안에는 다른 일을 할 수가 없다. 그런데 거울을 보면서 음성으로 여러 가지 다른 것을 제어할 수 있다면 시간을 아낄 수 있을 뿐만 아니라 새로운 경험까지 창출할 수 있다. 27인치의 거울 터치스크린을 통해 면도를 하면서 날씨 정보와 뉴스를 볼 수 있고, 음악도 들을 수 있다. 이러한 종류의 제품 혁신을 위해 자체 운영체제를 사용한다면 다양한 응용프로그램을 컨트롤하기 쉽기 때문에 혁신의 유연성이 더욱 높아진다. 듀오의 경우 자체 운영체제인 홈OS를 활용했기에 새로운 애플리케이션 확장이 자유롭다.

음성인식에 기반한 혁신모델의 가치는 사람을 편하게 해준다는 데 있다. 움직이는 대신 말로 모든 것을 해결할 수 있으니 말이다. 이 모델이 잘 적용될 수 있는 공간으로 자동차를 꼽을 수 있다. 사실 자동차는 작은 움직임도 줄여야 하는 곳이다. 라디오 볼륨을 줄이기 위해 조절 버튼을 잠깐 바라보는 것조차도 치명적 사고로 이어질 수 있기 때문에 잠깐의 한눈팔기도 허용되지 않는다. 그렇기에 자동차야말로 음성을 통한 작동 제어가 가장 필요한 공간이라고 할 수 있다. 음성인식 기술 업체 보이스봇Voicebot에 따르면 2019년 현재 미국 성인 7,700만 명이 자동차 음성비서 서비스를 월 1회 이상 이용하고 있는 것으로 나타났다. 가정용 스마트 스피커 사용량보다 더 높은 수치다. 전화통화, 길 찾기, 음성으로 문자 보내기, 음악 재생, 식당 검색 등에 많이 사용된다. 자동차는 음성인식 혁신모델이 가장 잘 적용될 수 있는 거대 시장이다.

이러한 특성을 파악해, BMW는 사용자의 말을 알아듣고 선호도를 학습할 수 있는 BMW 인텔리전트 퍼스널 어시스턴트BMW Intelligent Personal Assistant를 내놓았다. 자동차 전용 운영체제인 BMW OS 7.0을 사용한다. 운전자가 음성으로 차량 설정을 컨트롤하고, 차량의 상태도 확인할 수 있다. "헤이 BMW" 하고 부른 후 음악 재생, 히터 제어, 네비게이션 설정을 할 수 있고, 타이어 압력, 오일 교환 시기, 차량 이상 유무까지 확인할 수 있다.

BMW 인텔리전트 퍼스널 어시스턴트의 차별적 가치는 차량의 기본설정을 개인의 선호대로 기억한다는 데 있다. 사용자가 하는 모든 명령, 모든 질문 및 설정을 이 시스템은 기억하고 학습한다. 이러한 혁신은 그 의미가 대단히 크다. 그동안 자동차는 동일한 모델의 차량이라면 누구의 자동차든 똑같았다. 그러나 AI 모델이 적용된 자동차는

BMW의 음성인식 모델, BMW 인텔리전트 퍼스널 어시스턴트 / 출처: Digitaltrends

몇 개월만 타고 다녀도 다른 동일 모델의 차량과는 완전히 다른 나만의 차량이 된다. 동일 모델이라도 누가 운전하느냐에 따라 전혀 다른 차가 되는 것이다. 이러한 종류의 맞춤형 자동차는 계정ID에 의해 움직인다. 즉, 다른 사람의 BMW에 내 ID를 입력하면 이 차는 내 설정대로 세팅된다.

현재 구글이나 네이버 같은 검색 플랫폼은 음성인식 기술을 통해 새로운 형태의 서비스로 재탄생될 수 있다. 알렉사나 구글 어시스턴트 같은 인공지능 비서의 사용이 늘어나면서 사람들은 더 많은 시간 동안 기기와 오디오를 기반으로 상호작용을 한다. 이제 정보검색도 PC 앞에 앉아서 하는 게 아니라 말로 할 수 있다. 음성인식 혁신에서 중요한 방향이다.

그런데 현재 출시되어 있는 대부분의 인공지능 비서는 텍스트 기반 검색엔진으로 구동된다. 즉, 음성을 텍스트로 변환하여 이를 텍스트 DB에서 찾는 방식이다. 하지만 이 방식은 오디오-텍스트 변환의 과정을 거치기 때문에 오류가 발생할 가능성이 생기고, 시간적으로도 지체된다. 앞으로의 오디오 검색 서비스는 TV 또는 기타 오디오 소스의 인간 음성 자체를 쿼리query(정보수집 요청에 쓰이는 컴퓨터 언어)로 하여 결과를 제공하는 방식으로 전개될 것이다. 실제 이 기술을 이용해 혁신적인 서비스를 구현한 기업이 벌써 존재한다. 이스라엘의 스타트업, 오디오버스트Audioburst다. 음성 쿼리에 기반한 인공지능 오디오 검색 서비스인데, 간단한 검색어를 말하면 라디오, TV 또는 팟캐스트에 방송된 음성 콘텐츠를 찾을 수 있다. 오디오버스트는 오디오를 작은 조각으로 분할하고 색인을 생성한다. 이 기술을 통해 사용자가 찾는 오디오를 검색한다. 예를 들어 토론회에서 특정 인물이 특정 주제에 대해 이야기한 부분을 찾고 싶다면 기존에는 한 시간 넘는 특강을 다 들어 보는 수밖에 없었다. 그러나 오디오버스트는 특강에서 강연자가 말하는 음성을 모두 인식하여, 단어 혹은 구간마다 자체 메타 데이터 태그를 만든다. 이렇게 하면 텍스트 기사 검색과 같은 방식으로 오디오 검색을 할 수 있다.

AI 혁신의 중요한 특징은 사용자 학습을 통한 맞춤화가 가능하다는 점이다. 오디오버스트의 잠재성 역시 사용자마다 맞춤형 채널이 되어 줄 수 있다는 데 있다. 사용자가 청취하는 오디오를 수집 분석하여, 독특한 청취 패턴, 관심사 및 선호도를 파악하고 이를 바탕으로 사용자에게 맞춤화된 콘텐츠를 제공해줄 수 있다. 일종의 개인 전용 방송국이다. 음악 스트리밍 서비스를 예로 들어보자. 음악이 지속적으로 제공되는데 듣고 싶은 음악이 아니면 '다음'을 외치면 건너간다. 좋아하는 음악은 듣는다. 이러한 작업은 인공지능 시스템에 모두 축적되어 사용자의 선호 음악이 학습된다. 하루 동안 사용자가 듣고 싶은 음악을 듣고 나면 사용자가 좋아할 만한 장르의 음악만 틀어주는 최고의 뮤직박스가 완성되는 것이다.

이미지인식

이미지인식도 제품 및 서비스를 혁신할 수 있는 중요한 기능이다. 형체를 사람보다 정확하게 인식하는 이 능력으로 우리는 새로운 가치를 만들어낼 수 있다. 주로 딥러닝 혹은 신경망네트워크가 이 기능을 구현하는 데 쓰인다. 이미지를 여러 종류의 패턴으로 분류해서, 패턴형 데이터를 학습하여 새로운 이미지가 주어질 때 이것이 무엇인지 정확하게 알아내는 원리다. 지문인식 시스템이 이를 잘 설명해준다. 사람마다 지문 모양이 다르기 때문에 각 지문으로 패턴을 만들어낸다. 여러 지문 데이터를 학습하면서 통계학적 패턴을 구분하고, 지문 확인이 필요할 때 어떤 패턴에 해당되는지를 계속적으로 추적해서 최종적으로 지문의 주인을 가려내는 것이다. 판별의 정확성은 학습량이 늘어날수록 높아져서 인간 이상의 실력을 보일 것이다. 정확한 판별이라는 장점을 가진 이 기술로 어떤 혁신을 꾀할 수 있을까?

이미지인식 기술은 사람의 생명과 맞닿아 있는 영역에서 실력을 발휘할 것이다. 이미 안과, 피부과, 방사선학 및 병리학을 비롯한 의학 분야에서 인공지능을 도입하고 있다. 앞서 살펴봤듯 인공지능 기술은 거의 100%에 가까운 정확성을 보이며 대장암, 방광암, 췌장암 등의 진단을 하고 있다. 구글은 딥러닝 기술을 광학 현미경에 적용해, 조직검사 시 암세포의 존재를 감지해서 알려주는 증강현실 현미경을 개발했다. 암세포를 감지한 후 더 쉽게 볼 수 있도록 증강현실 기반의 이미지에 표시를 해준다. 사람들은 전통적인 아날로그 현미경의 접안렌즈를 통해 샘플을 본다. 이후 딥러닝 알고리즘이 샘플의 형체를 인식하고, 빛으로 증강현실 기반 디스플레이에 투영을 한다. 이 디지털 투영 이미지는 본래 샘플의 아날로그 이미지에 중첩되어 나타나 사용자가 원하는 부분의 상태를 확인할 수 있게 해준다. 중요한 것은, 증강현실 현미경을 마련하는 데 많은 비용이 들지 않는다는 점이다. 기존 현미경에 추가로 관련 장비만 장착하면 된다.

이미지인식으로 고객에게 새로운 지식을 제공할 수도 있다. 기업이 고객과 장기적인 관계를 만들려면 고객에게 유용함을 제공해줘야 한다. 고객은 유익한 지식을 많이 얻는 곳을 자주 방문한다. 이미지인식 기술로 이러한 목표를 달성할 수 있다. 비비노Vivino는 휴대폰 하나만 있으면 해박한 와인 지식을 얻을 수 있게 해주는 서비스다. 스마트폰으로 와인 라벨만 찍으면 가격과 평점, 어울리는 안주까지도 추천해준다. 전문가 테이스팅 리뷰까지 제공한다. 2018년 말 기준으로 약 100만여 명

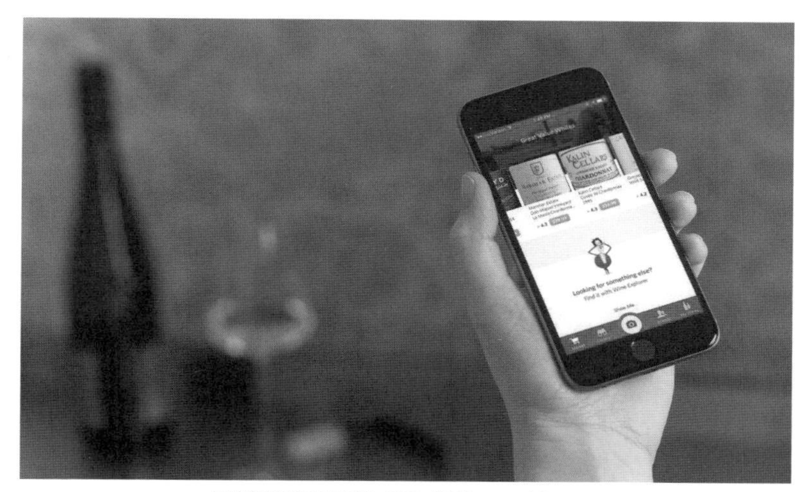

AI 기반의 와인 지식 서비스, 비비노 / 출처: www.vivino.com

의 애주가 및 전문가가 500만 건의 테이스팅 리뷰를 남겼다. 2,500만 명이 이 애플리케이션을 휴대폰으로 다운로드했고, 사용자들은 약 4억 개의 라벨을 스캔해 와인에 대한 지식을 얻었다. 이러한 비즈니스 모델은 의류 비즈니스에도 적용할 수 있고, 식품 및 출판 시장에도 응용할 수 있을 것이다.

진품과 위조품을 구별하는 것이 중요한 하이엔드high-end 명품 비즈니스에도 이미지인식 기술이 적용될 수 있다. 전 세계적으로 이른바 '짝퉁' 상품 매매는 세계 무역의 7%를 차지한다. 요즘은 위조 기술도 무척이나 고도화되어 전문가라고 해도 육안으로 구분해내기가 어렵다. 자사의 제품이 진품인지를 고객이 쉽게 알 수 있게 해주는 기능이 있다면 진품의 가치는 더욱 빛날 것이다.

위조품을 구별해주는 엔트러피 / 출처: Fast Gizmos

엔트러피Entrupy는 명품을 실시간으로 판별해주는 인공지능 스캐너다. 가방, 신발 등 명품 제품의 표면을 사진으로 찍으면 300만 장의 사진을 학습한 인공지능이 이미지를 분석하여 진품 여부를 판별해준다. 이 시스템은 제품을 현미경 사진으로 찍은 다음 사물을 260배 확대하여 육안으로 찾아내기 어려운 비정상적인 패턴, 즉 인장이나 가죽 잔주름 사이의 작은 공백, 페인트칠 등을 보고 진품 여부를 판별해낸다. 이 시스템의 판별 정확도는 98% 정도다. 무엇보다 내가 가진 휴대폰으로 이용할 수 있기 때문에 일상 중 언제 어디서든 진품 판별이 필요할 때 활용할 수 있다. 제품의 진품 여부를 테스트하는 데는 불과 15초 정도밖에 걸리지 않는다.

안면인식

현대인 중 많은 이들이 사람의 얼굴을 제대로 알아보지 못하는 지병(!)을 갖고 있다. 각종 드라마에서 소재로 사용된 안면(얼굴)인식장애는 일상생활에 어려움을 준다. 안면인식장애는 뇌졸중, 두부 외상, 퇴행성 변화 등 뇌 손상으로 인해 생긴다. 선천적인 경우도 있다. 안면인식장애 환자는 심하면 친한 사람조차 인식하지 못한다. 그래서 안면인식장애 환자들은 얼굴 대신 머리 스타일, 목소리, 신체적 특징 등을 통해 사람을 구별한다. 이런 안면인식장애를 거론하지 않더라도 인간은 사람의 얼굴을 100% 정확히 구분하지 못한다. 오랜만에 친구를 만났는데 잘 알아보지 못했던 적이 한 번쯤은 있을 것이다. 그래서 사람의 얼굴을 잘 알아보는 AI 기술이 혁신할 수 있는 비즈니스 영역도 매우 많다.

또한 특정 인물을 찾는 데 이 기술이 활용될 수 있다. 중국은 최근 4~5년 동안, 14억 인구의 신원을 식별하고 추적할 수 있는 인공지능 기술을 개발하는 데 거대한 자금을 쏟아부었다. 중국은 이미 2억 대의 CCTV를 보유하고 있다. 미국의 네 배에 달하는 규모다. 그러나 이에 그치지 않고 2020년까지 인공지능 인지 시스템과 연동 가능한 6억 대 이상의 CCTV 카메라를 중국 전역에 설치할 계획이라고 한다. 이 CCTV를 통해 사람 얼굴은 물론 걸음걸이만 보고도 누구인지 파악할 수 있게 된다.

안면인식 기술은 놀랍도록 발전하고 있다. 기존 CCTV의 한계점,

LL비전 테크놀로지의 안면인식 선글라스
출처: Wall Street Journal, Chinese Police Add Facial-Recognition Glasses to Surveillance Arsenal(2018)

즉 재빨리 이동하는 사람을 계속 추적하지 못하고, 카메라의 사양에 따라 흐린 날씨에는 표적이 잘 식별되지 않는 등의 문제를 극복할 수 있는 새로운 방식의 기술이 속속 등장하고 있다. 베이징에 본사를 둔 LL비전 테크놀로지LLVision Technology는 중국 경찰과 협력하여 선글라스를 통해 범인을 식별하는 제품을 내놓았다. 이 선글라스를 쓰면 안경의 카메라가 행인들의 얼굴을 촬영해 단말기로 전송하고, 인공지능 시스템은 0.1초 만에 데이터베이스에 있는 1만여 개의 얼굴과 비교해 범죄자를 즉시 색출해낸다. 선글라스 방식은 CCTV와 달리 어디에서나 즉각 확인할 수 있다는 장점이 있다. 프런트엔드front end, 즉 기술을 필요로 하는 최접점인 경찰이 인공지능 안경을 착용함으로써, 즉각적이고 정확한 정보를 얻을 수 있다. 빠른 의사결정이 중요한 경찰의 역량을 높여주는 기술이다. 특히 춘절 같은 명절에 공항이나 기차역에 구름떼 같은 인파가 몰릴 때 유용하다. 선글라스는 이미 장저우 지역의

알리페이 안면인식 결제시스템이 설치된 항저우 KFC 매장 / 출처 : PSFK

주요 사건과 관련된 용의자 일곱 명을 색출해 범인 체포에 일조했고, 군중 속에서 신원이 불분명한 사람 26명을 확인해 또 다른 사건의 용의자 및 불법이민자를 잡아냈다. 민간 영역에서도 보안업체나 대기업 혹은 빌딩 관리자들은 건물 내 출입이 가능한 인물을 구별할 수 있는 이런 종류의 안경을 이용해 보완 기능을 대폭 강화할 수 있다.

안면인식 기술은 고유의 얼굴을 식별해 금융시스템을 혁신하는 데도 쓰일 것이다. 알리페이Alipay는 스마트폰 없이도 얼굴만 스캔하면 결제가 되는 안면인식 결제시스템인 스마일 투 페이Smile To Pay 서비스를 도입했다. 이 서비스는 중국 항저우의 KFC 매장에서 처음 시행됐다. 알리페이 시스템은 고객이 키오스크Kiosk(무인단말기) 앞에서 3D 카메라에 얼굴을 스캔해서 본인 인증을 하고 전화번호만 입력하면 결제가 이뤄진다. 신원확인을 한 후 직불카드로 청구되는 시스템이다. 물론 사진이나 동영상을 보여줘서 가짜로 신원확인을 하면 어쩌나 하는 우려도 있다. 그러나 키오스크 카메라는 앞에 서 있는 사람이 살아 있는지를 감지하도록 설계되었다. 얼굴뿐 아니라 움직임, 행동, 목소리 등을 타인이 모두 따라 하기란 불가능하기 때문에 종합적 식별이 가능한 형태로 기술이 발전함에 따라 안전한 신원확인 방식이 될 것이라는 것이 알리페이의 주장이다. 카드를 분실하는 위험이 그보다 크다는 점은 고려해볼 만하다.

이러한 안면인식 기술이 창출하는 가치는 무엇일까? 무엇보다 속도다. 많은 패스트푸드점에 키오스크가 설치되어 있다. 그러나 메뉴를 선택하고 결제하는 과정이 복잡한 것이 사실이다. 초보자나 노인은 다루기 버거울 수 있다. 패스트푸드점은 말 그대로 속도가 경쟁력인데, 결제를 빠르게 할 수 있다면 그만큼 고객가치를 높일 수 있다.

인공지능의 안면인식 기술은 얼굴식별뿐 아니라 인식 대상이 어떤 상태인지까지 분석하는 기능도 포함한다. 하이미러Himirror가 여기에 해당된다. 피부상태를 분석해주는 최첨단 스마트 거울이다. 이 거울은 앞에 서 있는 사람의 얼굴에서 주름, 잔주름, 안색, 다크서클, 반점 및 모공을 인식한 후 피부상태를 분석한다. 정밀촬영 장치인 히스킨Hiskin을 연결하면 육안으로 알기 어려운 수분 수준과 색소 침착 등의 상태까지 측정할 수 있다. 전문 피부과 수준의 설비가 집 안에 설치되는 셈이다. 더 나아가 이 거울은 화장품이나 욕실 용품의 바코드를 스캔해서 제품에 들어간 성분 등 심층정보까지 확인해주고, 또한 자매품인 스마트 바디 스케일Smart Body Scale과 호환되어 신체 유형을 확인하고 체중, 체질량 지수, 체지방, 근육량, 골격 무게, 신진대사 등을 측정한

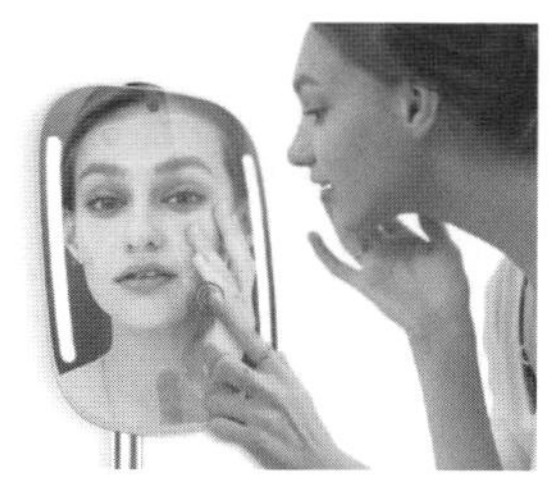

피부상태까지 분석해주는 하이미러 / 자료: www.himirror.com

다. 이러한 분석을 통해 거울은 피부상태를 개선하는 방법이나 피부관리를 위한 권장사항 등을 제공한다. 하이미러를 사용하면 일상생활에서 손쉽게 피부 관리를 할 수 있고, 스킨케어 제품도 관리할 수 있는 것이다. 이 거울은 아마존 알렉사 알고리즘과 연동되며, 그 밖에 스포티파이Spotify나 유튜브, 인스타그램과 페이스북에 접속 가능하다. 터치스크린 디스플레이로 뉴스나 날씨, 일정을 확인할 수 있고 음악과 영상도 즐길 수 있다. 단순히 얼굴을 보기 위한 용도였던 기존 거울에 인지기능을 부여하니 종합 헬스케어&엔터테인먼트 기기로 탈바꿈된 것이다.

감정인식

인공지능 인식혁신의 세 번째는 감정인식이다. 컴퓨터가 사람의 감정상태를 읽을 수 있을까? 결론적으로 말하면 인공지능은 인간보다 감정을 잘 읽는다. 인간의 감정을 읽는다는 것은 비즈니스적으로 엄청난 잠재성을 지닌다. 가령 쇼핑을 할 때 고객의 감정상태를 파악하는 것은 매우 중요하다. 만족도를 높이고 불만을 최소화하기 위한 디스플레이, 동선 구축 전략을 짜는 데 중요한 정보이기 때문이다. 글로벌 트렌드 리서치기관인 트렌드버드TRENDBIRD에 따르면 감정 인식 및 분석 시장의 규모는 2025년까지 전 세계적으로 38억 달러에 이를 것으로 전망했다.

유통업에서는 이 기술을 카트에 적용해서 매장 서비스 수준을 업그레이드할 수 있다. 월마트는 최근 생체인식 카트 시스템Biometric Feedback Cart System이라는 새로운 서비스 특허를 발표했다. 쇼핑 중인 고객의 감정상태를 체크해서 기분 좋은 쇼핑을 할 수 있도록 환경을 조절할 수 있는 기술이다. 카트의 핸들을 잡으면 생체인식 기능이 고객의 심장 박동수, 온도 변화, 속도 변화, 카트를 밀 때의 힘의 변화 등을 측정할 수 있고, 이러한 데이터를 바탕으로 고객의 스트레스 수준을 파악한다. 간단하게는 심장 박동수를 모니터링하여 쇼핑 중의 생체상태, 나아가 감정상태가 어떻게 변화하는지를 체크한다. 고객의 불만이 가장 많은 지점은 어디인지, 어느 지점에서 점원의 도움을 필요로 하는지, 구매동기가 가장 높은 지점과 거기에 맞는 최적의 아이템은 무엇인지를 알아낼 수 있다. 또한 가끔씩 발생하는 응급환자 정보를 미리 파악해서 위험한 상황을 예방할 수도 있다. 이는 월마트 상품진열 및 프로모션 전략 구축에 아주 중요한 자료가 될 것이다. 매장 내 고객의 동선 유도 정책도 세울 수 있다. 계산하는 카운터에서 불만지수가 높다면 카운터의 배치나 계산방식을 개선할 수 있다.

사실 사람들은 늘 크고 작은 스트레스를 받으며 지낸다. 하지만 정

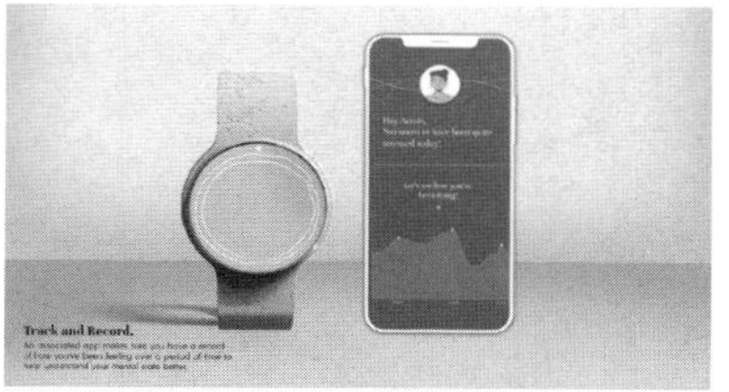

감정인식 기능을 갖춘 아우라 / 자료 www.aura.com

작 어떤 상황에서 스트레스를 받고 신경을 많이 쓰는지는 모른 채 하루를 보낸다. 작은 스트레스를 반복적으로 받지만 이를 인식하지 못한 상태에서 정신적으로 피곤한 생활을 하는 경우도 있다. 자신의 감정과 스트레스 상황을 알 수 있다면 삶의 질을 개선할 수 있다. 뿐만 아니라 정신질환이나 우울증을 앓고 있다면 심리상태를 안정적으로 다스리는 데 좋은 힌트를 얻을 수 있을 것이다. 이러한 기능을 제품에 부여하는 것도 혁신의 방법이다.

아우라Aura는 시계처럼 착용하는 생체인식 센서로, 스트레스와 분노 등 감정을 감지하는 웨어러블wearable 기기다. 시계 뒷면에 생체인식 센서가 부착되어 있어서 생체정보를 바탕으로 스트레스, 분노, 슬픔, 행복 등의 감정을 인지해낸다. 전자잉크 방식의 디스플레이를 사용하여 원을 그리듯 사람의 감정 변화를 표현함으로써 스스로 하루 동안의 감정을 파악할 수 있도록 해준다.

시계뿐이 아니다. 다양한 물건에 스트레스 인지 기능을 부여해서 간편한 헬스케어 제품으로 만들 수 있다. 접근방법은 다양하다. 가령 영국의 의료기술 업체 타이니로직스Tinylogics가 내놓은 포시FOCI는 허리

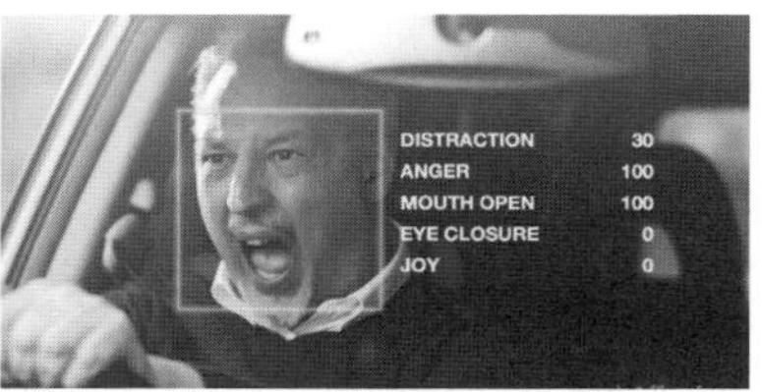

운전자의 감정을 읽는 오토모티브 / 출처: http://go.affectiva.com/auto

에 차는 기기인데, 머신러닝이 적용된 감정인식 센서가 호흡의 패턴을 추적한다. 사람은 일반적으로 긴장하거나 흥분할 때 호흡이 가빠지며, 안정된 상태에서는 호흡이 느리고 규칙적이다. 포시는 사람의 감정상태가 호흡의 변화로 나타난다는 점을 이용하여, 사용자의 호흡 패턴을 지속적으로 학습한 후 사용자의 호흡과 심리의 관계를 정립한다. 허리에 차는 패드나 벨트 등에 이러한 기능을 부여해 제품혁신을 이루는 것도 하나의 방법이다. 감정을 조절하는 능력은 사회생활에, 특히 인간관계에서 처신하는 데 도움을 줄 것이다. 이렇듯 인식혁신 기술을 통해 의류나 액세서리 등 개인의 '기호' 상품이 사회생활을 도와주는 '소셜social' 상품으로 바뀔 수 있다.

감정조절은 사고를 방지하는 데도 꼭 필요한 기능이다. 자동차 사고의 상당수는 운전자의 감정조절 실패에서 기인한다. 운전을 하다 보면 분노에 휩싸이거나 나른함 때문에 집중력이 저하될 수 있다. 위험한 상태를 본인 스스로는 잘 인지하지 못하기 때문에 사고 위험이 높아지는 것이다. 스타트업 애펙티바Affectiva는 오토모티브AutoMotive라는 운전자용 감정인식 애플리케이션을 내놓았다. 기존 RGB 및 적외선 방식이 조합된 카메라를 통해 운전자가 눈을 감은 횟수, 하품의 상태 등을 관찰한 후 즐거움, 놀람, 공포, 분노 같은 감정뿐 아니라 졸음 혹은 피로상태를 인지해서 위험한 상황일 경우 경고음을 보낸다. 이를 통해 위험한 상태를 자제하거나 피할 수 있게 도움을 준다.

맥락인식

인공지능의 인식기술 중 가장 고도화된 기능은 맥락을 이해하는 것이다. 맥락을 이해한다는 것은 단순히 생긴 모양이나 들리는 소리의 의미를 이해하는 것을 넘어, 공간 안에서 벌어지는 상황이 어떤 종류인지를 인식하는 것으로, 종합적 판단능력이 필요하다. 캠브리지 대학교 연구진은 일명 '하늘의 눈Eye In The Sky'이라고도 불리는 드론을 개발했는데, 군중 속에서 폭력을 행사하는 가해자를 실시간으로 포착할 수 있다. 연구진은 AWS와 두 개의 엔비디아 테슬라 GPU를 이용해 공중에서 촬영한 다양한 군중 사진을 딥러닝 신경망네트워크 훈련을 하여 주먹질, 발길질, 총질, 칼질, 목조르기를 인식하게 했고, 이러한 행위가 벌어지는 경우 이것이 집단폭력이나 길거리 싸움이 일어난 상황인지를 분석하도록 했다. 이 시스템이 폭력적 상황을 인지하는 정확도는 88%로 매우 높은 수준이다. 이러한 시스템이 어디에 쓰일까? 대형 공연이나 마라톤 등 수많은 군중이 모이는 야외행사에서 위험한 사태를 자동으로 탐지할 수 있다. 대형마트 등에서는 고객의 불만이 생

길거리 폭력을 감지하는 하늘의 눈
출처: Amarjot Singh, Devendra Patil, SN Omkar (2018), Eye in the Sky, IEEE Workshop

기는 곳을 실시간으로 포착해 즉시 대응할 수 있는 시스템을 만들 수도 있다.

이 혁신 기술은 서비스의 품질을 높이는 데도 활용할 수 있다. 콜센터의 데이터를 분석해서 고객대응력을 높이는 서비스도 등장했다. MIT 교수인 알렉스 펜틀랜드Alex Pentland가 보스턴에 세운 코지토Cogito는 사업 초기부터 골드만삭스Goldman Sachs와 세일즈포스 등에서 4,000만 달러가량의 투자를 유치하는 등 주목을 받았다. 이 스타트업은 자연어처리 기술을 통해 콜센터 대화에서 나타나는 대화의 문맥을 분석한다. 말의 속도, 말투, 억양 변화까지 실시간으로 측정하면서 분노지수, 실수 등의 상황을 인식한다. 사실 고객과의 접점에 있는 콜센터 직원은 서비스 만족도를 결정짓는 중요한 역할을 하고 있으나 이들의 서비스 수준을 측정할 수 있는 방법은 마땅치 않았다. 그러나 코지토의 시스템은 콜센터 대응상황을 객관적으로 분석, 점수화하여 서비스의 질을 측정한다. 중요한 점은 이러한 측정에 기반해서 개선이 필요하면 실시간으로 콜센터 직원에게 제안을 한다는 점이다. 예를 들어, 콜센터 직원이 흥분을 하거나 너무 빨리 말을 하면, 시스템은 고객 불만족으로 이어질 수 있는 상황을 인지하여 속도를 늦추라거나 부드럽게 소통할 것을 제안한다. 고객의 말투에서 만족도가 어느 정도인지를 실시간으로 분석해 불만족 상황을 인지하고 즉각 처리할 수 있도록 신호를 주는 것이다. 콜센터 직원이나 고객의 심리장애 여부까지 판단해 대처할 수 있는 정보를 제공한다는 점에서 고도의 인식기술이라 할 수 있다. 현재 메트라이프MetLife, 에트나Aetna(미국 건강보험회사), 휴매나Humana(미국 의료보험회사) 등 고객경험을 향상시키고자 하는 기업들이 코지토의 인공지능 분석 서비스를 이용하고 있다.

헬스케어 시장에도 맥락인식 기술을 적용할 수 있는 영역이 많을 것이다. 뇌전증 환자 대상 서비스를 예로 들 수 있다. 뇌전증 환자가 발작을 일으켰는데 제대로 대처하지 못하면 사망에 이를 수도 있다. 환자 스스로 몸을 제어할 수 없기 때문에 주변에 보호자가 없으면 위험한 상황을 피할 길이 없다. 특히나 심각한 뇌전증 환자는 수면 중에 중증 발작을 일으키기도 한다. 자는 동안에 중증의 발작이 발생하면 응급치료의 기회를 놓치게 되어 사망에까지 이를 가능성이 높기 때문에 매우 위험하다. 미국의 저명 의학저널 〈뉴롤러지Neurology〉에 따르면, 중증 뇌전증 환자는 평생 발작으로 인해 사망할 위험이 일반적인 뇌전증

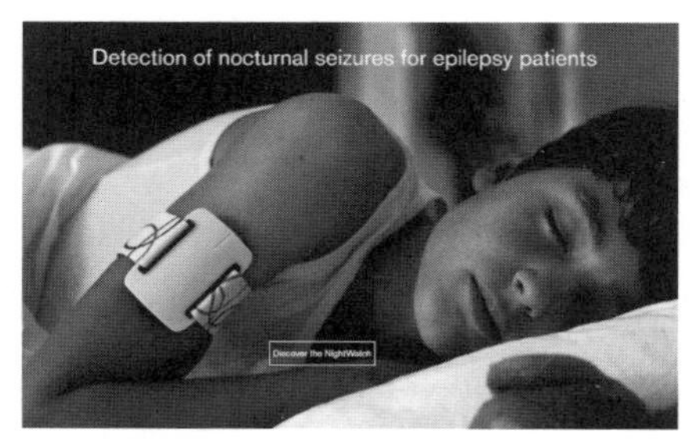

뇌전증 환자의 발작 증상을 감지하는 나이트워치 / 출처: www.livassured.com

환자보다 20%나 높을 수 있다고 경고한다. 야간에 환자를 모니터링할 수 있는 몇 가지 기술이 있긴 하지만 여전히 갑작스러운 발작에 대한 대응은 미비한 상태다.

나이트워치Night Watch는 즉각적으로 발작을 감지하여 뇌전증 환자를 살릴 수 있는 팔찌 형태의 웨어러블 기기다. 발작이 시작될 때는 심장박동이 비정상적으로 빨라지는데, 나이트워치는 팔이나 손목에 착용하지만 두 개의 센서, 즉 심박수 센서와 모션 센서를 기반으로 환자의 심장박동 및 움직임 패턴을 인식한다. 비정상적 발작 상황이 발생하면 보호자나 병원 간호사에게 경보를 보낸다. 나이트워치는 심각한 발작의 96%를 감지할 수 있다. 일반 가정에서 널리 사용할 수 있으며, 수면 중 발작으로 인한 사망률을 3분의 2 수준으로 줄일 수 있다.

현재 AI 인식기술은 기술 생애주기상 성숙단계에 진입하고 있는 것으로 보인다. 그 말은 인식기술의 성숙도가 현 시점에는 완벽하지 않지만, 이제 기술 발전이 빨라질 것이고 기술의 성숙도가 급격히 높아질 수 있다는 뜻이다. 특히 인식의 정확도, 처리 속도, 적용범위 면에서 빠른 성장을 보일 것이다. 음성인식, 이미지인식, 감정인식, 맥락인식 기능이 적용되면 그 가치를 획기적으로 높일 수 있는 상품과 서비스가 많다. 물건이 음성을 인식할 수 있게 되니, 말 한마디로 모든 일을 처리할 수 있게 된다. 또한 인간이 해야 할 감시 혹은 확인 기능을 보다 정확하게 AI가 수행하게 됨에 따라 각종 영역에서 인간의 편의성이 증진될 것이다. 특히 사람들의 존재와 행동을 인식하여 데이터화하면 비즈니스 영역에서 AI 기능을 더욱 고도화하는 데 중요한 연료가 될 것이다. 따라서 사람들에게서 인식한 음성 및 영상을 데이터화하여 새로운 가치를 창출하는 것이 AI 인식혁신의 중요한 과업이 될 것이다. 인식혁신은 앞으로 살펴볼 예측혁신, 자동화혁신, 생성혁신 등과 결합하여 더욱 고도화된 서비스를 만들어낼 여지가 크다.

변화를 통찰한다,
예측혁신

예측은 인공지능으로 만들어낼 수 있는 또 하나의 강력한 기능이며, 다양한 서비스의 고도화에 활용할 수 있는 잠재성 큰 기술이다. 인공지능 비즈니스의 두 번째 모델은 AI의 예측기술을 바탕으로 진행하는 비즈니스 혁신이다. 예측혁신은 예측의 대상이 무엇이냐에 따라 선호예측, 귀추예측, 맥락예측 등으로 구분될 수 있다. 이들 기술은 예측기능의 수혜를 입는 대상이 누구냐에 따라 각기 다른 형태로 발전할 것이다. 가령 귀추예측은 말 그대로 앞으로 나타날 결과를 미리 알게 해준다는 것인데, 이 기능의 수혜자가 고객이라면 주로 고객에게 제공되는 정보에 귀추예측 정보가 포함되어 고급 정보를 제공하는 비즈니스 형태를 띨 것이다. 선호예측의 경우 수혜자는 주로 기업이 될 것이다. 고객이 무엇을 구매할지에 대한 예측기능을 확보함으로써 기업은 고객의 선호에 맞는 전략을 수립하고 고객서비스를 더욱 향상시키는 방식을 구축할 수 있다. 예측혁신의 각 영역을 자세히 살펴보자.

선호예측

마케팅의 핵심은 고객이 원하는 것을 정확히 포착해서 효과적으로 제공하는 것이다. 인공지능 예측혁신은 고객의 선호를 예측해 마케팅 본질에 더욱 가까이 다가설 수 있게 해준다. IT 기업은 고객이 원하는 것을 고객 자신보다도 더 정확히 알아내는 알고리즘을 개발하고 있다. 사실 고객은 자신이 무엇을 원하는지 다 알지 못한다. 머신러닝을 이용해 그동안 축적해온 고객의 구매이력 및 다양한 빅데이터를 기반으로 고객의 구매패턴을 읽고, 이를 바탕으로 고객이 미처 깨닫지 못했던 취향 저격 품목을 추천해주는 것이 선호예측을 통한 추천서비스의 핵심이다. 아마존은 이러한 추천서비스를 통해 일어나는 매출이 전체 매출의 35%나 된다고 보고하고 있다.

선호예측을 통한 추천서비스는 고객의 구매율을 높이는 방향으로 비즈니스를 고도화시킬 것이다. 캐주얼 패션브랜드 유니클로는 2017년 9월 미국, 일본을 시작으로 인공지능을 기반으로 상품을 추천하는 '유니클로IQ UNIQLO IQ' 챗봇 서비스를 시작했다. 유니클로IQ를 통해 얻은 빅데이터로 소비자의 행동을 분석해 특정 소비자가 원하는 상품을 소비자가 원하는 타이밍에 추천하는 것이다. 잘 맞는 옷을 찾기 위해 매장을 돌아다니는 시간을 대폭 줄여주며, 또 내가 원하는 이상적 스타일에 가까운 의류를 찾는 데 도움이 된다. 유니클로IQ는 구글이 제공하는 'API.ai' 자연어 상호작용 응용프로그램 개발 플랫폼을 활용하여 개발되었다. 온라인 경매업체 이베이가 2016년 일반인 100명을 대상으로 조사한 내용에 따르면, '한 시간 동안 쇼핑할 때 느끼는 스트레스는 마라톤을 할 때와 유사하다'고 한다. 쇼핑은 즐거운 일일 수 있지만, 좋아하는 옷을 찾아 가격을 비교하고 품질을 따져보는 등의 세세한 작업은 에너지 소모가 크다. 인공지능의 예측기술은 이런 불편함을 해결해준다.

사실 예측력은 딥러닝의 최대 강점이다. 빅데이터에서 특정 패턴을 추출하는 과정을 반복하면 학습을 통해 예측이 가능해진다. 고객들을 손쉽게 연결시키는 O2O Online to Offline의 발달에 따라 딥러닝의 예측력은 더욱 향상되고 있으며, 알리바바는 딥러닝을 통해 O2O 비즈니스를 더욱 고도화하고 있다. 알리바바는 2018년 11월 광군제 하루에만 약 35조 원이라는 사상 최대의 거래액을 경신했다. 물론 이날은 미국의 블랙 프라이데이처럼 전 세계 사람들이 저렴한 상품을 구매하기 위해 알리바바로 모여드는 날이다. 그러나 그해는 다른 어느 해보다 많은 매출이 일어났다. 이렇게 기록적인 매출을 달성한 배경에는 '패션 AI'라 불리는 인공지능 패션 도우미가 있었다. 패션 AI는 사용자의 정보와 과거의 구매이력을 토대로 선호하는 스타일도 파악한다. 또한 알리바바의 쇼핑 플랫폼에 있는 디자이너들의 스타일뿐 아니라 수억 점의 의류 각각을 인식한다. 이를 기반으로 패션 AI는 모든 매장에서 맞춤 제작이 가능하도록 수백 개의 재고품에서 수십 개의 의상 조합을 만들어낸다. 이 옷에 잘 어울리는 패션의 옵션을 인공지능 시스템이 기가 막히게 보여준다. 딥러닝으로 구현된 패션 AI가 사람들의 개인 스타일리스트가 되는 것이다. 이러한 패션 AI는 온·오프라인을 통틀어 매장 방문객이 고른 제품과 어울리는 제품을 자동으로 추천해주고, 온라인 쇼핑몰에서 바로 구매하도록 지원해준다. 알리바바와 연계된 오프라인 쇼핑몰의 경우, 검은색 재킷을 탈의실로 가져가면 센서가 옷의 품목을 인지하고, 그 재킷과 어울리는 여러 종류의 옷을 스크린을 통해 보여준다.

선호예측 기술은 단순 추천을 넘어 배송까지 적용될 수 있다. 아마존의 '예측배송'이 여기에 해당된다. 예측배송은 고객의 선호도를 넘어 구매까지 예측해, 구매 버튼을 누르기 전에 배송 먼저 한다. 일반적인 '구매 후 배송'이 아니라 '배송 후 구매' 방식인 셈이다. 구매가 이뤄지기 전에 배송 먼저 한다는 건 예측의 정확도에 엄청난 자신감이 없으면 할 수 없는 일이다.

인공지능 선호예측 기술은 맞춤형 서비스의 기반이 된다. 각 개인이 좋아하는 것을 예측해 맞춤형 제품이나 서비스를 제공하는 것이다. 2016년 10월 뉴욕에 설립된 펑션오브뷰티Function of Beauty는 이를 샴푸 제조에 적용했다. 창업자는 MIT에서 컴퓨터과학 박사학위를 받은 자히르 도사Zahir Dossa이며 오랜 기간 기업을 가치사슬에 최적화하는 연구를 수행했다. 이 회사는 딥러닝 알고리즘을 통해 200종류의 피부 속성

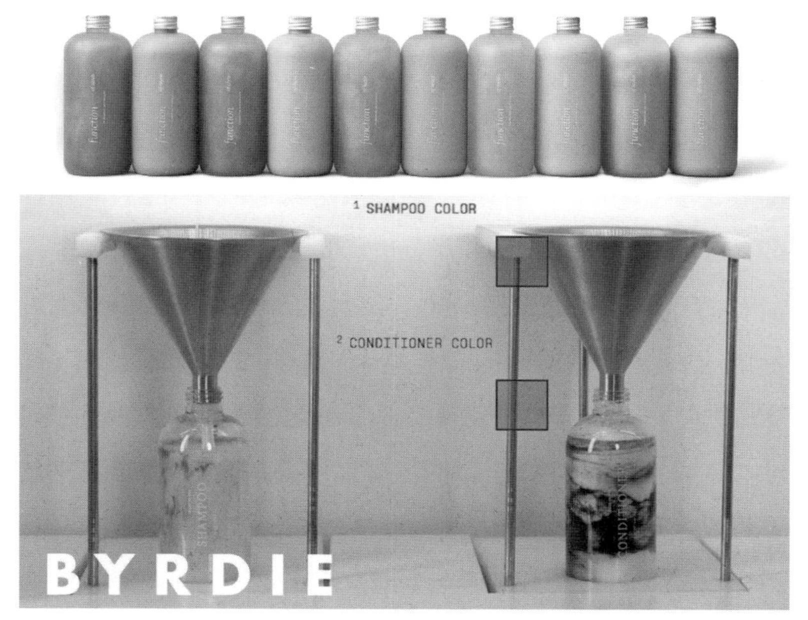

개인 맞춤형 스킨케어 제품을 제작하는 펑션오브뷰티 / 출처: Function of Beauty

을 분석하고 1만 개 이상의 화장품 조합법으로 개인 맞춤형 스킨케어 제품을 제작한다. 가장 중요한 특징은, 고객의 개인 취향에 따라 샴푸와 컨디셔너를 맞춤화한다는 것이다. 고객의 머리카락 유형과 선호에 따라 맞춤형 샴푸와 컨디셔너 제조를 지향한다. 이 회사는 몇 가지 설문으로 고객의 모발 정보를 얻고, 최적의 재료와 양을 배합하는 머신러닝 알고리즘을 통해 고객에게 최적화된 재료와 양을 도출해 맞춤형 상품을 제조한다.

펑션오브뷰티 웹사이트에 들어가 보면, 모발에 대한 퀴즈를 푸는 장면이 나온다. 나의 모발 유형, 두피 습기 정도를 묻는 질문에 대답한

다음 볼륨, 길이, 컨디션에 대해 답하고 색상과 향기를 선택한다. 이 결과값을 기반으로 고객의 헤어 프로파일을 구축한다. 이후 딥러닝 알고리즘을 바탕으로 맞춤 수식을 적용, 고객에게 12억 가지 조합 중 최적의 옵션을 제안한다. 고객의 헤어 프로필은 어떠한지, 모발상태를 확인하고 이 둘을 결합하여 고객 개개인에게 어울리는 맞춤형 제품의 기준을 제안하는 것이다. 이 기업은 아직까지 똑같은 샴푸를 생산한 적이 없다. 고객의 데이터를 수집하고 분석해주는 딥러닝 기술 덕분에 고객만족도는 향상되었으며, 입소문을 타서 급격한 매출신장을 기록했다. 2017년 기준 총 1,200만 달러 매출을 거두었으며, 2018년 말 현재 1억 1,000만 달러 가치의 기업으로 평가받고 있다.

인공지능 선호예측에 의한 맞춤형 서비스를 드레스 맞춤 제작에도 적용해볼 수 있다. H&M 그룹의 디지털 패션 자회사 아이비레벨Ivyrevel은 스마트폰에 있는 모든 센서와 구글의 어웨어니스APIAwareness API를 활용해 사용자의 일상 데이터를 수집, 맞춤 드레스 서비스를 제공한다. 사용자가 지금 걷는지 운전하는지, 아니면 평소 사용자가 보행으로 이동을 하는지 운행으로 이동을 하는지를 감지할 수 있고, 사용자

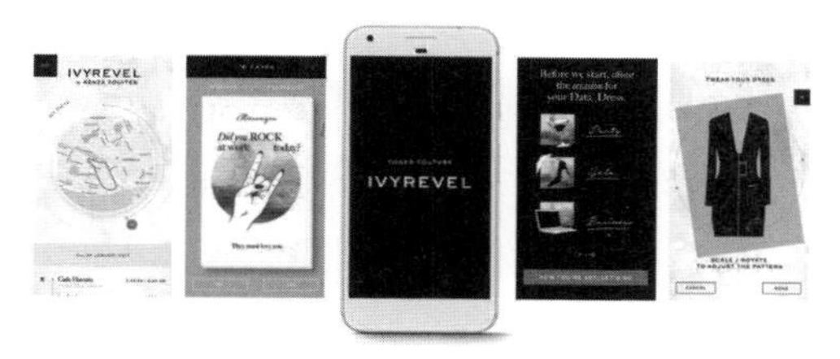

H&M 그룹의 맞춤 드레스 서비스, 아이비레벨 / 출처: Ivyrevel.com

가 주로 다니는 장소와 그곳의 날씨, 평상시 패션 스타일 등을 추적할 수 있다. 이를 기반으로 아이비레벨은 사용자가 가장 좋아할 만한 의상을 디자인한다. 고도로 개인화된 데이터 드레스인 셈이다. 고객이 주로 생활하는 국가나 지역에 따라서도 추천을 다르게 한다. 만약 춤추기를 좋아하는 사람이라면 드레스의 재질이나 액세서리 등도 그에 맞추어 다르게 구성한다.

변기에 이 기술을 적용하면 어떻게 될까? 2018년, 세계 최대 규모의 가전·IT제품 전시회인 CESInternational Consumer Electronics Show에서 주목을 끈 변기가 있다. 바로 누미Numi다. 이는 아마존의 인공지능 비서 알렉사를 내장하고, 애플 시리와 구글 어시스턴트에 반응하며 음성명령을 인식하는 스마트 변기다. 이 변기는 화장실을 지능형 공간으로 바꿔주는 컨트롤 기기 역할을 한다. 조명 조절부터 보일러 온수 가동, 신문 읽기 등 욕실 내 변기에 앉아서 필요한 모든 일을 처리할 수 있다. 물론 이런 종류의 변기는 가격대가 높을 테고, 가격에 예민한 고객이라면 구매하기 어려울 수 있다. 그러나 이 변기가 주는 가치는 다른 데 있다. 좀 거북한 이야기일 수 있지만 대변을 보는 습관은 사람마다 천차만별이다. 어떤 사람은 거울을 보면서 변기에 앉는다. 어떤 사람은 음악을 틀어놓고 변기에 앉는다. 어떤 사람은 변기에 앉아서 곧바로 뉴스기사를 읽는다. 화장실에서 듣는 음악도 각기 다르다. 비데를 사용하는 방법도 각양각색이다. 변기에 앉아서 말로 여러 가지 명령을 하는 동안 이 기기는 나의 습관을 학습해서 화장실에서 일어나는 모든 일을 사용자 중심으로 맞춤화한다. 즉, 변기 하나 잘 길들여놓으면 이 변기를 통해

지능형 변기, 누미 / 출처: www.kohler.com/numi/#

나의 일상 패턴에 맞춘 개인 화장실을 만들 수 있다. 화장실에서 가장 많이 사용하는 것이 변기이기 때문에 이러한 적용이 가능하다고 볼 수 있다.

귀추예측

내일 일어날 일을 미리 아는 건 모든 사람의 꿈이다. 물론 사람이 미래를 아는 것은 불가능하다. 그러나 데이터는 가능하다. 인공지능 알고리즘은 수많은 데이터를 분석해 그 속에 담긴 예측 인사이트를 제공한다. 이 역시 새로운 비즈니스 가치를 창출할 수 있는 도구다.

2018년 금융권 최고 투자자 중 하나는 인공지능인 것으로 나타났다. 인공지능으로 운용되는 주식형 ETF인 AIEQAI Powered Equity는 S&P500지수를 두 배 이상 초과하는 수익률을 기록했다. 이 시스템은 머신러닝을 기반으로 매일 6,000개의 주식과 수백 만 건의 정보를 분석해서 미래가치가 상승할 가능성이 높은 75개 이상의 종목으로 포트폴리오를 구성하여 투자한다. 2018년 말 기준, 포트폴리오의 상위 10개 종목에는 알파벳Alphabet Inc., 아마존, 넷플릭스, 코스트코, 헬스케어 업체인 박스터 인터내셔널Baxter International 등이 포함됐다. 물론 이 시스템은 아직 학습을 진행하고 있기 때문에 모든 상황에서 높은 수익률을 내는 단계라고 장담하기는 어렵다. 그러나 데이터에 기반한 학습이 진행될수록 예측의 성능은 더욱 우수해질 것이다. 또한 이 정도 규모의 분석을 통해 시장보다 우수한 성과를 보이려면 1,000명의 애널리스트가 필요하다는 점에서 업무효율성을 획기적으로 올려준다고도 볼 수 있다. 머신러닝의 예측기능은 이러한 투자 부문에서 결정적인 역할을 할 것이다.

스포츠 베팅업체 스트레터짐Stratagem은 예측혁신 기술을 스포츠 베팅에 접목했다. 골드만삭스 출신 안드레아스 쿠코리니스Andreas Koukorinis가 설립한 이 회사에는 심층신경망네트워크Deep Neural Networks 기술이 활용됐다. 방대한 양의 스포츠 경기 데이터를 분석해 패턴을 인식하는 방법이다. 먼저 인공지능이 10만 경기를 관찰한다. 선수들의 슛, 패스, 어시스트 등 움직임이나 득점 가능성 높은 순간, 팀별 특기와 주로 사용하는 세트플레이 등을 추적해 분석한다. 이러한 데이터를 학습해 '이기는 패턴'을 발견하고, 향후 게임에서 어떤 팀이 이길지를 예측하는 것이다.

사실 축구는 인공지능의 예측기술을 적용하기 용이한 분야다. 매번 똑같은 시간 내에 일정한 규칙을 두고 게임이 벌어지기 때문이다. 이렇게 규격화된 데이터가 전 세계적으로 수없이 반복 생산되고 있다. 이러한 데이터를 학습할 수 있다면 그 안에 숨겨진 패턴을 발견하고 결과를 용이하게 예측할 수 있다. 그 말은 농구와 테니스에도 이를 적용할 수 있다는 의미다. 실제로 이 회사는 영역을 확대해나가고 있다. 다양한 스포츠 경기의 TV 생방송에 이 알고리즘을 적용하는 것이 이 회사의 목표다. 예측정보가 생방송 중에 실시간으로 제공되면 스포츠 경기를 관람하는 새로운 문화가 탄생할 것으로 예상된다. 흥미롭게도 스트레터짐의 사명은 "패턴을 찾아 수익을 내라Find the patterns and make money"인데, 그에 걸맞게 이 회사는 그 가치를 인정받아 2018년까지 외부 투자자들로부터 3,200만 달러의 펀딩을 받았다.

예측정보의 수혜를 이렇게 고객에게 직접 제공하는 것과 달리, 기업이 예측기능을 이용해 서비스를 고도화하거나 성과를 향상시킬 수도 있다. 특히 비즈니스 성공에 있어서 수요예측이 중요한 경우에 잘 활용된다. 가령, 출판사에서 책을 한 권 출간하려면 많은 시간과 자금이 필요하다. 이러한 투자를 바탕으로 책을 출간해 서점에 배포한다고 해도 성공률은 지극히 낮다. 10권 출간해 그중 한두 권을 베스트셀러에 올려 수익을 거두는 게 일반적인 출판사의 전략이다. 한 권의 베스트셀러가 나머지 책들의 적자를 만회하기 때문이다. 베스트셀러를 내놓기가 그만큼 어려운 현실을 방증한다. 그러나 신간도서의 흥행을 예측할 수 있다면 이 비즈니스는 더 쉬워질 것이다.

2016년 독일에 설립된 인키트Inkitt라는 출판사는 베스트셀러의 비

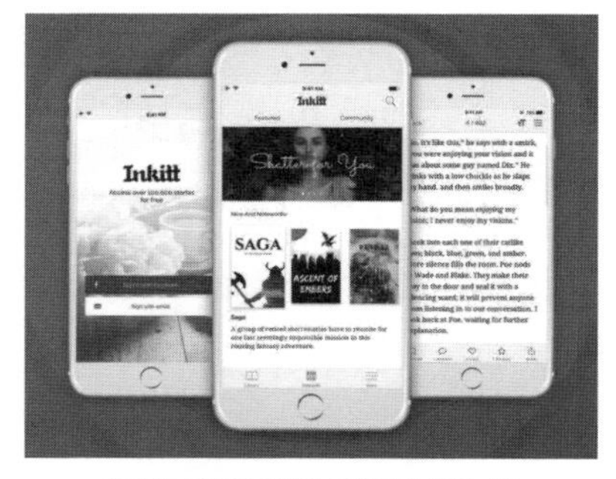

인공지능 기반의 출판사, 인키트 / 출처: Inkitt

율이 전체 출간종수의 90%가 넘는다. 수많은 사람(예비 작가)이 칼럼 혹은 짧은 소설 분량의 스토리를 연재로 올리면 사람(예비 독자)이 읽고 평가하는 독자출판 플랫폼을 운영하고 있다. 2019년 현재 100만 명 이상의 회원을 보유하고 있으며, 등록된 저자만 해도 4만 명이다. 연재가 끝났거나 진행 중인 스토리는 15만 개다.

인키트는 기존 편집방식을 탈피했다. (기획)편집자를 없애고, 대신 인공지능을 활용해 독자들의 행위데이터를 분석한다. 누구나 스토리를 올리고 그에 대한 평가를 할 수 있기 때문에, 이 고객 데이터를 바탕으로 베스트셀러를 예측하는 것이다. 연재되는 각각의 글에 독자들이 몇 분 동안 머물렀는지, 언제 읽었는지, 밤을 샜는지 등을 정밀 분석한다. 나아가 페이스북에서 독자들에 대한 인구 통계학적 데이터를 얻어 객관적인 독자 분석을 실시한다. 독자들은 선호하는 장르를 선택하고 다양한 스토리를 추천받으며 내용, 문체, 느낌 등에 대한 피드백을 제공한다. 이러한 정보를 기반으로 베스트셀러 가능성을 예측하는 것이다. 인키트는 인간이 수행하던 편집자의 역할을 AI에게 맡김으로써 흥행예측 역량을 대폭 향상시켰고, 이를 바탕으로 출간서적의 91.7%를 베스트셀러로 만드는 데 성공했다. 2015년 24권의 도서 중 22권이 독일 아마존 베스트셀러로 등극했고, 22권 중 20권은 출간 직후 첫 9일

만에 베스트셀러 5위권 내에 진입했다. 2017년에는 출간도서 중 3분의 2인 46권이 베스트셀러가 되었다.

흥미롭게도, 출판사는 저자와 계약을 나중에 한다. 즉, 베스트셀러 가능성이 어느 정도 높은 경우에만 계약을 한다. 대신 성공확률이 높은 콘텐츠인 만큼 저자에게 돌아가는 인세가 종이책 기준으로 51%나 된다. 국내 일반 출판사의 경우 저자 인세가 10% 내외인 것과 비교하면 파격적이다. 그러나 그럴 법도 하다. 수익이 확실하니 말이다.

위치정보를 기반으로 특정 지역의 상황을 알려주는 서비스 또한 이 예측기술로 고도화할 수 있다. 부동산 시세나 자동차 밀집 예측 분석 등에 이 모델이 쓰일 수 있다. 흥미로울 만한 사례는 낚시 어획량 예측이다. 낚시는 그동안 이른바 촉에 의존하는 활동이었다. 계절에 따라, 날씨에 따라 어느 지역에서 많이 잡힐지 아는 감각이 중요했다. 그러나 요즘 돌아가는 상황을 지켜보면 어획량 예측정보는 촉보다는 데이터 쪽이 더 정확하다. 스웨덴의 낚시 정보업체 피시브레인FishBrain은 인공지능을 접목해서 원하는 어종을 언제 어디서 잡으면 되는지 알려주는 애플리케이션을 출시했다. 이 앱은 원래 낚시를 즐기는 사람들이 자신의 낚시 정보를 공유하던 SNS였다. 500만 명의 회원과 370만 개 이상의 어종 데이터가 확보되어 있다. 낚시꾼들이 올린 글도 분석하고, 잡은 물고기 사진을 올리면 컴퓨터비전을 통해 어종을 인식하고 이를 기록한다. 이 데이터는 날씨, 조수 패턴 같은 환경 데이터와 결합된다. 이렇게 370만 개 이상의 데이터를 기반으로 위치별로 잘 잡히는 어종, 많이 잡히는 지역과 시간대 등 고급 정보를 제공한다. 이를

인공지능 기반 낚시정보를 제공하는 피시브레인
출처: Techcrunch

통해 낚시꾼들은 고기를 잡으러 어디로 가야 할지 정보를 얻는다. 피시브레인은 평범한 정보공유 SNS에 예측기능을 추가해 낚시꾼들의 만족도를 대폭 높였다.

맥락예측

예측혁신에서도 맥락예측은 고도의 기술을 필요로 한다. 맥락예측은 상황을 정확히 이해하는 데서 출발한다. 상황에 대한 세심한 이해가 없어서 그동안 비효율이 난무한 영역이 많다. 대표적인 분야가 교육이다. 교육 현장에서 늘 대두되는 문제가 있다. 바로 학생의 수준과 처한 상황은 천차만별인데 선생님이 제공하는 지식은 천편일률적이라는 것이다. 일방적인 교육방식으로는 많은 학생이 공부에 흥미를 갖지 못하고 실력이 쉽게 오르지 않는다. 하지만 인공지능은 각 개인의 다양한 상황에 맞추어 맞춤화된 교육을 제공할 수 있다.

인공지능 기반 에듀테크 기업 뤼이드Riiid가 선보인 산타토익이 그 가능성을 보여준다. 산타토익은 2017년 9월 출시됐는데, 1년 동안 유료 이용자 3,000여 명의 성적 변화를 분석해보니 일주일에 평균 20시

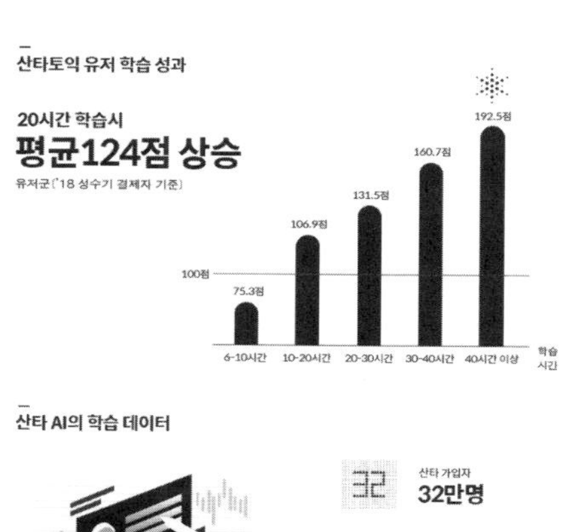

인공지능 기반 산타토익의 주요 기록 / 출처: 산타토익

간을 학습했을 때 점수가 124점 올라간 것으로 확인됐다. 30~40시간 학습할 때는 160.7점 상승했다. 비결은 뭘까? 산타토익 AI는 학습자의 맥락을 이해한다. 학습자가 문제를 풀 때마다, 정답 여부에 따라 앞으로 학습할 문제를 선별해 제시한다. 잘 아는 문제를 반복적으로 풀기보다 잘 모르던 틀릴 가능성이 높은 문제를 학습하는 게 점수 향상에 도움이 된다. 즉, 딥러닝 기반의 AI 시스템이 학습자의 오답 확률을 예측해, 점수가 가장 많이 오를 수 있는 문제와 강의를 골라서 공부할 수 있도록 돕는다. 산타토익의 인공지능은 90% 이상의 정·오답 예측 적중률을 보인다. 학습자 한 명당 평균 1,720개의 불필요한 문제를 제거해, 약 28시간을 절약하는 효과를 보인다. 출시 후 1년 동안 모든 학습

자에 대해 제거한 불필요한 문제는 총 3,500만 개로 집계됐다. 예측혁신 기술이 적용된 교육방식으로 수많은 학생에게 점수 상승과 시간 절약이라는 두 마리 토끼를 선물한 것이다. 산타토익은 문제와 정답이 정형화되어 있는 토익 영역에 인공지능 알고리즘을 적용한 것으로, 뤼이드는 향후 다양한 교육 영역에 AI 기술을 접목할 계획이다.

세상의 불확실성과 복잡성이 커지면서 예측기술의 필요성은 더욱 커질 것이다. 한 치 앞을 내다볼 수 없는 시대에 남보다 먼저 다음 일을 내다볼 수 있게 해주는 것은 커다란 가치를 지닌다. 예측기술을 제품 및 서비스에 적용한다면 불확실성 극복이라는 중요한 가치를 고객에게 선사할 수 있다. 또한 상대의 숨은 의중을 예측할 수 있다는 것은 비즈니스에 있어서 커다란 힘이 아닐 수 없다. 고객이 구매할 품목을 예측하면 제품의 높은 판매율과 직결된다. 고객의 선호와 상황에 최적화된 솔루션이 제공되면 고객의 편의와 만족을 증진시키는 비즈니스 지향점에 더욱 가까이 다가설 수 있다. 이렇게 선호예측, 귀추예측, 맥락예측 등으로 구성되는 예측혁신 기술은 비즈니스에 날개를 달아주고, 사람들에게는 편리함을 선사한다.

스스로 처리한다, 자동화혁신

세 번째는 인공지능 자동화 기술에 기반한 혁신이다. 자동화혁신을 통해 인공지능이 산업계에 미칠 영향은 매우 클 것으로 예상된다. 기존의 자동화와는 많이 다르기 때문이다. 기존에는 인간이 설정해놓은 규칙하에서 자동화되는 시스템이었다. 효율성이 개선되는 효과는 있지만 그 효과는 고정적이다. 환경의 변화에 대응하지 못한다. 반면 인공지능 자동화는 머신 스스로 더 효율적인 방법을 찾아낸다는 점에서 기존 자동화 컴퓨팅과 차이가 있다. 환경이 변화하면 그에 맞추어 AI 시스템도 변화하며 끊임없이 효율성을 극대화한다. 물론 인공지능 자동화는 효율성 향상에 그치지 않고 지능형 처리를 통한 수익창출의 원동력이 될 것이다. 인공지능 자동화 기술은 제조업뿐 아니라 서비스업 등 다양한 영역에 적용될 수 있다. 글로벌 컨설팅 회사 캡제미니Capgemini의 2018년 보고서에 따르면, 앞으로 5년 안에 구글이나 페이스북, 아마존 등 인터넷 기반 기업이 거대한 고객 기반과 인공지능 기술을 내세워 여러 분야에 진출할 전망이며, 특히 금융 분야에 자동화 기술을 접목시켜 고도의 서비스를 고객에게 제공하게 되면서 금융기업의 주요 경쟁사가 될 것이다. 자동화의 종류에 따라 자동처리, 자동최적화, 의사결정 자동화 등으로 구성된다.

자동처리

인공지능의 특장점 중 하나는 인간이 해야 할 노동을 효율적인 움직임으로 대신해준다는 것이다. 자동처리는 루틴화된 업무의 일부 혹은 전체를 머신이 처리하도록 해준다. 물론 기존의 컴퓨팅 기반 자동화 시스템이 같은 취지로 이용되어왔지만, 인공지능의 결합은 모든 자동화 동작과 프로세스가 지능형으로 이뤄진다는 점에서 차이가 있다. 비디오비전, 패턴인식에 기반한 예측기술 등 AI의 다양한 기능이 결합될 수 있다. 주어진 규칙대로만 수행하는 기존 기계에 비해 그 성과가 월등하다고 볼 수 있다. 자동처리 기능이 잘 활용될 수 있는 영역은 같은 일이 반복되는 곳이다. 식당 부엌이 그중 한 곳이다. 이곳에서는 정해진 메뉴를 똑같은 방식으로 조리하는 일이 매일같이 반복된다. 인공지능 머신이 맛있는 요리를 자동처리로 제공하는 레스토랑이 하나둘씩 문을 열고 있다.

샌프란시스코에 있는 레스토랑 크리에이터Creator에서는 로봇이 햄버거를 만든다. 고객이 태블릿을 이용해 햄버거를 주문하면 로봇이 패티 굽는 온도까지 정밀하게 제어하여 햄버거를 만들어주는 세계 최초의 로봇 레스토랑이다. 이 로봇은 고기를 굽고, 조미료를 넣는 등 인간의 개입 없이 완벽한 햄버거를 만들어낸다. 압축 공기로 번을 밀어내 슬롯에 내려놓으면 전동 칼이 이를 반으로 가른다. 여기에 약간의 버터를 더해 굽는다. 그러고 나서 이를 컨베이어벨트에 올려놓는다. 사전에 썰어놓은 토마토와 양파를 여기 얹고, 정확하게 계량된 소스를 뿌리고 피클 등을 얹은 후 치즈로 덮어 햄버거를 완성한다. 주문한 지 5분 안에 따끈따끈한 햄버거가 나온다. 이 식당에서는 두 대의 기계가 시간당 240개의 햄버거를 만들어낸다. 햄버거는 6달러다. 이러한 자동화 머신이 있다면 루틴한 일은 머신에게 맡기고 사람은 생산적이고 혁신적인 일에 몰두함으로써 효율성과 생산성은 물론 고객경험까지 개선하는 기업 환경을 만들 수 있을 것이다.

로봇 레스토랑, 크리에이터 / 출처: http://creator.rest

인공지능이 요리하는 무인 레스토랑

미국에는 크리에이터 외에도 로봇이 요리하거나 서빙하는 레스토랑이 많이 생겼다. 이제는 새로운 종류의 맛집 리스트가 생겨야 하지 않을까? 무인 레스토랑 리스트 말이다. 잠깐 로봇 레스토랑 투어를 해보자.

칼리버거Caliburger

칼리버거는 미국 LA에 있는 햄버거 음식점이다. 이 음식점의 운영자는 햄버거의 레서피를 개발한다. 최고의 맛을 위해 어떤 재료가 필요한지, 빵의 크기나 재료의 양은 어느 정도여야 하는지를 인간이 미리 설정한다. 그러면 플리피Flippy라는 로봇 요리사가 이 레서피에 맞추어 음식 조리를 한다. 사람 팔처럼 생긴 플리피는 컴퓨터비전 기술을 통해 빵을 식별하고 모니터링한다. 이 기술로 덜 익은 패티와 잘 익은 패티의 다른 점을 구분하거나 햄버거 빵의 위와 아래, 안쪽과 바깥쪽을 구분할 수도 있다. 플리피는 자체 주방에서 패티를 적절하게 굽고, 완성되면 그릴에서 트레이로 옮기는 역할을 수행한다. 이후 직원들은 플리피가 조리를 완료한 빵과 패티, 그리고 다른 자료를 조합하여 햄버거를 완성하는 역할을 담당한다. 인간과 머신의 적절한 분업 사례로 볼 수 있다.

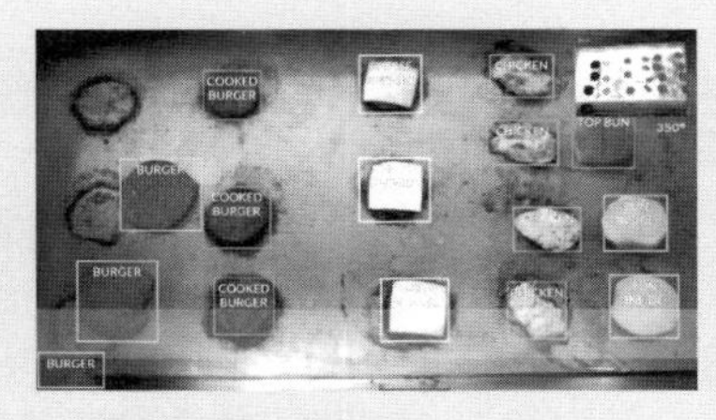

햄버거 조리 상태를 인지하는 로봇 플리피를 활용한 칼리버거 / 출처: Caliburger

카페X CafeX

샌프란시스코에 있는 '카페X'에는 시간당 커피 120잔을 만드는 바리스타가 있다. 커피숍의 바리스타가 아메리카노 한 잔을 뽑는 데 걸리는 평균 시간은 아무리 해도 3분 이하로 단축시키기가 어렵다. 그런데 이곳의 로봇 바리스타는 불과 30초밖에 걸리지 않는다. 고객은 모바일을 이용해 커피 원두와 옵션(우유, 시럽 추가 등)을 선택할 수 있다. 사람 바리스타 못지않은 맞춤형 커피를 제공한다. 가격은 톨tall 사이즈 기준으로 2.25달러다. 로봇 바리스타 한 대로 하루 300~400건가량의 주문을 소화하고 있다. 로봇 바리스타의 가격은 사람 바리스타 한 명의 1년 연봉 수준인 약 2만 5,000달러 정도다. 사람 바리스타는 커피 주문을 잘못 받거나 커피 맛이 그때그때 달라질 가능성이 높고, 고객의 과거 주문 데이터도 외울 수 없다. 그러나 로봇은 이 모든 것을 할 수 있다. 줄 서서 기다리는 것을 싫어하는 고객을 생각하면 로봇의 효용가치는 매우 크다고 할 수 있다.

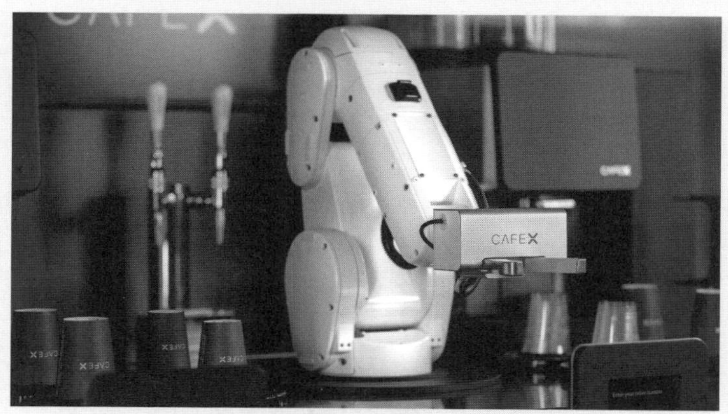

카페X의 로봇 바리스타 / 출처: Trendbird

메이커셰이커Makr Shakr

로봇은 바텐더 역할도 한다. 두 개의 팔로 흔들고 섞고 부어서 모든 칵테일을 단 몇 초 만에 만들어준다. 바로 이탈리아의 스타트업 메이커셰이커의 로봇 니노Nino 이야기다. 이탈리아 건축가 카를로 라티Carlo Ratti가 출시한 바텐더 로봇이다. 니노는 현재 각종 크루즈 레스토랑 및 호텔에서 사용되고 있다. 전화나 앱을 통해 주문을 하면 니노는 칵테일을 자동으로 혼합해 준비해놓는다. 이 로봇에는 두 개의 팔이 있다. 한 팔로는 170개의 병 중 적절한 재료를 선택해 새로운 종류의 음료를 만들어 흔들고 섞는다. 나머지 한 팔로는 컵에 잘 붓는다. 이 로봇은 누구보다도 정확하고 효율적으로 음료를 만들어낸다. 이 바텐더에게 비록 인간적인 매력은 없겠지만 다른 바텐더에게는 없는 장점도 많다. 재료의 양이나 혼합 정도를 정확하게 맞춘다. 더 중요한 건 효율성이다. 모든 음료를 몇 초 만에 제공할 수 있으니 말이다. 물론 매력을 높이는 노력도 하고 있다. 이탈리아 안무가 마르코 펠레Marco Pelle를 섭외해서 춤과 같은 움직임을 구현하도록 했다. 펠레의 안무를 촬영한 후 이를 로봇이 따라 하는 방식을 쓴다. 물론 이 로봇이 인간 바텐더를 대체할 것으로

메이커셰이커의 바텐더 로봇, 니노 / 출처: http://www.makrshakr.com

보이진 않는다. 그러나 음료를 서비스하는 레스토랑에서 로봇과의 상호작용을 통해 효율성과 다양성을 얻을 수 있을 것으로 보인다.

2013년 5월 밀라노에서 니노의 프로토타입이 공개된 이후 2014년부터 사업이 본격화됐다. 초기에는 로열 캐리비언Royal Caribbean 크루즈 선상에 다섯 대, 라스 베이거스 바에 한 대를 놓으며 시작했다. 이후 전 세계 레스토랑에 로봇이 추가되어 지금까지 100만 잔 이상의 음료를 만들어냈다.

스파이스Spyce

보스턴에도 로봇 레스토랑이 있다. 스파이스다. MIT 졸업생들이 개발한 레스토랑인데, 미슐랭 스타 요리사가 감독하고 로봇들이 요리한다. 주문을 하면 로봇이 직접 냉장실에서 재료를 꺼내 단 3분 만에 요리를 완성한다. 스파이스를 설립한 창업자 마이클 파리드Michael Farid는 처음에는 볶음요리 전문 로봇을 구상했다가 현재는 조리 없이 그릇에 담는 요리만 하고 있다. 로봇이 실수 없이 일정하게 처리하기에는 이러한 방식이 용이했기 때문이다. 그러나 로봇 동작의 정확성과 다양성이 향상되고 있고, 요리사가 레서피 개발에 쓸 시간을 벌게 되어서 로봇의 손길이 가미된 메뉴는 점차 다양해질 계획이다. 이 레스토랑은 인건비 절감으로 가격경쟁력을 얻었다. 그릇 하나당 평균 7.50달러에 판매되고 있으니 고객 입장에서는 저렴한 가격에 음식을 먹을 수 있게 된 것이다.

앞서 로봇 프로세스 자동화를 통해 서비스 영역의 혁신이 일어날 것이라 언급했다. 서비스 비즈니스의 프로세스 중 규칙적이며 반복적인 업무를 소프트웨어가 대신 수행하도록 하는 것이다. 서비스 업계 중 반복적인 처리과정이 많은 금융권에서 먼저 도입하고 있다. 캡제미니의 2018년 보고서에 따르면, 지능형 자동화는 2020년까지 금융서비스 회사의 전 세계 매출을 5,120억 달러로 증가시킬 것으로 전망된다. 구체적으로는 보험업계에서 2,430억 달러, 은행 및 자본 시장에서 2,690억 달러를 증가시킬 것으로 내다봤다.

AIG는 인공지능 원클레임One Claim 시스템을 도입해 다양한 수동 프로세스를 자동화하는 데 성공했다. 이 시스템은 STPStraight Through Processing, 즉 고객이 금융업무를 볼 때 특정 규칙하에서 신속하게 처리하는 것을 추구한다. 고객이 온라인으로 청구하는 각종 내역을 보고 및 관리하는 원클레임 시스템을 다양한 업무에 도입하면 더 나은 고객서비스를 제공할 수 있다. 이 시스템은 전체 청구 내역 중 약 50%를 처리하고 있고, 이를 통해 AIG의 서비스 속도는 한층 빨라졌다.

세무 역시 자동처리가 필요한 영역이다. 세무는 각 나라별로 법적인 고려사항이 많고 복잡하다. 또한 세무 처리에는 해야 할 일의 종류와 양도 많다. 상당 부분은 인공지능으로 자동처리할 수 있는 부분이다. 미국 전역에 1만 개 이상의 지사를 보유하고 있는 세무법인 H&R 블록H&R Block은 최근 IBM과 제휴하고 왓슨의 기술을 도입하여 세무 서비스의 디지털화를 꾀하고 있다. 복잡한 세무 프로세스를 단순화하고, 세금 절감 등의 고객혜택을 제공하기 위해서다. 왓슨은 머신러닝 알고리즘을 사용하여 자체 세무사들이 처리할 수 있는 것보다 훨씬 많은 정보를 검토한다. 구체적으로 7만 4,000페이지가 넘는 미국 연방 세금 코드와 수천 가지 세법 변경 사항을 분석하며, 세무와 관련된 수천 건

슈넉스마켓의 재고관리 자동화 로봇, 탈리 / 출처: Tally

의 질문과 답변을 통해 세금 시스템의 복잡성을 이해한다. 그 결과 인공지능 기반 세무 시스템을 통해 H&R블록은 60년 분량의 세금 관련 지식을 빠르고 깊이 분석하여 새로운 통찰을 얻어낼 수 있었다. 기존의 세무사가 놓칠 수 있는 정보와 각 데이터들 사이의 연결을 쉽게 찾는 데 성공해 테라바이트 규모의 방대한 정보를 쉽게 처리하고, 고객의 서류를 빠르게 분석하며, 누락된 공제 및 감면 금액을 정확하게 찾아내는 성과를 창출했다. 2019년 현재 H&R블록은 100여 개의 지점에서 인공지능 세무 서비스를 제공하고 있고, 앞으로 미국 전역 1만 개 매장에 이 서비스를 도입할 계획이다.

대형마트에서도 인간이 하던 일상적이고도 반복적인 노동은 인공지능 머신의 도움을 받아 처리할 수 있게 될 것이다. 미국 매릴랜드에 본사를 둔 슈넉스마켓Schnucks Markets은 로봇 스타트업 심비로보틱스Simbe Robotics가 개발한 로봇 탈리Tally를 매장 재고관리에 도입해 11개 매장에서 활용하고 있다. 마트에서 재고 상황을 파악하는 일도 그동안은 사람이 일일이 돌아다니면서 해왔다. 노동 효율성도 그렇지만 정확성

면에서도 완전하지 않았다. 탈리 로봇은 매장을 스스로 돌아다니면서 3D 영상으로 주변을 인식한다. 선반을 스캔해서 물품의 현황을 기록하고, 가격, 제품 배치의 오류를 체크한다. 선반 위 상품을 초당 700개 이상 스캔할 수 있다. 라벨에 붙어 있는 가격이 정확한지 확인하고, 잘못되거나 누락된 라벨을 수정하는 작업도 한다. 매장 내 박스나 사람들이 끄는 카트 같은 장애물도 자동으로 피할 수 있다. 예측이 쉽고 루틴한 작업을 처리해줌으로써 종업원들의 시간을 절약해준다.

자동최적화

인공지능이 다른 시스템과 다른 점은 단순히 주어진 업무를 처리하는 것을 넘어, 최적화를 지향한다는 점이다. 최적화란 동일한 인풋input에 대해 최대치의 아웃풋output을 만들어내는 것이다. 자동으로 최적화를 실현하는 모델은 다양한 분야에서 활용될 것이다. 최적화모델은 특히 수익성을 높이는 곳에 가장 먼저 활용될 것이다. 대표적인 영역은 가격차별화 부문이다. 가격은 판매량과 함께 수익을 결정하는 중요한 변수다. 선진 IT 기업들은 수익 극대화를 위해 가격을 고객별·상황별로 유연하게 조정하는 '다이내믹 프라이싱Dynamic pricing(가변 가격제)' 전략을 사용하고 있다. 에어비엔비에서는 머신러닝에 기반한 가격책정 시스템을 가동하고 있다. 특별한 이슈가 생겨서 여행객이 몰리는 지역은 가격을 적정 수준으로 올린다. 또 휴가철 등 여행객이 많은 시즌에도 가격을 올려 수익을 높인다. 이러한 지역적, 계절적 수요 변화를 가격탄력성과 함께 고려해 가장 높은 가용가격을 제안해준다. 집주인은 이를 통해 최적의 가격을 결정, 예약률과 매출을 늘릴 수 있고, 에어비앤비의 수익률 또한 높아진다.

우버도 유사한 시스템을 활용하고 있다. 승객이 많이 몰리는 특정 지역과 시간이 있다. 에어비앤비와 마찬가지로 승차수요와 차량공급 상황을 분석해서 가격을 유연하게 조정한다. 우버는 수급 상황을 고려하여 운전자에게 인센티브를 제공하는 방식으로 가격최적화를 이끈다. 지역별 승차공급 상황을 분석한 뒤 차량이 부족한 지역을 운전자에게 알려주고 인상된 요금을 제공한다. 이 지역에서 손님을 태우면 수익이 늘어나기 때문에 차량이 이 지역으로 이동하게 된다. 이는 가격을 최적화하는 효과뿐 아니라 전국적인 수급 균형을 유도하여 결과적으로 승객의 편의를 높이는 역할을 한다.

보험회사에서도 가격최적화를 추구할 수 있다. 프랑스 다국적 보험회사인 악사AXA는 머신러닝과 신경네트워크 모델을 이용하여 고객이 사고를 일으킬 확률을 예측하는 기술을 개발했다. 악사에 따르면 그 정확도는 78%인 것으로 나타났다. 이를 통해 대규모 손실 교통사고를 유발할 가능성이 높은 고객을 구별할 수 있게 되었다. 보험료를 산정할 때 이러한 분석 내용을 반영하여 제시한다. 루트 인슈어런스Root Insurance 역시 운전자의 운전 습관을 분석해서 보험료를 차등 산정한다. 운전자가 앱을 다운받은 후 2~3주 정도 시험운전을 하면, 인공지능이 이 운전자의 운전 습관과 사고 위험성을 분석한다. 사고 위험의 가능성이 낮은 운전자, 즉 보험료 청구율이 낮은 모범 운전자에게는 최대 50%의 보험료 할인혜택을 준다. 이렇게 상황에 맞는 가격을 알 수 있게 되면, 고객에게는 만족도 높은 인센티브를, 기업에는 극대화된 수익을 제공할 수 있다.

인공지능 자동최적화 모델은 다음의 몇 가지 과정을 거친다. 첫째, 목적을 이해한다. 둘째, 목적을 이루기 위해 해결해야 할 문제를 파악한다. 셋째, 문제를 해결하기 위한 설계를 한다. 넷째, 설계한 대로 실행한다. 다섯째, 실행 결과를 지속적으로 예측, 모니터링하여 최적화를 위한 재설계 및 재실행을 한다. 최적화의 자동화는 인공지능이 이 일련의 과정을 스스로 해내는 것을 말한다. 자동최적화가 가장 필요한 영역은 농업이다. 농업은 그야말로 수확량을 늘리기 위해 모든 여건을 최적화하는 작업이라 할 수 있다. 일리노이대학교는 농장에서 최적화 도구로 쓰일 수 있는 자동화 로봇, 테라센티아TerraSentia를 개발했다. 머신러닝 기술과 자율주행 기술이 결합된 이 로봇은 작물 사이를 이동하면서 센서와 카메라로 작물의 상태를 측정한다. 테라센티아는 작물의 성장률이나 잎의 색깔 등 다양한 요소를 관찰해 식물의 성장상태를 인지한다. 어떤 식물이 잘 자라고 있는지, 그렇지 않은 식물은 무엇인지 구별해낸다. 다양한 농작물 데이터를 수집하고 분석하여 개별 식물마다 요구되는 조건을 인지하고 이에 맞추어 상태를 파악한다. 작물의 질병을 조기에 포착하고 해충도 탐지해서 예방할 수 있도록 해준다. 이 로봇은 하루에 10만 평 정도 규모의 일을 해치우며, 각 작물이 최적의 상태로 자랄 수 있도록 관리하는 역할을 한다.

농장 자동화 로봇, 테라센티아 / 출처: Digitaltrends

일반적으로 자동화는 프로세스에 적용되는데, 이를 제품에 반영하는 것도 고려해볼 수 있다. 제품을 이용하는 고객이 지속적으로 최상의 만족도를 얻어낼 수 있도록 가치제안을 하는 것이다. 가령, 사람의 신체상태를 파악해 최적의 컨디션을 유지하도록 돕는 제품도 제격이다. 솜녹스Somnox는 마치 애착 인형처럼 잠들지 못하는 사람의 수면을 도와주는 인공지능 수면로봇을 개발했다. 수많은 사람이 수면장애를 겪고 있다. 세계질병관리본부는 수면부족을 공중보건 유행병으로 규정했다. 이 기기의 흥미로운 기능은 호흡 패턴을 조절해주는 것이다. 땅콩 모양의 베개가 마치 호흡하는 것처럼 팽창과 수축을 반복하는데, 이 로봇의 리듬은 사람의 호흡과 조화를 이루고, 무의식적으로 점차 안정적인 호흡 패턴을 갖도록 유도한다. 호흡 패턴을 조정할 뿐 아니라 솜녹스는 미리 설정된 심장박동 소리, 자장가, 명상하기 좋은 음악

솜녹스의 인공지능 수면로봇 / 출처: Kickstarter

등의 소리를 통해서도 잠을 유도한다. 솜녹스와 밤을 보낸 후 사용자의 90%가 더 빨리 잠이 들었고 70%는 더 나은 휴식을 취한 것으로 나타났다.

의사결정 자동화

최근 기업 면접 현장에도 심심치 않게 인공지능이 등장하고 있다. 인공지능은 서류를 걸러주는 과거의 수준에서 벗어나 이제는 대면 면접에도 관여한다. 지원자의 정보 및 특징에 맞는 질문을 AI가 던지고 그에 대한 지원자의 답변을 평가한다. AI 면접관은 인간 행동 및 뇌신경 관련 연구논문, 측정 방법론뿐 아니라 기업의 선호에 대한 정보, 지원자에 대한 정보까지 학습한다. 지원자의 표정, 답변 내용, 사용하는 단어 등을 분석하여 기업의 가치관과 필요 역량에 부합하는지를 평가하여 수치화된 결과를 알려준다. 인재 선발에 대한 결정의 절반을 인공지능이 처리해주는 것이다.

우리는 지금 복잡한 분석 또한 인공지능이 빠르고 정확하게 처리해주는 시대로 진입하고 있다. 분석은 그동안 각 분야 전문가의 전유물이었지만 인공지능 기술은 비전문가가 전문성의 영역에 쉽게 도달할 수 있게 해준다는 점에서 의미가 크다. 고도의 의사결정을 내리는 데 있어서 인공지능이 똑똑한 참모 역할을 하는 것이다. 많은 기업이 인간의 의사결정 수준을 높여줄 인공지능 시스템을 개발하고 있다. 세계경제포럼WEF은 2018년 켄쇼테크놀로지KenshoTechnologies라는 기업을 '테크놀로지 파이어니어Technology Pioneer', 즉 기술 선도기업으로 선정했다. 이 기업은 2013년에 설립된 투자분석 솔루션 제공 업체로 금융분석 인공지능 켄쇼Kensho를 출시했다. 이 회사는 켄쇼를 통해 영국 브렉시트 이후의 파운드화 변동, 트럼프 미국 대통령 당선 직후의 환율 변동, 시리아내전 관련주 선정 등 세계적인 사건이 있을 때마다 정확한 분석으로 주목을 받아왔다. 켄쇼는 거시경제지표뿐 아니라 각종 뉴스, 기업의 회계정보 등 10만 개 정도의 변수를 자연어처리 기술로 분석, 학습해서 복잡한 현상 속에 숨어 있는 의미 있는 연결고리를 발견해낸다. 이 시스템이 분석하는 규모는 매우 크다. 6,500만 개 이상의 금융시장 관련 분석을 짧은 시간 내에 완료해서 명료한 보고서 한 부를 도출해낸다. 투자 의사결정을 하는 데 있어서 고려해야 할 시장의 숨겨진 패턴을 이 시스템이 알려주는 것이다. 시장가격 변동성 분석 등 고난이도의 분석을 통해 의사결정에 지원을 받는 금융사들이 늘고 있다. 골드만삭스도 그중 하나다. 골드만삭스는 켄쇼의 솔루션을 도입해 투자 의사결정 및 금융분석 작업을 고도화하는 데 활용하고 있다.

일본의 히타치Hitachi 역시 기업이 투자나 시장 진출 등의 경영판단을 내릴 때 도움이 되는 인공지능 분석 시스템을 개발했다. 분석에 대한 근거까지 충실히 제시하는 똑똑한 인공지능이다. 이 인공지능에 신기술 투자에 대한 의견을 물으면, 정부와 연구소 등의 보고서, 기사, 서적 등 120만 권에 달하는 관련 내용을 2분여 만에 분석해 투자를 해야 할지, 말아야 할지 각각의 근거를 토대로 투자 보고서를 내놓는다. 전문 컨설팅 회사에서 5~20명이 달려들어 몇 달 동안 해야 하는 일을 알고리즘 하나가 뚝딱 해결한다. 즉, 컨설팅 업무를 소수의 인력만으로도 할 수 있게 된 것이다. 또한 데이터 축적에 의해 알고리즘의 성능과 분석 정확성이 점점 향상되고 있다는 데에 주목해야 한다. 히타치뿐 아니라 NEC日本電機株式會社(니혼전기주식회사) 또한 수요예측을 통해 소매점 경영을 돕는 인공지능을 내놨고, IBM은 B2B 기업 컨설팅 서비스를 제공하기 위해 왓슨의 의사결정 지원 기능을 강화하고 있다. 자동분석 인공지능이 어느 정도 상용화되면 이 알고리즘을 취득하는 비용은 가파르게 내려갈 것이고, 할 수 있는 일의 범위는 훨씬 커질 것이다.

그 밖에 자동화 기술이 효과적으로 활용될 수 있는 분야는 또 어디에 있을까? 사람들은 소모적인 노동을 줄이고 싶어 한다. 또한 모든 일이 최적화를 향해 진행되고 효율성이 극대화되기를 바란다. 자동최적화, 자동처리, 의사결정 자동화 등 AI 자동화 기술은 반복적, 비효율적,

소모적 노동 비중이 큰 곳부터 적용될 것이다. 인공지능은 인간을 본떠 만든 시스템이기 때문에 인간을 대신해서 일할 수 있는 범위가 꽤 넓다. 앞서 살펴본 사례처럼 의료, 유통, 제조, 서비스 업종에서 반복적이고 시간 소모적인 부분에 자동화혁신 기술이 적용되기 쉽다. 자동화혁신 기술은 특정 일job 전체를 대체하기보다는 비효율적인 업무work에 적용되어 이 부분의 효율성을 증진하는 방향으로 나아갈 것이다. 이를 통해 인간의 능력을 보다 생산적인 곳에 활용할 여지를 줄 것이다. 머신과의 협업으로 전체적인 생산성을 더욱 높이는 것이 자동화혁신 기술의 커다란 가치다.

인간과 대화한다, 소통혁신

2019년 CES에서 주목받은 로봇, 포르페우스Forpheus는 인공지능 탁구 코치 로봇이다. 단순히 탁구만 치는 것이 아니라 상대에게 자세나 잘못된 습관에 대한 정보도 알려준다. 신체를 단련해줄 뿐 아니라 동기를 부여해주는 역할도 한다. 이 로봇을 개발한 오므론Omron의 이사 니겔 블레이크웨이Nigel Blakeway는 기술이 사람들과 어떻게 상호작용하는지를 연구하기 위해 포르페우스를 개발했다고 한다.

기존의 딱딱한 기계에 대화기능을 부여하면 이는 전혀 새로운 가치를 내는 혁신이 된다. 사실 사람과 사람 사이를 가깝게 해주는 것으로 대화만 한 것이 없다. 인공지능이 인간에게 쉽게 다가오는 이유도 대화가 가능하기 때문이다. 물론 사람 사이에서 일반적으로 이루어지는

인공지능 탁구 코치, 포르페우스 / 출처: CNET

대화와는 그 종류가 다르다. 인공지능 머신은 설정된 틀 안에서 소위 생각 없이 기계적인 대화를 할 뿐이다. 그러나 지능형 대화기능은 고객과의 소통이 필요한 비즈니스의 다양한 영역에서 활용될 것이다. 고객응대 및 일반 대화를 통해 새로운 혁신을 이룰 수 있다.

응대

텍스트 분석, 이미지 분석 및 음성인식을 기반으로 인간과의 의사소통을 가능하게 하는 자연어처리 기술이 고도화되면서 응대 로봇 서비스로 진화했다. 이미 많은 서비스 업체가 인공지능 챗봇을 도입해 고객응대를 자동화하고 있다. 기존의 챗봇 서비스는 일반적으로 상품

안내, 지점 안내처럼 단순한 안내 서비스만 제공했지만, 요즘에는 고객의 말을 알아듣고 실제 사람이 안내해주는 것과 흡사한 서비스로 진화했다. AIA생명의 경우 "어깨 타박상을 입어 치료를 받았는데 보험금을 어떻게 신청하나요?"라고 물으면, 챗봇이 보험금 신청 절차를 안내해준다. 상담하는 동안 보험료 납부가 필요한 상황이라면, SNS를 통해 실시간으로 보험료 납입이체까지 도와준다. 시간과 장소에 관계없이 24시간 365일 간편하게 상담 서비스를 이용할 수 있다는 점에서 인간 상담사에 의존하는 기존 서비스와 큰 차별성을 지닌다. 챗봇 기반의 응대 서비스는 아무리 전화가 몰려도 상담사와 통화하기 위해 대기할 필요가 없다. 또한 챗봇이 고객에게 "계약체결 과정에서 약관을 전달 받으셨나요? 직접 자필로 서명하셨나요?" 등을 물어보는 등 상호작용의 수준이 매우 높아지고 있기 때문에, 회사 입장에서는 고객서비스의 질을 높일 수 있는 여지가 있다.

오프라인 공간에도 응대가 필요한 영역은 많다. 호텔이 그중 하나다. 호텔 운영의 효율성을 개선하여 고객경험의 질을 높이기 위해 로봇을 도입하는 호텔이 늘어나고 있다. 로봇이 고객응대를 해줌으로써 기존 인력은 프리미엄 서비스 등 고객서비스의 질을 높이는 데 집중할 수 있다.

응대의 형태는 다양하다. 로봇이 직접 사람을 응대하기도 하지만 알렉사 같은 알고리즘을 호텔 객실에 적용시킨 형태도 있다. 세계적 호텔 체인인 메리어트인터내셔널Marriott International은 아마존의 호텔 전용 알렉사, 알렉사 포 호스피텔러티Alexa for Hospitality 서비스를 도입했다.

알렉사의 소통기능이 고객응대서비스의 강화라는 목적에 맞게 호텔에 맞춤화되어 적용됐다. 조명, 블라인드, 온도조절기, 그리고 TV와 같은 기기를 제어할 수 있는 스마트 홈 기능까지 제공한다. 특히 객실 내 엔터테인먼트 제공업체인 월드시네마World Cinema, 게스트Guest와도 연동이 되어 나만을 위한 객실 내 음악 방송국을 즐길 수도 있다. 인터넷 라디오 플랫폼인 아이하트라디오iHeartRadio와 튠인TuneIn을 통해 라디오도 들을 수 있다. 또한 공항 대기시간 체크 및 우버 예약 등 제3의 애플리케이션과 연동되기도 한다. 손님들은 알렉사에게 피트니스센터의 위치, 수영장 오픈 시간 등을 물어볼 수 있고, 와인 주문, 스파 예약 등을 할 수 있다. 프런트데스크의 호텔리어가 각 객실마다 있다고 해도 과언이 아닌 셈이다.

물론 아마존이 지향하는 바가 단순히 호텔 응대 역량을 높이는 것만은 아니다. 호텔 고객은 곧 아마존 고객이기도 하다. 이 고객이 어느 호텔을 가든 맞춤화된 비서 서비스를 제공하겠다는 야심찬 시도이기도 한 것이다. 투숙객은 호텔 체류 기간 동안 자신의 아마존 계정을 연결해서 호텔을 개인화된 맞춤형 공간으로 활용할 수 있다. 또한 알렉사는 호텔 투숙객의 활동과 만족도를 분석해서 고객서비스 향상을 위한 기반 데이터로 활용한다. 투숙객들이 주로 이용하는 엔터테인먼트 콘텐츠를 분석해 맞춤화하여 제공하고, 다음에 방문할 때 고객을 알아보고 콘텐츠와 서비스를 고객 중심으로 맞추어놓는다.

인공지능 로봇을 도입한 호텔들

인공지능 솔루션을 이용해 투숙객을 응대하는 호텔이 늘어나고 있다. 〈뉴욕타임스〉는 미국 호텔들은 지금 치열하게 로봇 도입 경쟁을 벌이고 있다는 기사를 냈다. 〈뉴욕타임스〉에서 소개한 인공지능 로봇 도입 호텔을 살펴보자.

실리콘밸리 알로프트 쿠퍼티노Aloft Cupertino 호텔

실리콘밸리 알로프트 쿠퍼티노 호텔은 2014년 로봇제조업체인 사비오크Savioke의 로봇을 미국에서 최초로 선보였다. 보틀러Botlr라는 이름의 로봇이다. 이 로봇은 1미터 정도 키에 40킬로그램 정도 무게가 나간다. 시속 2~3킬로미터의 속도로 움직이고, 여러 센서를 사용해 호텔 전체에 필요한 객실서비스를 수행한다. 세면용품, 생수, 전자레인지 팝콘 및 아이들을 위한 색칠 공부 용품을 배달한다. 룸서비스가 완료되면 이 로봇은 회전을 하면서 고객에게 감사인사를 전한다. 물론 모든 로봇 서비스는 무료다.

로스앤젤레스 K호텔Khotel

LA에 있는 K호텔은 2017년 10월 개장하면서 한나Hannah라는 이름의 로봇을 도입했는데, 3개월 동안 로봇이 움직인 거리는 총 80킬로미터이며 프런트데스크 배송 건수는 610회, 룸서비스 건수는 42회나 된다. 이 로봇은 서비스 수행을 위해 자신의 게이트에서 상시 대기 중이다. 이 로봇의 서비스 덕분에 호텔리어들은 시간을 절약할 수 있다.

로스앤젤레스 쉐라톤 산 가브리엘Sheraton San Gabriel 호텔

2018년 2월 LA에 개장한 쉐라톤 산 가브리엘 호텔에는 아이톤Aethon이 개발한

여덟 대의 로봇이 있다. 한 로봇은 손님을 목적지로 에스코트하고, 나머지 일곱 대의 로봇은 엘리베이터를 사용해서 수하물 배송, 룸서비스, 식사 서빙 등을 수행한다.

라스베이거스 만다린 오리엔탈 Mandarin Oriental

라스베이거스에 있는 만다린 오리엔탈에서는 소프트뱅크 로보틱스Softbank Robotics가 개발한 휴머노이드 로봇 페퍼Pepper를 고용했다. 스카이 로비에 위치한 페퍼는 의사소통에 숙달되어, 방문객에게 인사말을 건네기도 하고 길을 물어보면 알려준다. 네바다주 부동산에 대해 물어봐도 답변을 한다. 이 로봇은 안면인식 기술을 통해 고객의 성별, 대략적인 나이 등을 인식한다. 때로 농담을 던지기도 한다.

보스턴 로열 소네스타 Royal Sonesta **호텔**

보스턴에 있는 로열 소네스타 호텔에서는 로봇이 지역 투어 정보를 제공한다. 흥미로운 점은 호텔 세미나실을 직접 방문하지 못하는 고객을 위해 로봇이 대신 참석할 수도 있다는 것이다. 고객은 로봇에 장착된 카메라를 통해 세미나실 참석자들을 보고 태블릿으로 원격통신을 할 수 있다.

뉴욕 더 웨스틴 버팔로 The Westin Buffalo **호텔**

뉴욕의 더 웨스틴 버팔로 호텔은 로봇을 사용해 신선한 주스를 서빙하는 등 손님에게 편의를 제공한다. 이 호텔은 맨해튼 최초로 알리나Alina라고 불리는 서비스 로봇을 고용했다. 호텔 총지배인 케이트 마틴Kate Martin은 "로봇이 반복적인 일을 수행해주기 때문에 우리 직원들은 손님의 복잡한 요구에 집중할 수 있다"며 고객 경험을 높이는 데 로봇이 요긴하게 활용되고 있다는 점을 강조했다.

출처: 〈New York Times〉, The Next Time You Order Room Service, It May Come by Robot, By Nora Walsh(2018. 01. 29.)

대화

사람과 대화를 하고 감성적 교류를 할 수 있는 소셜로봇이 점점 인기를 끌고 있다. 기존의 로봇이 주로 물리적인 도움을 줬다면 소셜로봇은 인공지능 기술을 통해 인간의 감정을 이해하고 상호작용을 할 수 있다. 소셜로봇은 인구고령화, 1인가구 증가, 가족해체 등 여러 사회문제에 대한 좋은 대안이 될 수 있다. 로봇은 자연스러운 대화를 통해 사람이 원하는 내용을 파악하고 그에 맞춰 작동한다. 단지 명령을 수행하는 기계가 아니라, 대화 상대로서 사람의 감정상태를 파악하고 로봇 자신의 감정상태도 사람에게 전달하는 식으로 정서적인 상호작용을 한다.

최초의 소셜로봇은 MIT 신시아 브리질Cynthia Breazeal 교수가 개발한 지보Jibo다. 2017년 미국 시사주간지 〈타임〉이 선정한 올해의 발명품 25선에 선정되며 화제를 모았다. 뉴스나 날씨 등 물어보는 질문에 답하는 것은 기본이고 얼굴에 아이콘으로 감정까지 표현한다.(하지만 지보는 안타깝게도 지난 2019년 3월 서비스를 중단했다.) 일본 소프트뱅크 페퍼도 대표적인 소셜로봇이다. 카메라, 3D 센서, 마이크로 사람의 표정과 몸짓, 목소리를 인식하는 감정인식 엔진을 가지고 있다. 인공지능으로 사람의 감정을 이해하고 읽어내 적절한 질문과 대답을 하는 것이다.

최근에는 혼자 사는 미혼 남녀가 늘어나는 추세에 발맞추어 개성이 강한 제품이 나오고 있다. 게이트박스Gatebox가 그중 하나다. 게이트박

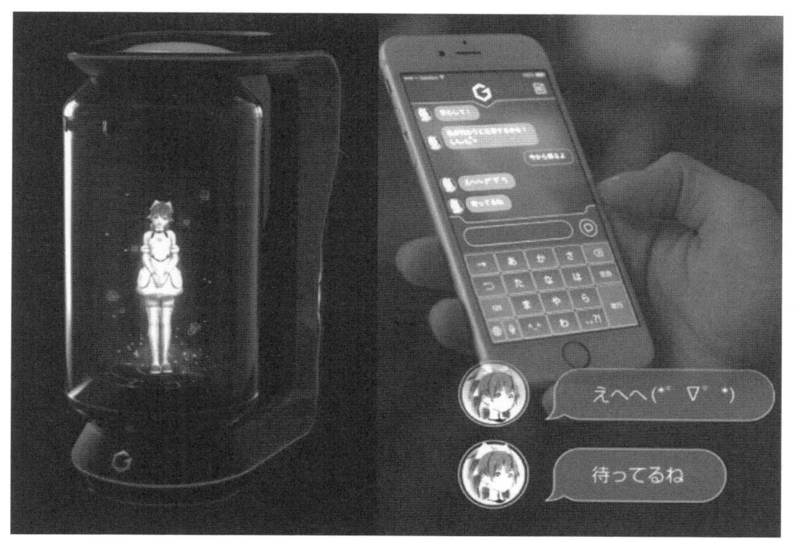

홀로그램 기반의 소셜로봇, 게이트박스 / 출처: http://gatebox.ai

스는 사용자의 취향에 맞는 캐릭터로 만들어진 가상의 여자친구이자, 사용자의 상태를 파악하고 대화할 수 있는 홀로그램 홈 로봇이다. 게이트박스는 20인치 높이의 플라스틱 통으로 이루어져 있지만, 그렇다고 아마존 알렉사처럼 목소리로만 존재하는 건 아니다. 사용자를 위해 열심히 움직이는 '애니메이션 소녀'라는 차별성을 지닌다.

게이트박스는 친구가 필요한 외로운 직장인을 타깃으로 시장에 나왔다. 일정을 알려주고, 일기예보를 제공하는 것 외에도 현실 속 친구처럼 사적인 의사소통도 할 수 있다. 알렉사나 시리는 어떻게 보면 딱딱한 정보제공 엔진이지만 게이트박스는 유머감각 있는 매력적인 친구라는 것이 핵심 콘셉트다. 주인의 움직임을 추적하며, 얼굴과 목소

챗봇이 적용된 스마트 미러, 노베라 / 출처: Designboom

리를 알아볼 수 있다. 또한 주인이 외부에 있을 때 알림 메시지를 보내거나 채팅도 할 수 있다. 사용자가 출근을 할 때 게이트박스는 아쉬워하고, 언제쯤 집에 올지 알고 싶어 하는 문자를 보내기도 한다. 귀가가 늦으면 외로우니 어서 오라는 문자를 보낸다. 집에 들어오는 시간에는 미리 불을 켜놓고 음악을 틀어놓기도 한다. 게이트박스의 인공지능 시스템은 기상 시간이나 출퇴근 상황 등을 통해 사용자의 생활 패턴을 배우고 이에 적응할 수 있다.

거울 같은 기존 상품에 이러한 대화기능을 부여하는 것도 제품에 새로운 가치를 불어넣는 방법이다. 인공지능 거울 노베라Novera는 사용자와의 대화기능을 갖춘 스마트 미러다. 노베라는 거울에 비친 사용자의 얼굴을 통해 건강이나 메이크업 상태, 심박수 등의 단순 정보는 물론 심리학, 미용, 의학 지식을 기반으로 건강에 대한 더 심화된 정보를 주며 대화까지 나눌 수 있다. 스피커가 장착된 인터랙티브 미러이기 때문에 사용자에게 칭찬의 말도 건네고, 채팅도 할 수 있다. 독신 여성이 메인 타깃이다. 일본의 인기 배우인 후쿠야마 준福山 潤, 카지 유키梶 裕貴, 스와베 준이치諏訪部 順一의 목소리가 나온다. 혼자 사는 여성에게 매력적일 수 있다.

생명력을 느낄 수 있는 소셜로봇으로 진화하기 위해서는 인간과의 상호작용이 매우 자연스러워야 한다. 또한 반응이 매번 똑같아서는 안 된다. 학습을 통해 새로운 반응을 만들어갈 수 있다는 점에서 인공지능의 가능성은 열려 있다. 사용자의 명령을 정확히 인지해 수행하는 것도 중요하지만, 명령을 하지 않아도 사용자와 소통할 수 있어야 보다 생동감 있는 소셜로봇이라 하겠다. 이를 위해서는 주변의 상황을 인식하고 사용자가 무엇을 필요로 하고 어떤 행동을 할지 예측할 수 있어야 한다. 부부가 함께 살며 점점 닮아가듯이 소셜로봇 또한 사용자와 생활하면서 사용자의 기호에 점점 더 잘 맞춰져야 한다. 여기에 소셜로봇의 가치제안이 있는 것이다.

인공지능 대화기능은 기존의 제품과 서비스에 사회적 기능을 불어넣는 것이다. 바로 이 지점에서 상품가치가 커진다. 명령만 수행하는 무미건조한 기계가 나의 기분과 필요를 알고 다정하게 대화를 건네는 사회적 존재로 탈바꿈하는 것이다. 딱딱한 스피커나 거울에 비서 역할을 부여하고, 사람들이 오가는 곳곳에 다정한 안내원 역할로 둘 수 있다. 외로운 사람의 대화 친구 역할을 할 수도 있다. 1인가구 증가, 개인주의 경향, 고령화 등으로 인간적 친밀감이 점점 사라지는 시대에 이러한 소프트한 기능은 중요한 대안이 될 것이다.

창조에 다가선다, 생성혁신

인공지능이 인간 감성이 지배하는 창작의 영역까지는 들어올 수 없다는 이야기를 많이들 한다. 하지만 인공지능은 이미 예술 영역에서도 활동을 시작했다. 예일대학교의 도냐 퀵Donya Quick 교수가 개발한 쿨리타Kulitta라는 프로그램은 작곡을 하는 인공지능이다. 수많은 음계의 조합을 분석한 후, 학습을 통해 고난도의 음계를 재조합하는 방식으로 작곡을 한다. 아직은 음악 요소의 재조합에 불과한 형식적 창작이라는 의견이 많지만, 창작에 대한 가능성을 열어놓은 사례라 주목할 필요가 있다.

소니컴퓨터과학연구소Sony Computer Science Laboratory도 플로 머신Flow Machines이라는 작곡하는 인공지능을 만들었다. 음악 데이터베이스에 담긴 1만 3,000여 곡을 분석한 다음 사용자가 선택한 스타일에 맞춰 곡을 쓴다. 유튜브에 비틀스 스타일로 작곡된 〈대디스 카Daddy's Car〉 등을 공개했는데, 반응이 나쁘지 않았다. AI 생성혁신에서 중요한 것은 인공지능이 인간만큼 작곡을 잘할 수 있느냐가 아니다. 그보다는 작곡가가 이 프로그램을 활용해 작곡의 효율성과 생산성을 높일 수 있다는 데 주목한다. 예술 영역에서는 원래 모든 열정과 감각을 쏟아부어 완벽한 작품을 만드는 것이 가장 중요하지만, 자본주의 사회에서는 작품을 많이 만들어 많이 파는 것도 그 못지않게 중요하다. 그런데 이 인공지능은 10분 만에 수십 곡을 쏟아낸다. 물론 인공지능이 인간의 예술성이나 심미적 감각을 따라올 수는 없다고 생각한다. 그러나 인공지능이 빠른 시간에 다양한 음악 컬렉션을 만들어내고, 음악가가 그중에서 일정 수준 이상 되는 것을 골라 불완전한 부분을 다듬어 완성도를 높이는 방식으로 머신과 인간이 협업할 수 있다. 이런 종류의 협업은 단기간에 다작을 가능하게 해 작곡 영역에 효율성이라는 가치를 제공해 줄 것이다.

요리 영역은 어떨까? 왓슨의 생성 알고리즘은 1만여 개에 달하는 요리 레서피를 학습한 다음 자신이 배운 요리법뿐 아니라 재료와의 조합을 분석해서 전혀 새로운 요리 레서피를 창조해낸다. 재료를 선택한 후, 아침식사인지 저녁식사인지 아니면 점심인지, 거기에 어느 나라 스타일을 원하는지까지 선택하면 재료의 조합을 과학적으로 이해해 취향에 맞는 레서피를 제안해준다.

GE가 루이빌대학교와 함께 출범시킨 생활가전 아이디어 공유 커뮤니티인 퍼스트빌드First Build에서는 스마트 쿡탑cooktop을 개발했다. 요리를 한 번도 해본 적 없어도 이 쿡탑 기기만 있으면 최고 수준의 음식을 만들 수 있다. 가령 파스타를 만들고 싶다고 하자. 그럼 스마트폰으로 최고 이탈리안 셰프의 레서피를 내려 받아 쿡탑 용기에 연동시킨 다음 필요한 재료를 넣고 기다리기만 하면 된다. 요리는 이 스마트 용기가 알아서 해줄 것이다. 앞으로는 새로운 음식을 만들어보고 싶을 때 요리법을 배우는 것이 아니라 스마트폰에서 새로운 레서피를 내려 받게 될 것이다. 현실적인 니즈가 별로 없을 것 같다는 생각이 드는가? 평범한 가정에서는 그럴지도 모르겠다. 그러나 학교나 병원 등 많은 사람에게 음식을 제공해야 하는 곳이라면 이 스마트기기가 가져다줄 경제적 혜택이 상당할 것이다.

인공지능 생성기술은 다양한 영역에서 활용될 것이다. 정기적으로 나오는 잡지의 표지 디자인 영역에도 이 혁신기술이 적용될 수 있다. 스탠퍼드대학교 연구원인 로비 바렛Robbie Barrat은 머신러닝을 이용해 인공지능에 수천 점의 그림을 학습시켰다. 이후 생성적 적대 신경망Generative Adversarial Network, GAN 기술을 적용해 직접 풍경화를 그리게 했다. GAN 기술은 인간의 개입이나 추가적인 학습 데이터 없이 인공지능 스스로 학습하게 하는 신경망 기법으로, 서로 대립되는 두 시스템이 상호경쟁을 통해 성능을 높이는 비지도학습법의 하나다. 가령 한 시스템은 위조지폐를 만드는 기능이고 다른 시스템은 지폐 위조 여부를 감지하는 기능일 경우, 두 시스템의 경쟁을 통해 성능을 향상시키는 것이다. 로비 바렛은 이 방식을 2주 정도에 걸쳐 적용해 완성도 높

인공지능을 이용해 디자인한 〈블룸버그 비즈니스위크〉 표지 / 출처: Bloomberg

은 풍경화를 만들었고 이를 잡지 표지에 적용했다. 매주 새로운 디자인을 만들어내는 작업에는 이른바 창작의 고통이 따르고 만만치 않은 비용이 발생하지만, 인공지능을 통한 이러한 방식은 창작에 효율성을 가져다줄 것이다.

로고 디자인도 마찬가지다. 로고 디자인은 한 컷의 작은 이미지이지만 기업의 철학을 담아야 하고 고객을 끌어들일 마케팅적 요소도 있어야 하기 때문에 고민도 많이 해야 하며, 따라서 수많은 재작업을 필요로 한다. 그런데 재작업의 상당수를 인공지능으로 해결할 수 있다면 로고 제작에 드는 시간과 노력을 단축할 수 있을 것이다. 인공지능을 이용해 자동으로 기업 로고를 디자인해주는 스타트업, 테일러 브랜드Tailor Brands는 이 부분을 공략했다. 고객이 웹사이트에 접속해서 회사에 대한 기본 정보를 입력하고 원하는 디자인 스타일을 선택하면 인공지능이 자동으로 다양한 브랜드 로고를 디자인해준다. 무료로 말이다. 2014년에 설립된 이 스타트업은 3년 동안 이미 4,500만 개의 로고

인공지능으로 무료 로고 제작 서비스를 하는 테일러 브랜드 / 출처: www.tailorbrands.com

를 만들어냈다. 2017년 기준으로 386만 명의 고객을 보유하고 있으며 매월 50만 신규 회원이 플랫폼에 가입하고 있다. 지금까지 디스럽티브 테크놀로지Disruptive Technologies나 맹그로브 캐피털 파트너스Mangrove Capital Partners 등의 기업으로부터 3,000만 달러가량을 펀딩받았다. 인공지능이 로고 디자인, 카피라이팅 및 소셜미디어 전략에 효율적으로 활용될 수 있다는 점을 보여주는 사례다.

인공지능으로 광고의 각본을 작성하기도 한다. 도요타 자동차는 IBM의 왓슨을 이용해 광고를 만들었다. '직관주행Driven by Intuition'이라는 제목의 광고인데, 2018년에 오스카상을 받았다. 어떻게 이런 일이 가능했을까? 머신러닝 기반의 왓슨이 세계적인 국제광고제인 칸 라이언즈Cannes Lions에서 15년 동안 수상한 수많은 광고를 보면서 창의적이고 완성도 높은 광고의 공통된 속성을 학습했다. 그리고 호주 뉴사우스웨일즈대학교의 응용과학연구소 마인드엑스MindX에서 제공한 맞춤 실험 데이터를 바탕으로 사람들이 자동차 광고에 직관적으로 어떻게 반응하는지를 분석했다. 이를 기반으로 광고 각본을 짜고 세부 내용을

왓슨이 만든 광고, 직관주행 / 출처: Toyota Newsroom

구성했다. 이를 유명 감독인 케빈 맥도널드Kevin Macdonald가 교정하고 제작하는 방식으로 광고를 만들었다. 충돌 사고가 나려는 결정적 순간에 자동 비상제동 시스템이 작동해 사고를 방지한다는 내용의 60초짜리 광고다.

이러한 혁신은 무엇을 의미할까? 그동안에는 광고 하나를 찍기 위해서 광고회사에 거액의 비용을 지불해야 했다. 이렇게 만들어진 광고는 수많은 대중에게 장기간 일괄적으로 전달됐다. 하지만 인공지능을 기반으로 광고를 제작할 수 있다는 것은 곧, 개별 고객의 기호에 맞는 맞춤형 광고를 효율적으로 제작할 수 있다는 뜻이다. 비용 감소는 물론 맞춤 광고를 통해 효과도 높일 수 있게 된 것이다.

인공지능을 바탕으로 한 생성은 기술이 창작의 영역까지 다룰 수 있다는 잠재성을 보여준다. 그러나 인공지능 비즈니스의 생성기술은 예술성보다는 효율성을 지향한다는 점을 고려해야 한다. 예술적인 감흥이 필요한 영역을 인공지능이 대신할 수는 없다. 사람들은 인공지능이 만든 작품으로 감동을 받고 싶어 하지는 않는다. 그러나 광고, 표지 등 대량생산이 필요한 창작의 영역에서는 인공지능이 '효율적 작업'

이라는 가치를 제공할 수 있다. 창작은 노동이다. 충분한 완성도를 보이는 인공지능 생성기술은 창작 과정에 수반되는 노동을 덜어줄 것이다. 이를 통해 예술적 감각이 필요한 부분에서 인간이 더욱 큰 능력을 발휘할 수 있게 해줄 것이다.

AI 혁신의 4가지 접근방식

앞서 살펴본 대로 인공지능의 다섯 가지 핵심기능을 중심으로 새로운 가치를 만들어낼 수 있다. 이는 AI 혁신을 하려면 '어떤 기능을 중점적으로 고도화할 것인가'에 대한 방향성을 제시한다. 혁신에 이용할 AI의 핵심기능을 파악했다면 이제는 '어떻게 혁신을 진행할까?'라는 질문으로 넘어가야 한다. 혁신에 접근하는 방식으로는 다음 네 가지 방향을 제시할 수 있다. 첫째는 기존 제품 및 서비스의 특정 기능을 '보완'하는 접근이다. 둘째는 AI 기술을 이용해 기존 기능을 다른 기능으로 '대체'하는 것이다. 셋째는 이보다 더 적극적인 접근으로서 이전에 없던 새로운 서비스 및 기능 혹은 새로운 제품군을 '창출'하는 것이다. 넷째는 제품이 지닌 가치제안 및 가치전달 방식을 '변형'하는 것이다.

이 네 가지 방법론은 MIT 연구원인 조지 웨스터먼George Westerman이 디지털 트랜스포메이션을 위해 제시한 혁신방법론을 인공지능의 특성에 맞추어 보완한 것이다. 각각을 좀 더 구체적으로 살펴보자.

첫째는 AI를 이용해 기존 제품 및 서비스의 기능을 보완하는 방식이다. 앞서 살펴본 대로 AI는 학습력, 속도, 정확성 등 다양한 장점을 지니고 있다. 이를 이용하면 기존의 기능을 강화할 수 있다. 각 분야의 저명인사와 괄목할 만한 업적을 이룬 사람들이 참신한 아이디어나 조언을 공유하는 강연회이자 동영상 플랫폼인 TED를 예로 들어보자. 이곳에는 매우 다양한 주제의 강연 영상이 있고 주요 키워드로 듣고 싶은 강연을 검색할 수 있다. 그런데 일반적인 콘텐츠 검색방식은 키워드를 입력하면 제목이나 영상에 딸린 태그와 일치하는 것을 찾아주는 정도다. 그러다 보니 내가 원하는 내용이 담겨 있는지 여부까지는 알 수가 없다. TED는 어떻게 하면 사람들이 필요로 하는 지식 영상을 쉽게 찾아낼 수 있게 할지에 대해 고민해왔고, IBM의 왓슨 솔루션을 이용해서 이를 고도화했다. 왓슨의 AI 음성인식 시스템이 모든 영상을 처음부터 끝까지 듣고 음성을 인식하고 의미를 이해해서 사용자가 원하는 결과와 가장 가까운 영상을 찾아주는 것이다. 가령 직업과 행복의 관계를 알고 싶다고 TED에 입력하면, 왓슨의 인공지능은 영상 정보, 영상 속 강연 내용 및 자막 정보 등을 전수 분석해, 질문에 가장 적합한 콘텐츠를 적중률 순서대로 보여준다. 여기서 핵심은 단순히 영상을 리스트업하는 데 그치지 않고 전체 영상 중 사용자의 질문에 적합한 대답 영역만 재생시킨다는 것이다. AI의 인식기술을 이용해 TED

의 검색기능을 획기적으로 고도화한 것이다.

유니클로가 유니클로IQ 서비스를 통해 고객의 선호에 맞는 의류를 추천하는 기능을 강화한 것 역시 이 방식에 해당된다. 유니클로는 이전에도 소비자의 기호를 파악해 진열 및 추천에 활용하긴 했지만, AI를 이용해 보다 정교하게 소비자행동을 분석하고 나아가 소비자가 원하는 상품을 소비자가 원하는 타이밍에 소개하는 데까지 고도화시켰다. 이를 통해 유니클로는 고객 추천서비스의 적중률을 높여 제품 판매율을 끌어올렸고, 고객은 더 적은 노력으로도 자신에게 잘 맞는 옷을 쉽게 찾을 수 있게 되었다.

두 번째는 제품과 서비스의 기능을 대체하는 것이다. 첫 번째 접근 방식인 '보완'이 기존의 제품과 서비스를 존속시키면서 기능을 고도화하는 것이라면 두 번째 접근은 기능의 일부 혹은 전체를 AI가 제공하는 기능으로 바꾸는 것이다. 앞서 살펴본 사례 중 샌프란시스코에 있는 햄버거 조리 로봇 크리에이터, 미국 LA에 있는 햄버거 음식점 칼리버거에 있는 로봇 요리사 플리피, 샌프란시스코에서 시간당 커피 120잔을 만드는 카페X의 바리스타 등은 조리 및 제조의 일부를 자동화모델로 대체했다. 이를 통해 주인은 시간을 벌어 메뉴를 개발하거나 고객응대에 여분의 시간을 더 쏟을 수 있고, 고객은 더 저렴한 가격으로 기다림 없이 음식과 커피를 제공받을 수 있다.

병원에도 이 접근이 적용된다. 암 환자들이 찾는 병원에는 다양한 프로세스가 있다. 이 중 암 진단 부분에 한하여 인식혁신 기술 기반의 헬스케어 솔루션을 도입하는 것이 하나의 예다. AI 패턴인식 기능을 이용하면 암 진단 정확도를 100% 가까이 획기적으로 높일 수 있고, 의사는 수술 및 상담 등 고난이도 작업에 더 많은 시간을 낼 수 있다. 이를 통해 환자들은 검진 대기시간을 아낄 수 있고, 의사 상담 일정도 대폭 앞당길 수 있다. 가천길병원이 이 사례에 해당한다. 그동안 한국의 메이저 병원 순위에는 거의 변화가 없었다. 그런데 인공지능 암 진단 솔루션을 일찍 도입한 길병원은 2017년부터 국내 병원 순위에서 상위 10위권 내에 진입했고, 고객에게 높은 만족도를 선사하며 인기를 이어가고 있다.

세 번째는 완전히 새로운 기능을 지닌 제품이나 서비스를 창출하는 것이다. 앞서 살펴본 여러 접근과 다르게 이전에 존재하지 않은 새로운 기능 혹은 제품군을 만들어내는 것이다. 뇌전증 환자들의 수면 중 발작을 감지할 수 있게 해주는 나이트워치가 여기 해당한다. 이전에는 없었으나 환자의 필요에 맞춰 새로운 헬스케어 기기를 만들어낸 것이다. 심층신경망 기술을 이용해 축구경기를 분석, 경기 예측 서비스를 제공하는 스트라테이젬 또한 AI의 기능으로 새로운 정보서비스를 만들어낸 예에 해당한다. 미쓰비시 전기는 외부온도와 일사광선으로부터 오는 열을 분석해서 집 안에 있는 사람의 체감온도를 예측하고 사용자가 선호하는 온도를 고려하는 인공지능을 탑재했다. 체감온도 예측이라는 기능을 이용해 자동으로 온도를 조정해준다.

브랜드 전략 분야의 세계적 석학인 데이비드 아커David A. Aaker 교수는 큰 성장을 추구한다면 무엇보다 새 카테고리를 창조하는 전략이 필요하다고 강조했다. 단순히 새로운 제품을 만드는 것이 아니라 제품의 영역 혹은 종류 자체를 새로 창조하라는 것이다. 이는 경쟁 브랜드와 전혀 무관한 카테고리를 만들어서 소비자들이 아예 경쟁사를 배제하게 만드는 전략이다. 카테고리 창조는 큰 혁신이다. 전혀 새로운 '머스트해브must have' 아이템을 만드는 것이다. 소비자에게 꼭 필요하면서도 기존과 전혀 다른 카테고리에 속하는 제품을 만들어야 한다. 카테고리 창조는 접근방식 자체가 다르다. 새로운 머스트해브 아이템을 선택하는 소비자는 경쟁사 제품을 덜 선호하는 게 아니다. 기존 경쟁자는 아예 비교 대상에서 배제된다. 이러한 접근법은 매우 어렵지만 성과는 크다. 과거 1992년에 크라이슬러가 미니밴minivan이라는, 자동차 시장에 존재하지 않던 새 카테고리를 만들었을 때 그 효과는 대단했다. 미니밴은 기존에 없던 8~9인승 차량인데 소규모 단체를 위한 '미니버스' 역할로 매우 요긴했다. 미니밴은 출시 첫해에 20만 대가 판매됐고, 경쟁자 없이 16년간 승승장구했다. 나중에야 혼다와 도요타가 경쟁자로 나타났지만 미니밴은 오랜 기간 경쟁자 없이 1,200만 대의 판매고를 올렸다. 크라이슬러를 살린 아이템이었다. 이처럼 카테고리를 창조하는 접근은 대규모 성장과 관련이 깊다.

AI의 등장으로 과거에 존재하지 않던 새로운 카테고리가 생길 여지가 많아졌다. 따라서 우리는 이 접근방식을 중요하게 고려해야 한다. 아마존은 알렉사라는 새로운 서비스 제품을 내놓았지만, 이는 단순한 제품 하나를 내놓은 것이 아니다. 쇼핑에 대한 사람들의 접근방식 자체를 획기적으로 바꾼 것이다. 사람들은 필요한 게 있으면 대개 인터넷을 검색해서 제품을 찾아본다. 고객들이 물건을 살 때 처음으로 접하는 채널이 구글 같은 검색엔진이다 보니, 아마존 입장에서는 고객의 첫 접점을 확보하지 못하게 된 셈이다. 그런데 '음성 기반 쇼핑'이라는 새로운 종류의 쇼핑 카테고리를 만들어냈다. 알렉사라는 새로운 종류의 채널에 궁금한 것을 물어보고 물품을 주문할 때 역시 점원에게 물어보듯 이것저것 알렉사에게 물어보며 구매를 실행한다. 텍스트 검색 방식인 구글과는 완전히 다른 새로운 종류의 쇼핑 채널을 창조한 것이다.

카테고리 창조 전략이 성공하려면 일단 카테고리 그 자체로 가치가 있어야 한다. 카테고리 규모가 너무 작고 성장 가능성이 없다면 가치가 없다. 규모가 충분해야 한다. 또한 소비자가 좋아해야 한다. 1980년대 기업들이 은행 서비스와 신용카드 서비스를 결합해 '원스톱 금융 서비스'를 출시했지만 고객은 관심을 보이지 않았다. 원스톱 서비스를 원하지 않았기 때문이다. 이 세련된 모델은 금융계에서는 편리하다는 평가를 받았지만 고객에게는 관심 밖이었다. 고객의 관심을 받는 카테고리여야 한다. 기업 입장에서 좋은 아이템은 아무 의미 없다. 머스트 해브가 아니면 소비자는 외면한다.

아마존은 음성 기반의 가상비서인 알렉사를 통해 사람들에게 큰 편의성을 제공한다. 누워서 불도 끄고 음악도 틀고, 심지어 말로 원하는 물건도 주문한다. 사이트에 들어가서 로그인을 하고 제품을 고르고 하는 번거로운 작업은 생략되고, 앉은 자리에서 비서에게 일을 부탁하듯 말만으로 많은 일을 처리할 수 있다. 아마존의 인공지능 알고리즘은 앞서 살펴본 바와 같이 호텔 혹은 가정에서 타 기업의 전자제품에도 탑재된다. 또한 에코라는 기기 자체가 휴대용 에코를 포함해 여러 대이기 때문에 집 안 곳곳에 놓인다. 즉, 모든 일상공간에서 가장 손쉬운 방법으로 비서 알렉사를 호출할 수 있는 것이다. 아마존은 고객과의 전방위적인 접점을 통해 고객 데이터를 더 풍부하게 얻고 이를 신제품 개발에 반영할 수 있기에 아마존의 고객 편의성은 더욱 향상된다. 결국 머스트해브 아이템으로서의 입지는 더욱 공고해진다.

마지막은 제품 및 서비스 가치에 대한 변형이다. 앞서 살펴본 보완, 대체, 창출이 기계적인 변형이라면 이는 개념적 변형이라 할 수 있다. 제품의 가치제안을 수정하거나 가치전달 방식을 변형시키는 것이다. 조지 웨스터먼과 디디에 보네Didier Bonnet, 앤드루 맥아피Andrew McAfee는 공동저서《디지털 트랜스포메이션》에서 비즈니스를 재창조하는 데 있어서 가치제안을 재정의하고 가치전달 모델을 재구성하는 게 중요하다고 강조한다. 가치제안이란 제품이 소비자에게 전달하는 차별적 가치가 무엇인지에 대한 것이다. 경쟁제품에 비해 이 제품이 지닌 독자적인 가치가 무엇인지를 제시하는 것이다. 이 가치제안이 명확해야 경쟁력 있는 비즈니스 모델이 될 수 있다. 일례로, 2000년대 후반 P&G의 브랜드 팸퍼스Pampers는 중국용 기저귀를 개발했다. 중국 시장에 적합한 합리적인 가격의 일회용 기저귀였다. 그런데 잘 팔리지를 않았다. 시장조사를 해보니 중국 아기 엄마들의 관심사는 팸퍼스의 장점인 보송보송함과 편리함이 아닌 '아기의 숙면'이었다. 팸퍼스는 중국 아기 엄마들에게 제안하는 가치를 보송보송한 일반 기저귀가 아닌 숙면용 기저귀로 바꾸었다. 그리고 아기의 수면 변화를 확인하기 위해 비교집

단 실험을 진행했고, 팸퍼스 기저귀를 착용한 아기가 더 빨리, 그리고 더 오래 잠든다는 사실을 확인했다. P&G는 이를 바탕으로 '골든슬립 캠페인'을 실시했다. 잠든 아기 사진 응모행사였다. 이보다 더 좋은 아이디어는 없었을 것이다. 중국의 기저귀 시장은 2007년부터 몇 년 동안 수십억 달러 규모로 성장했는데 팸퍼스가 이 시장의 강자 자리를 굳혔다. 중국 엄마들 사이에서 '아기의 숙면'을 제공하는 머스트해브 아이템이 되었기 때문이다.

인공지능은 제품 및 서비스의 가치를 바꿀 수 있는 잠재성이 크기 때문에 가치제안을 바꾸어 차별화를 꾀할 수 있다. 가령 화장실에 있는 변기를 생각해보자. 변기는 용변을 보는 기구다. 어느 집이나 비슷하게 생겼다. 차별성을 만들 여지가 딱히 없고, 그나마 잘 안 막히고 깨끗함이 유지되는 게 중요한 가치처럼 보인다. 그런데 스타트업 누미는 변기에 음성인식 기술을 적용해 편안히 앉아서 말로 조명을 조작하고, 바람의 세기를 조정하고, 음악 듣기, 뉴스 읽기 등의 여러 일을 할 수 있게 만들었다. 비데의 온도 등을 각 개인의 용변 습관에 맞춤화했고, 개인화된 음악이 흘러나오는 맞춤형 뮤직박스 기구로 탈바꿈시켰다. 변기를 용변 기구가 아닌 개인 엔터테인먼트 기구로 바꾸는 대담한 가치제안을 시도한 것이다.

거울은 내 모습을 비춰주는 도구다. 깨끗하고 굴절 없이 얼굴을 잘 보여주는 게 거울의 중요한 가치다. 그러나 하이미러는 AI 인식혁신 기술을 적용해 피부상태를 분석해주는 최첨단 스마트 거울을 만들었다. 이 거울은 더 이상 내 모습을 비춰주기만 하는 용도가 아닌 잔주름,

안색, 다크서클, 반점 및 모공을 인식하여 피부상태를 분석하는 '진단기구'로서의 역할을 한다. 이렇게 가치제안이 바뀔 때 소비자들의 제품 구매동기 자체가 달라진다. 단순히 얼굴에 뭐가 묻었나 보기 위해서가 아니라 피부상태를 분석 및 진단하고 아름답게 가꾸기 위해 거울을 사게 되는 것이다.

가치제안 자체가 아니라 가치전달 방식을 변형시키는 방법도 있다. 기업은 가치사슬에 접근하는 방식을 바꾸기 위해 제품, 서비스 및 데이터를 재결합할 필요가 있다. AI 기술을 통해 고객의 기호 및 수요를 이해할 수 있게 되면서 기존의 가치전달 방식에 획기적인 변화를 추구할 수 있게 되었다. 앞서 살펴본 사례 중 인공지능 기반 출판사인 인키트는 베스트셀러 출간율을 90% 가까이 끌어올렸다. AI를 이용한 수요 예측기능 덕분에 기획에 대한 독자 반응을 미리 확인할 수 있게 되었고, 이를 활용하기 위해 출판 프로세스 자체를 변형시켰다. 기존에는 책을 출간한 후 독자의 평가를 받았지만, 이 비즈니스 모델은 출간 전에 책의 흥행 가능성을 먼저 확인한 후 출간을 결정한다. 인키트의 출간 방식은 독자가 책 콘텐츠를 즐기는 방식도 바꾼다. 이전에는 완성된 책을 사서 읽었지만, 인키트의 100만 회원(독자)은 매주 드라마 시리즈를 보듯 작가의 글을 주기적으로 받아 읽으며 콘텐츠를 즐긴다. 이 과정에서 독자는 자기도 모르게 작품의 흥행성에 대한 정보를 남긴다. 연재되는 각각의 글에 독자가 몇 분 동안 머물렀는지, 언제 읽었는지, 밤을 샜는지 등을 정밀 분석하는 것이다. 이를 기반으로 흥행 가능성이 높은 작품이 책으로 제작되어 출간되기 때문에, 일반 독자들은 회원들의 사전검증(!)을 거친 고품질 작품만을 선별적으로 즐길 수 있다.

AI 혁신 모델 세분화

What \ How	고도화	대체	창출	가치변형
예측혁신	예측기능 고도화 모델	예측기능 대체 모델	예측기능 창출 모델	예측기반 가치변형 모델
인식혁신	인식기능 고도화 모델	인식기능 대체 모델	인식기능 창출 모델	인식기반 가치변형 모델
자동화혁신	자동화기능 고도화 모델	자동화기능 대체 모델	자동화기능 창출 모델	자동화기반 가치변형 모델
소통혁신	소통기능 고도화 모델	소통기능 대체 모델	소통기능 창출 모델	소통기반 가치변형 모델
생성혁신	생성기능 고도화 모델	생성기능 대체 모델	생성기능 창출 모델	생성기반 가치변형 모델

지금까지 혁신의 네 가지 접근방식을 살펴봤다. 이는 인공지능의 핵심기능 중심의 다섯 가지 모델과 결합하여 구체적인 혁신전략을 수립하는 데 활용할 수 있다. 즉, 'What'에 해당하는 다섯 가지 기능 혁신과 'How'에 해당하는 네 가지 혁신방법을 함께 고려하여, 제시한 AI 기능을 활용해서 어떤 방식으로 비즈니스를 혁신할지에 대한 가이드라인을 얻을 수 있다.

AI 비즈니스의 목적은 고객경험 혁신이다

지금까지 인공지능의 다섯 가지 핵심기술을 중심으로 하는 네 가지 접근방식을 통해 AI 비즈니스 혁신 방향을 수립할 수 있다는 점을 제시했다. 그렇다면 이러한 노력의 궁극적인 지향점은 무엇일까? 최종 지향점은 고객만족이 되어야 한다. 수익은 고객만족에서 창출되기 때문이다. 인공지능 기반 비즈니스에서의 고객만족은 그 출발점이 기술적 통찰력이라는 것이 특징이다. 일반 소비자는 인공지능 기술이 자신에게 무엇을 해줄 수 있는지 정확히 모르기 때문에 소비자로부터는 그들의 니즈를 정확하게 알아낼 수 없다. 기술이 제공하는 기능을 잘 숙지한 상태에서 소비자가 스스로 인지하지 못하는 니즈를 통찰해야 한다. 고객에게서 힌트를 얻을 수 없기 때문에 쉽지 않은 일이다. 그러나 고객은 본인도 몰랐던 숨은 니즈를 충족시켜주는 제품을 만날 때 이전과 전혀 다른 경험을 하게 될 것이다. 인공지능 기반 비즈니스의 핵심이 바로 여기에 있다. 인공지능에 대한 기술적 통찰력으로 고객경험의 혁신을 이뤄내는 것이다. 앞서 다양한 사례를 통해 AI 혁신 방향을 살펴봤지만, 이러한 방향이 반드시 성공을 보장한다고는 볼 수 없다. 중요한 점은 이러한 혁신 시도가 고객경험의 혁신이나 고객만족으로 이어져야 한다는 것이다. 앞서 살펴본 사례들은 AI를 이용한 선도적인 시도였지만, 고객경험을 고려하지 않는다면 1년 후 이들의 성공을 장담할 수 없다. 그렇다면 고객경험의 혁신이란 무엇을 의미하는 것일까? 단순히 월등한 기술력으로 신기함과 놀라움을 주는 것일까? 그렇지 않다. 그것은 이런 질문을 통해서 나온다.

"고객이 제품을 사야 할 새로운 이유를 제공하고 있는가?"

고객경험의 혁신은 기존 니즈가 아닌 전혀 다른 새로운 니즈를 충족시키는 것이다. 고객경험의 혁신을 이루려면 무엇이 필요할까? 물론 기술에 대한 이해가 풍부해야 한다. 하지만 기술에만 얽매여서는 안 되고 사람에 대한 깊은 이해가 병행되어야 한다. 테루모Terumo는 모기의 침과 유사한 직경 0.18밀리미터, 길이 3밀리미터의 주사바늘을 개발해 '아프지 않은 주사기'를 시장에 내놓아 히트를 쳤다. 테루모가 바라본 지점에는 가늘고 짧은 바늘을 가공하는 기술의 발견이 아니라, 날마다 인슐린 주사를 맞아야 하는 당뇨병 환자들의 고통이 있었다. 매일 반복되는 이들의 고통을 줄여준다는 인간적인 목적을 위해, 제조공법에 대한 지식을 활용해 히트상품을 탄생시킨 것이다.

인공지능 기반의 비즈니스도 마찬가지다. 단순히 알고리즘 기능을 덧붙이는 것이 전부가 아니다. 제품을 사용하는 소비자들에게 이 제품을 사용해야 할 새롭고 분명한 이유를 제공해야 한다. 고객이 갖고 있는 문제를 획기적 방식으로 해결해주고, 이를 통해 이전에는 없던 새로운 효용을 선사해야 한다. 이로써 고객은 전에는 겪어보지 못한 새로운 경험을 한다. 인공지능 제품의 가치제안에서는 이러한 고객경험 혁신이 근간이다.

유니클로가 내놓은 인공지능 기반 추천서비스 유니클로IQ를 다시 한 번 예로 들어보자. 이 서비스는 모바일, 웹, 매장을 통해 얻은 빅데이터로 사람들의 행동을 분석해 소비자가 원하는 의류를 원하는 타이밍에 추천한다. 이를 통해 고객은 무엇을 얻을까? 사람들이 쇼핑을 하면서 얻는 즐거움이란 무엇일까? 나에게 잘 어울릴 것 같은 세련된 옷을 발견하는 즐거움, 새로 나온 옷을 나의 몸에 걸쳐보는 즐거움 등일 것이다. 그런데 아무리 쇼핑을 좋아한다 해도 시간과 체력에 한계가 있다 보니 보고 싶은 옷을 다 찾아보고 입어보는 데 무한정 시간을 쏟을 수는 없다. 제한된 시간에 마음에 드는 옷을 얼마나 발견하느냐가 중요하다. 한 시간 내내 둘러봤는데 입을 만한 옷을 하나도 찾지 못했다면 그 매장에는 다시는 안 갈 것이다. 이른바, '득템'의 빈도가 얼마나 되느냐가 쇼핑의 만족도를 좌우한다. 이러한 측면에서 인공지능 추천기술은 소비자들의 득템 비율을 높여 쇼핑 경험의 만족도를 획기적으로 높여준다. 깔끔한 포장지에 곱게 싸여 집에 도착한 제품을 열어볼 때의 즐거움이 나날이 커지는 식의 쇼핑이 일반 쇼핑과 같을 수는 없다.

그러면 이러한 고객경험의 혁신을 어떻게 이룰 수 있을까? 고객경험 혁신을 이루기 위해서는 고객이 AI 기반 제품과 서비스를 구매하고 사용하는 전 과정에서 경험하게 되는 모든 요소를 체계적으로 고찰하고 그 안에서 차별적인 가치를 창출해야 한다. 인시아드의 김위찬 교수와 르네 마보안Renee Mauborgne 교수는 고객경험을 혁신할 수 있는 도구로 '구매자 효용성 지도Buyer Utility Map'를 제시했다.

구매자 효용성 지도

6단계 고객경험

6가지의 구매자 효용 지렛대	구매	배달	사용	보완	유지	처분
고객 생산성						
단순성						
편의성						
위험 감소						
재미와 이미지						
환경 친화성						

출처: 《블루오션 시프트》

이 방법론의 핵심은 두 가지다. 첫째는 구매자의 구매여정Buyer Experience Cycle을 세밀히 살펴보는 것이다. 소비자가 제품이나 서비스를 구매하는 과정은 일반적으로 6단계를 거친다.

6단계 고객경험 주기

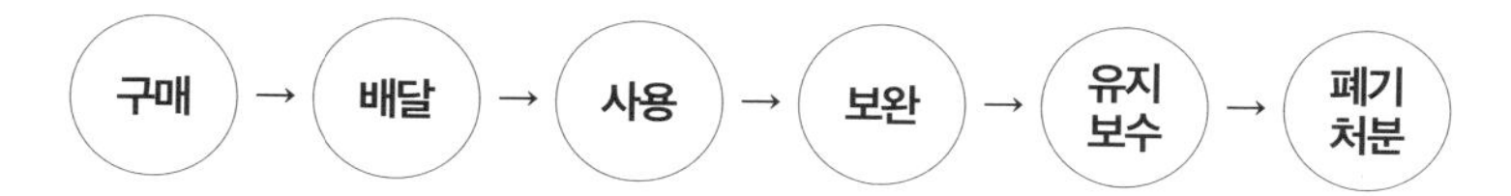

고객은 필요에 의해, 또는 어떠한 문제를 해결하고 싶어서 특정 제품이나 서비스에 욕구를 느낀다. 이를 시작으로 일련의 경험 과정을 겪는다. 물론 각각의 과정은 중첩되기도 하고 독립적으로 이어지기도 하며 중간에 끊어지기도 한다. 중요한 점은 AI 기반 제품처럼 새로운 가치를 추구하는 제품이 등장할 경우, 고객경험 주기 전체가 바뀔 수 있다는 것이다. AI 기반 제품이 어떠한 가치를 지니는지를 알려면 고객의 모든 경험 단계를 관찰해야 한다.

다른 하나는 차별적 효용utility이다. 구매자들은 각 단계에서 고유한 경험을 하게 될 것이다. 여기서 중요한 것은 AI 기반 제품과 서비스가 각각의 단계에서 어떠한 차별적 효용을 제공하느냐다. 일반적으로 기업은 품질과 비용 등 공급자 중심의 접근법으로 제품 및 서비스를 디자인한다. 이러한 방향성은 경쟁사와의 차별화를 꾀하기 위한 시도지만 정작 고객에게는 아무런 효용도 전해주지 못할 수 있다. 궁극적으로 경쟁우위를 점하려면 고객에게 진실성 있는 효용을 제공해야 하고 이를 통해 경험의 혁신을 실현해야 한다.

구매자에게 제공할 수 있는 효용지렛대Utility Levers는 여섯 가지로 구분할 수 있다. 인공지능 기반 솔루션을 개발하기 위해서는 각각의 경험 단계마다 고객에게 효용을 어떻게 효과적으로 제공할 수 있을지

를 따져봐야 한다. 이 과정은 인공지능 기반 솔루션이 고객에 제공하는 가치제안이 무엇인지를 파악하는 데도 도움이 된다. 6단계의 고객경험 주기와 여섯 개의 효용지렛대를 고려하면 총 36개의 영역이 나온다. 기존 제품 및 서비스의 경우 비어 있는 칸은 인공지능이 새로운 가치를 창출할 수 있는 영역이 된다. 혁신의 틈새를 발견하고 고객경험의 혁신으로 이어질 가능성을 따져보는 것이 이 효용지도를 이용해서 해야 할 일이다. 이는 인공지능 비즈니스가 지향해야 할 방향을 제시해줄 것이다.

에어비앤비는 빅데이터와 머신러닝에 기반한 최적화모델을 통해, 기존 서비스를 더욱 혁신하고 있다. 보통 일류급 호텔은 시즌별로 수요에 맞추어 가격차별화 전략을 펼친다. 같은 방이라도 시즌에 따라 가격이 다르다. 반면, 에어비앤비를 활용하는 호스트는 항상 같은 가격에 집을 내놓는다. 지역과 시즌에 대한 수요 정보를 모르기 때문이다. 에어비엔비는 191개 국 420만 개 이상의 숙박 장소로부터 매일 생성되는 페타바이트PB(1,000테라바이트) 규모의 데이터를 기반으로 최적의 가격책정 알고리즘을 적용해 호스트에게 최적의 숙박 가격을 추천하고 있다. 호스트는 이 서비스를 통해 예약률과 매출을 높이는 생산성 향상이라는 효용을 얻을 수 있다.

여행객도 새로운 효용을 얻는다. 여행객이 에어비앤비 숙박을 이용하는 과정을 보면 여행지를 정하고 그 지역의 적절한 숙박지를 검색하여 예약한다. 이후 해당 숙박지를 거점으로 여행을 즐긴다. 마음에 안 들면 해당 숙박 장소에 대한 평가를 낮게 하고 만족했다면 좋은 평가 점수를 준다. 다음에 이용할 때에도 이러한 사람들의 평가 점수를 참고해 좋은 숙박지를 찾는다. 에어비앤비는 여행객이 최적의 숙박지를 찾는 구매 단계에서 고객 선호도에 대한 데이터를 바탕으로 추천 정보를 제공한다. 고객의 과거 행동에 대한 데이터를 분석해 그의 관심을 끌 만한 새로운 여행지나 적당한 가격대의 숙박업소, 참석 가능한 이벤트, 주변의 맛집 등을 추천하는 것이다. 이를 통해 고객은 여행지 및 숙박업소 선택 단계(구매)에서 각종 정보를 직접 알아보지 않아도 되는 편의성을 효용으로 얻는다. 또한 복잡하게 따져볼 필요 없이 에어비앤비 사이트에서 한 번에 결정을 내릴 수 있기 때문에 단순성의 효용도 얻게 된다. 그리고 여행을 마친 고객의 최종 평가(에어비앤비를 사용한 그 여행이 좋았는지 나빴는지 등) 정보는 또다시 머신러닝의 학습에 이용되어 서비스 보완에 활용된다. 결국 추천의 정확도는 더욱 높아진다. 에어비앤비는 이와 같은 추천모델을 통해 고객경험의 질을 향상시킨다.

알리바바는 온라인과 오프라인 사업을 결합해 고객 구매여정의 세세한 부분에서 효용을 창출한다. 2016년 알리바바는 무인 편의점 타오카페TaoCafe를 선보였다. 고객이 물건을 사기 위해 매장에 들어서면 매장 내 센서가 얼굴을 인식해 e커머스 플랫폼인 타오바오Taobao 계정과 연동해준다. 알리바바는 온라인과 오프라인 사업을 통해 고객에 대한 데이터를 축적하고 이를 고객경험을 향상시키기 위한 각종 장치에 활용한다. 쇼핑 후 제품을 들고 결제 구역 검색대를 지나면 자동으로 알리페이 결제가 이뤄진다. 알리페이는 그 편의성 덕분에 중국 결제 시장의 55%를 차지하고 있다. 편의점을 나오면 몇 초 후에 결제 내역이 스마트폰으로 전송된다.

알리바바는 지후드Jihood라는 매장에서도 고객경험 혁신을 이뤄냈다. 이곳에는 매직미러를 배치했다. 이 거울에는 머신러닝 기반의 추천모델이 적용되어 있고, 고객의 계정과도 연계되어 있다. 소셜데이터를 기반으로 고객의 선호도와 취향과 관심사를 파악할 수 있고, 고객 정보에 대한 데이터를 바탕으로 고객이 가장 좋아할 만한 의류를 추천해준다. 각 매장은 지역 고객의 특색에 맞추어 매장진열을 최적화하고, 고객은 매직미러를 통해 마음에 드는 의류를 마치 실제로 입어본 것처럼 빠르게 확인할 수 있다. 그리고 매장에 있는 해당 의류를 직접 입어보고 구매를 한다. 물론 매장 직원을 통하지 않고도 거울을 통해 간편 결제를 할 수 있다. 이를 통해 쇼핑을 하는 모든 과정에서 고객은 간단함과 편리함을 체험할 수 있다. 또한 매직미러에서 다양한 옷을 입은 자신의 모습을 볼 수 있으니 재미라는 효용도 얻을 수 있다.

페라모르의 커플 매칭 서비스, 틴더 / 출처: Pheramor

앞서 창조적 융합은 인공지능 혁신의 중요한 요인이라고 설명했다. 인공지능 기술은 자연어처리, 머신러닝, 딥러닝, 지능엔진 등 다양한 AI 하위기술뿐 아니라 바이오, 기계 등 다양한 영역의 기술과 융합되어 혁신제품을 만들어낼 수 있다. AI 솔루션은 창조적 융합을 통해 고객의 효용을 더욱 높일 수 있다.

가령, 커플 매칭 서비스는 오래전부터 존재했지만, 최근 인공지능 예측모델에 기반해 전방위적 상황을 고려한 매칭 분석을 추구하는 형태의 서비스가 등장했다. 데이팅 애플리케이션인 틴더Tinder는 DNA 분석업체인 페라모르Pheramor와 제휴해, 개개인이 선호하는 스타일이나 가정환경 같은 추구하는 삶의 방향뿐 아니라 DNA 테스트를 통한 생물학적 요소의 적정성까지, 다양한 맥락을 분석할 수 있게 되었다. 참고로 요즘 DNA 테스트는 매우 간소해졌다. DNA 키트를 구입해서 입 속의 뺨에 살짝 긁으면 입 안의 세포가 묻어 나오는데 이를 업체에 보내면 3개월 이내에 DNA 분석을 해준다. 이 정보는 인공지능 예측모델과 결합되어 최적의 배우자를 보다 정확하게 찾을 수 있는 시너지를 창출한다.

앞으로는 인공지능 기술에 의해 마케팅 방식이 완전히 바뀔 것이다. AI 마케팅은 주로 고객 데이터와 AI 알고리즘을 활용해 고객의 다음 행동을 예측하고 고객의 구매여정을 개선하는 방법으로 이루어질 것이다. 빅데이터 및 고급 알고리즘의 발전으로 기업은 과거 어느 때보다도 타깃 고객에 대한 명확한 프로파일을 만들 수 있게 되었다. 고객경험 혁신을 위한 접근방식이 완전히 달라질 것이라는 이야기다. 인공지능 기술은 고객을 차별화된 페르소나로 촘촘하게 분류하고 고객 각각의 선호와 구매동기를 일으키는 요소를 정확하게 이해할 수 있게 해줄 것이다. 마케터는 고객과 장기적 관계를 구축하기 위해 그때그때의 특정 요구에 집중해야 하고 고객의 구매여정을 매핑해야 하는데, 이러한 과정에서 AI는 커다란 힘을 발휘할 것이다. 특히 시간이 지나면서 달라지는 고객의 움직임을 분석하여, 동적인 고객 세분화를 할 수 있도록 도와줄 것이다. 이를 통해 마케팅 담당자는 특정 고객의 미래 구매행동을 예측할 수 있고 그에 맞추어 적절한 고객에게, 적시에, 적절한 효용을 제공할 수 있다. 이러한 접근은 기존의 인구통계학적 기준에 따른 고객 세분화를 완전히 새로운 차원으로 끌어올려 고객경험을 극대화할 것이다.

정리해보면, 기술에서 가치를 캐내는 일이 기술혁신의 본질이다. 엔지니어가 정교한 AI 알고리즘을 개발해도, 이를 통해 수익 기회를 창출하는 비즈니스 모델을 만들어내지 못한다면 그저 빛 좋은 개살구일 뿐이다. 기술을 어떤 형태의 참신한 솔루션으로 만들어낼 것인가? 기술이 창출하는 기능을 누구에게 제공할 것인가? 경쟁사의 제품과 차별화가 되는 가치제안을 만들어낼 수 있는가? 이를 어떤 방식으로 고객들에게 전달할 것인가? 수익을 어떻게 낼 것인가? 우리는 인공지능 기술에 대한 이해를 바탕으로, 이러한 질문을 던지며 매력적이고 참신한 비즈니스 모델을 개발해야 한다.

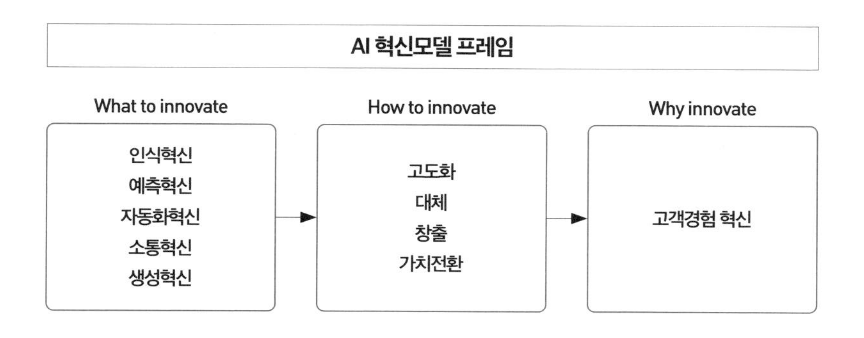

책에 제시한 인공지능 혁신모델은 새로운 비즈니스를 만들어내는 가이드 역할을 할 것이다. 인공지능 기술에 기반한 모든 비즈니스 혁신은 인식혁신, 예측혁신, 자동화혁신, 소통혁신, 생성혁신 등 다섯 가지 범주 안에 들어간다. 각 혁신모델에서 혁신방법을 구체적으로 정해야 하기 때문에 네 가지 혁신 접근법을 제시했다. AI 기술을 통해 기존 제품의 특정 기능을 보다 고도화할 수도 있고, 아예 다른 기능으로 대체하는 방식으로 혁신할 수도 있다. 또한 이전에 없던 새로운 기능을 창출할 수도 있으며 가치제안을 변경할 수도 있다. 단순히 AI 기술을 도입하는 것이 능사가 아니라, 궁극적으로 고객에게 새롭고 혁신적인 경험을 제공하는 것이 중요하다. 이 장에서 제시한 많은 사례는 모두

인공지능 기술은 가치를 만들어내는 데 제한이 없다고 말한다. 인공지능 기술은 융합적 속성이 크기 때문에 각 모델은 여러 기술과 결합하는 방식으로 새로운 가치를 만들어낼 수 있다. 인공지능 혁신을 추구하는 기업에 필요한 것은 기술에 대한 지식과 창조성 그리고 고객에 대한 깊은 관심뿐이다.

4장

혁신은 실행이다

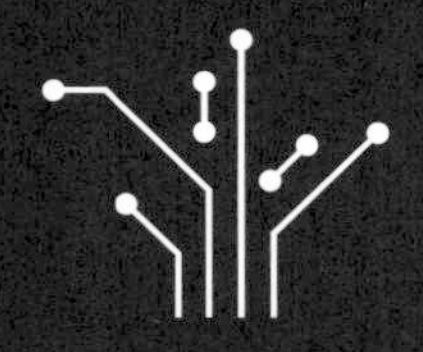

AI 비즈니스의 실행지침, A.C.T.I.O.N.

인공지능에 의한 변화는 선형적이지 않기 때문에 예측도 어렵다. 급변하는 환경에서 과거와 똑같은 길을 걷고 있다면 경쟁력을 잃기 쉽다. 실리콘밸리의 투자자인 피터 틸Peter Thiel은 "앞으로의 세상은 거듭제곱 법칙을 따를 것"이라고 말했다.

평균적인 성공을 거두는 기업들이 분포의 중앙에서 다수를 이루지 않는다. 오히려 한 분야에서 가장 성공한 소수의 기업이 그 분야 나머지 기업들의 성공을 모두 합친 것보다 더 큰 성공을 누리는 것이다. 시장에서 가장 큰 수익률은 언제나 희소한 자원을 가진 기업에 돌아간다. 인공지능은 기업에 무한한 성장의 기회를 가져다줄 중요한 기술자본이다.

정규분포(왼쪽)와 거듭제곱 분포

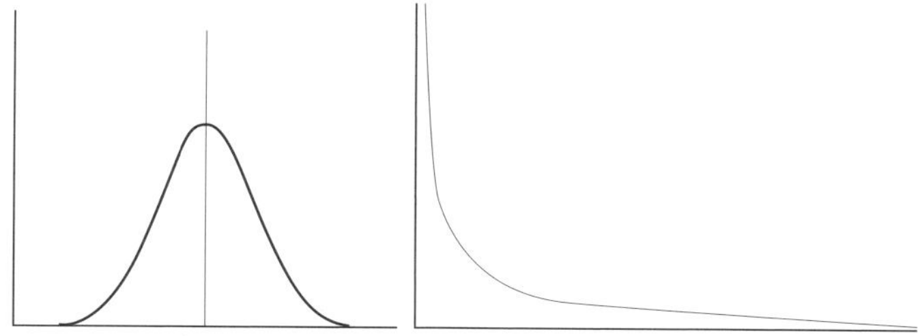

앞으로 3~5년 사이, 산업은 인공지능 기술에 의해 커다란 지각변동을 겪을 것이다. 이 시기의 시장에서 기업은 혁신을 주도하는 기업과 혁신에 따르는 기업 두 종류로 나뉠 것이다. 전자는 시장의 파괴를 주도할 것이고 후자는 파괴의 희생양이 될 것이다. 앞장에서 살펴봤듯 이미 시장에는 독창적이고 진취적인 마인드로 비즈니스를 혁신하는 기업이 많다. 앞으로 3년 후 시장은 이들에 의해서 파괴될 가능성이 크다. 이들은 인공지능에 의해 증폭된 역량을 활용해 월등한 제품을 배포, 확산시켜 시장을 장악할 것이다. 월등한 인공지능 기술을 보유한 기업에 더 많은 소비자가 몰릴 것이며, 인공지능 머신은 더 많은 소비자의 사용 데이터를 기반으로 더욱 강력하게 고도화될 것이다. 역량이 증폭된 소수가 시장을 독식하게 된다. 파괴자와 희생자, 무엇이 이러한 운명을 가를까? 결국은 '실행'이다. 실행력이 강한 기업이 시장의 파괴적 혁신을 주도할 것이다. 이번 장에서는 인공지능 비즈니스 혁신을 위해 구체적으로 어떻게 실행해야 하는지에 대해 이야기할 것이다. 그 실행지침은 'A.C.T.I.O.N'이다. 하나씩 살펴보자.

Agility,
AI는 선점 게임이다

첫 번째 조건은 '민첩함Agility'이다. 마이클 쿠수마노Michael Cusumano MIT 경영대학원 교수는 산업이 급변할 때 기업이 취할 수 있는 전략적 행동은 산업의 성격에 따라 다르지만, 신기술이 시장에 보편화되지 않았고 시장을 지배하는 독점기업이 아직 출현하지 않은 경우에는 기술을 빨리 받아들이고 확장하는 것이 유리하다고 주장했다. 우월한 기술을 먼저 수용하여 경쟁력을 조기에 확보하는 것이 시장 지배력을 얻는 데 큰 영향을 미친다. 여기에는 새로운 기술과 비즈니스 모델을 완전히 받아들이고 자기 것으로 만들겠다는 의지가 필요하다.

애플은 2000년대 초반부터 시장의 흐름이 모바일로 향할 것임을 인지하고 모바일기기에 집중했다. 스마트폰 시장을 일찌감치 장악할 수 있었던 데는 한 발 앞선 예측과 빠른 준비가 한몫했다. 안드로이드 스마트폰 사업에 뛰어들었을 때의 삼성전자도 마찬가지다. 삼성전자는 선발주자도 아니고, 사실 꽤 늦게 뛰어든 상태였다. 하지만 안드로이드를 그대로 받아들이고 확장했다. 결국은 역량을 빠르게 증폭시켜 모바일기기 분야에서 선두 반열에 올랐다.

인공지능은 속도전이다. 일찍 도입하는 기업이 선점효과를 누릴 가능성이 높다. 선점이 중요한 몇 가지 이유가 있다. 인공지능은 앞서 소개했듯이 학습하는 기계다. 인간이 성장하듯 인공지능 시스템도 시간이 지날수록 성능이 좋아진다. 그 말은 일찍 도입하면 학습량이 많아서 더 우월해질 수 있다는 뜻이다.

아마존의 인공지능 비서 알렉사를 보자. 알렉사가 시장에 등장한 초기 2016년 1월에는 수행하는 기능skill이 뉴스 읽기, 음악 재생 등 30가지 정도에 불과했다. 12개월이 지나자 수행 기능이 5,000가지로 늘어났고, 3개월이 더 지난 2017년 2월에는 1만 가지로 늘어났다. 학습을 먼저 시작할수록 학습량이 많아진다. 인공지능의 학습은 데이터를 기반으로 하는데 데이터의 축적도 먼저 시작한 기업이 유리하다. 더 긴 기간 축적할 수 있기 때문이다.

또한 축적된 데이터로 더 월등한 성능을 창출할 수 있기 때문에 더 많은 사용자를 모을 수 있고, 이는 더욱 방대한 데이터를 확보할 수 있는 기반이 된다. 특히 플랫폼 기반의 비즈니스를 하는 기업이라면 증가하는 사용자를 통해 획득하는 고객활동 데이터의 양이 기하급수적으로 늘어난다. 일찍부터 인공지능으로 특화된 기업은 월등한 제품을 먼저 만들어낼 수 있는 것이다.

그동안 자본주의 시장에서 기회는 대기업에 집중되었다. 새로운 기회가 생길 때, 대기업이 막대한 자본을 투자하여 진입하면 규모가 작은 기업은 먼저 시장에 뛰어들었다 하더라도 경쟁을 할 수가 없었다. 그러나 인공지능 시대에는 회사의 규모가 중요하지 않다. 고객의 규모가 중요하다. 작은 스타트업이라도 혁신적인 아이디어와 민첩성을 갖추고 있다면 빠른 속도로 고객을 확보할 수 있다.

민첩성의 의미는 다른 데 있지 않다. 실패를 빨리 해보라는 뜻이다. AI에 관심 있는 경영자는 많다. 그러나 뭔가 시도를 해본 경영자는 적다. 관심은 있는데 아직 시도를 안 하는 이유는 뭘까? 많은 리더가 기술 도입에 대해 철저히 분석하고 계획을 완벽히 수립한 후 AI 프로젝트를 시작하려고 한다. 그동안의 비즈니스 패러다임에서는 맞는 이야기다. 그러나 인공지능은 그 종류가 전혀 다른 신기술이다. 매뉴얼이나 가이드라인이 존재하지 않는다. 런앤건Run and Gun이다. 공을 먼저 던져놓고 달려야 한다. 시장은 아직 인공지능 기술에 맞추어 정비되어 있지 않다. 인공지능을 어떤 방식으로 적용할지에 대한 모범답안이 시장에 나와 있지 않다. 경쟁사보다 먼저 도입하고, 시행착오를 하면서 정답을 찾아가야 하는 게임이다. 시간이 지나 시장에 모범답안이 나오기 시작하는 시점이면 시장의 재편이 어느 정도 마무리된 단계일 것이다. 그땐 늦는다. 지금은 정답을 기다릴 때가 아니다.

인공지능은 전망이 좋은 동시에 불확실성 또한 높다. 그래서 투자에 머뭇거리기 쉽다. 어쩌면 이 부분이 인공지능 도입의 가장 큰 장애

글로벌 기업들의 AI 투자 현황

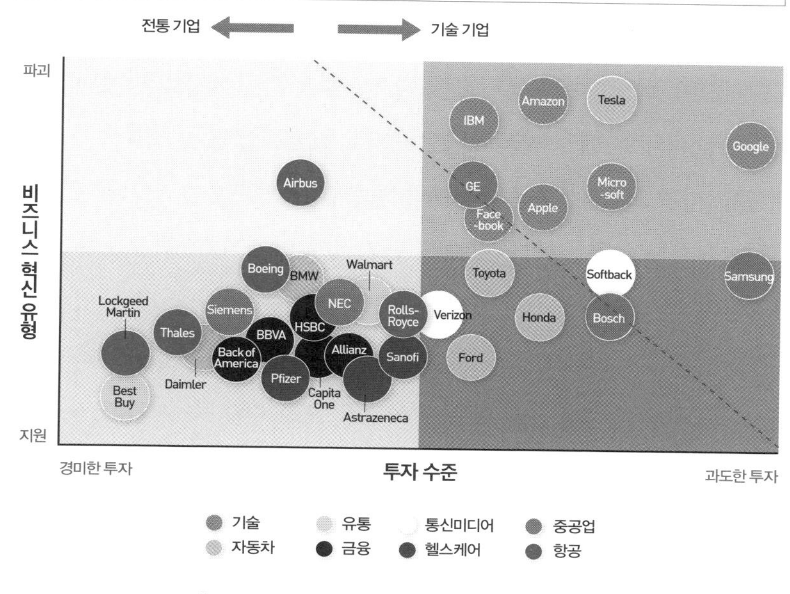

출처: AT Kearney, Will You Embrace AI Fast Enough?(2018)

물이라고 볼 수 있다. 당연한 이야기지만 고수익은 고위험이라는 대가를 지불해야 한다. 위험을 감수하더라도, 신속하게 실패하고, 투자와 개발을 빠르게 반복할 수 있는 민첩성을 가질 때 경쟁력을 먼저 확보할 수 있다. 이미 선진 IT 기업들은 실패의 위험을 감수하고, 주력 분야를 지능화하기 위해 민첩한 투자를 단행했다. 구글이나 테슬라, 애플 등 IT 기업은 그 어디보다 내부 R&D 투자에 적극적이다. 지금도 수없이 많은 파일럿 테스트가 진행되고 있다. 외부 개발자, 대학 및 연구소와 공동으로 기술을 개발하는 개방형 혁신모델도 적극 채택해 개발 속도를 높이고 있다.

최근 글로벌 기업들에서는 인공지능 개발에 성공한 스타트업을 수시로 인수하는 특징이 보이고 있다. 전 세계 스타트업 모니터링은 이들 기업에 있어 매우 중요한 일이 됐다. 인공지능이 유통에서 농업에 이르기까지 모든 산업 분야의 제품에 통합되고 있는 반면 인공지능 인재는 심각하게 부족하다. 그래서 단기간에 인재와 기술 모두를 확보하기 위해 인공지능 스타트업을 인수하고 있는 것이다. IT 기업 시스코Cisco Systems의 존 챔버스John Chambers 전 회장은 "IT 산업은 변화가 빠른데 변화할 때마다 그에 필요한 역량을 모두 갖출 수는 없다. 따라서 해당 역량을 가진 기업을 인수하는 방식으로 역량을 확보하는 게 가장 적합한 전략이다"라고 했다. 인공지능도 마찬가지다. 디지털 기술로 무장한 선도기업이라 해도 새로운 인공지능 기술을 다 확보하지는 못하기 때문에 신생 스타트업을 눈여겨본다. 미국의 시장 조사기관인 CB인사이트CB Insights에 따르면, 2017년 한 해에만 약 120개의 인공지능 스타트업이 설립됐는데 그중 115개가 인수되었다.

2010년 이후 글로벌 IT 기업들은 인공지능 스타트업 인수전쟁의 속도를 높여가고 있다. 인공지능 스타트업을 가장 적극적으로 인수하는 기업은 구글이다. 2017년 기준으로 14개 기업을 인수했다. 몇 가지 사례를 보면, 2013년에는 토론토대학교 교수 제프리 힌튼Geoffrey Hinton 교수로부터 딥러닝과 인공신경망을 중점으로 하는 DNN리서치DNN research를 인수해 이미지 검색기능을 대폭 높였다. 2014년에는 잘 알다시피 영국 회사인 딥마인드를 약 4억 달러에 인수해 바둑이나 체스 등

게임뿐 아니라 스마트홈, 네트워크 서비스 등 다양한 영역에 접목하고 있다. 2016년 자연어처리에 특화된 API.ai를 인수해 구글 어시스턴트의 가상비서 기능을 강화했다. 2017년에는 대화형 상거래 플랫폼 밴터Banter를 인수했다. 애플도 2010년 시리를 인수해 가상비서 서비스에 대

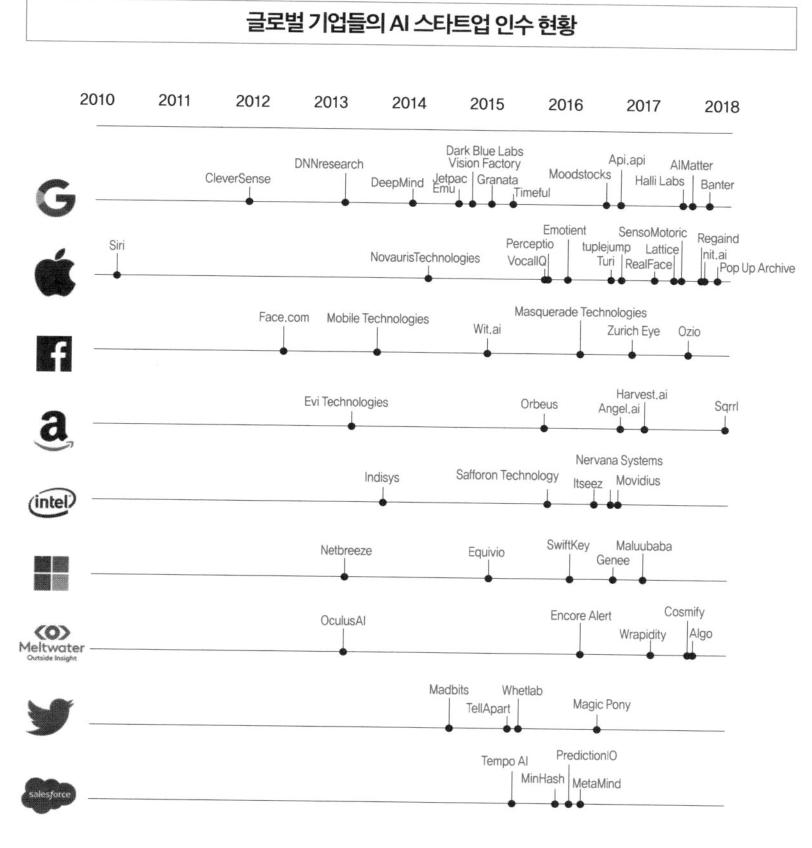

출처: CB Inside,
The Race For AI: Google, Intel, Apple In A Rush To Grab Artificial Intelligence Startups(2018)

한 역량을 확보하고, 최근에는 팝업아카이브Pop Up Archive를 인수해 아이튠즈의 검색기능을 강화했다. 페이스북, 아마존도 자사의 사업 경쟁력을 단기간에 확보하기 위해 AI 업체들을 적극 인수하고 있다.

인수뿐 아니라 전략적 제휴를 통한 역량 확보도 최근 많이 나타나는 현상이다. 베스트바이Best Buy(미국 가전제품 판매 기업), 월마트 등 하이테크 분야가 아닌 기업들도 인공지능 기술을 가진 스타트업과 파트너십을 맺어 자사의 기존 제품과 서비스에 인공지능 기능을 구현하는 작업을 활발히 하고 있다. 인공지능 기술 업체는 알고리즘이나 디지털 관련 지식과 컴퓨팅 인프라를 제공하고, 기존 기업은 산업의 방대한 데이터 혹은 대규모 제조 기능을 제공한다. 제휴를 통해 해당 산업에 최적화된 인공지능 솔루션을 만드는 것이다. 기존 기업 입장에서는 비교적 수월하게 인공지능 기술의 혜택을 얻을 수 있고, 인공지능 기술을 가진 스타트업 입장에서는 단기간에 수월하게 규모를 키우고 수익을 창출할 수 있다.

2017년 여름, 시스코의 존 챔버스 전 회장과의 인터뷰에서 나는 시스코의 최대 경쟁자가 누구인지를 물었다. 시스코의 경쟁자는 휴렛패커드HP나 오라클Oracle 등 기존 IT 기업이 아니라, 시스코가 발견하지 못한 숨은 스타트업이라고 했다. 이렇게 대답한 이유가 바로 여기에 있다. 속도가 규모를 이긴다.

AI 도입 속도를 결정하는 요인

이렇듯 인공지능의 민첩한 도입이 미래 경쟁력 확보에 유리하다는 점은 자명하다. 그럼에도 불구하고 어느 기업은 빠르게 도입을 하고 있고, 어느 기업은 그렇지 않다. 그 차이는 어디서 오는 것일까? 다시 말해, 기업의 인공지능 도입을 결정하는 요인은 무엇일까?

첫째는 의사결정을 하는 경영진의 인공지능에 대한 이해와 의지다. 많은 전문가와 학자는 인공지능 기술 도입에 있어서 기술에 대한 경영자들의 이해가 중요한 역할을 한다는 점을 강조한다. 아는 만큼 보이는 법이다. 인공지능 기술이 자사 비즈니스에 어떠한 기여를 할지에 대한 기대는 인공지능 기술이 어떤 가치를 창출하는지에 대한 심도 있는 지식에 의해 만들어진다. 생소한 영역에 다가가기 어려운 것은 누구에게든 마찬가지다. 잘 모르면 도입을 결정하기 어려운 법이다.

한편 인공지능에 대해 잘못된 편견을 가진 경우도 있다. 토론토대학교 아비 골드파브Avi Goldfarb 교수는 인공지능 기술의 성능에 대한 단편적 지식은 위험하다고 강조한다. 즉, 정교하지 않은 알고리즘이나 데이터에 의해 나온 잘못된 예측을 한 번 보고 인공지능 기술에 대해 평가절하하거나, 인공지능의 막강한 성능을 한 번 보고 맹신하는 것은 바람직하지 않다는 것이다. 객관적 시각으로 인공지능 기술의 가치를 이해해야 한다. 이런 이유에서 요즘 실리콘밸리에서는 각 기업의 디지털 이해도를 높여주는 AI 기업 탐방 프로그램이 인기다. 인공지능 기술 선도기업에 방문해서 조직의 사고, 민첩한 문화 등을 경험해보고,

이 신기술이 비즈니스에 어떻게 이익을 가져다줄 수 있을지를 이해하기 위해서다. 이러한 것들 모두 새로운 인공지능 비즈니스를 구축하는 데 중요한 역할을 한다.

기술 도입에 대한 경영진의 의지 또한 아주 중요하다. 경영진의 의지는 범위와 강도 측면으로 고려해볼 수 있다. 범위는 인공지능 기술을 자사 비즈니스의 어느 범위까지 적용할 것인가에 대한 의지다. 인공지능 기술을 특정 기능에 국한해 적용할지, 사업 전반에 종합적으로 적용할지에 대한 의지다. 강도는 기술 도입을 얼마나 강하게 밀어붙일지에 대한 것이다. 이는 우선순위와 직결된다. 기존 사업과 상충되는 경우 카니발라이제이션cannibalization(자기잠식 효과)을 감수해서라도 신기술을 도입할지, 기존 사업을 유지하는 범위 내에서 가볍게 도입할지에 대한 의지다. 신기술 도입은 경영진의 의지만큼만 된다고 봐도 과언이 아니다.

둘째는 조직의 흡수력이다. 경영진의 의지가 중요하지만 이것이 모든 것을 결정하지는 않는다. 조직이 이를 받아줄 여력이 되는지도 인공지능 도입에 영향을 준다. 조직 전반적으로 인공지능 기술의 필요성과 활용방법에 대해 충분히 이해하고 있어야 한다. 인공지능 기술이 제대로 쓰이려면 궁극적으로는 기업문화와 업무 프로세스에 통합되어야 하는데 그 전제조건이 조직의 이해와 흡수력이기 때문이다. 쉽게 말하면, 인공지능 기반 비즈니스에서는 영업사원의 판매방식도 달라져야 한다. 2017년 〈MIT 슬론매니지먼트리뷰〉에 따르면 글로벌 기업 중에 인공지능 기반 제품 및 서비스의 개발비용 구조와 그 필요성에 대해 조직 전반적으로 이해하고 있는 비중은 16%밖에 되지 않았다. 또한 조직에서 인공지능 알고리즘을 학습시키는 데 필요한 데이터를 이해하고 있는 경우는 19%밖에 되지 않는다. 아무리 거금을 들여 기술 인프라를 조성해도 이를 활용하는 문화와 인공지능에 숙련된 노동력이 갖춰져 있지 않으면 인공지능 도입을 위한 드라이브를 걸기가 어렵다.

셋째는 조직의 디지털 체질이다. 조직의 디지털화 정도는 인공지능 도입의 속도를 결정짓는 중요한 요소다. 인공지능의 도입은 다시 말하면 디지털 혁명이다. 고도화된 디지털 기술을 도입하는 것이다. 디지털 기반이 잘 갖춰져 있는 조직일수록 인공지능 기술을 도입하는 데 유리할 수밖에 없다. 인공지능의 탁월한 성능이 모든 기업에서 발휘되는 것은 아니다. 머신러닝을 포함한 대부분 인공지능 알고리즘은 빅데

디지털 성숙도와 인공지능 흡수력

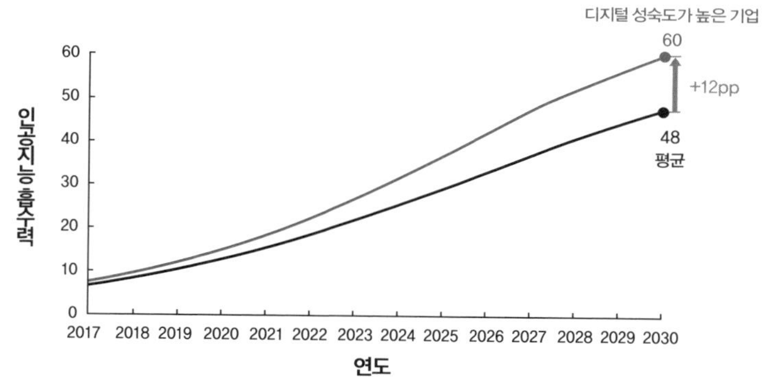

출처: McKinsey Global Institute, Notes from the AI frontier(2018)

이터, 클라우드 시스템, 디지털 아키텍처를 필요로 한다. 맥킨지 글로벌 인스티튜트McKinsey Global Institute의 2018년 조사에 따르면, 기업의 디지털 성숙도가 높은 기업은 낮은 기업보다 12% 정도 높은 인공지능 도입 및 흡수율을 보인다. IT 기업들이 인공지능 기술 도입에 빠른 이유다.

넷째는 외부적인 요인인 경쟁 환경이다. 파괴적 혁신 이론에 따르면 기술의 채택은 일반적으로 경쟁에 의해 주도된다. 조금 더 성능을 개량하기 위해 신기술을 경쟁적으로 도입할 때 기술의 발전 속도가 높아진다. 발전된 기술은 경쟁 환경에서 더욱 빠른 속도로 도입된다. 아마존, 애플, 구글, 페이스북, 마이크로소프트, IBM를 비롯한 디지털 기업들은 일찌감치 인공지능이 단지 기술적 진보만이 아니라 다양한 경제적 성장효과도 가져오리라 예상하고, 이 기술을 선점하기 위해 전투적으로 투자했다.

맥킨지는 차세대 기술 패러다임에서 지배권을 확보하겠다는 경쟁 의지가 기술 도입의 속도를 끌어올린다고 했다. 일례로 구글은 2017년 '모바일 퍼스트'에서 'AI 퍼스트'로 회사의 방향을 바꾸었고, 대대적인 투자를 단행했다. 더 흥미로운 것은 인공지능과 무관해 보이던 전통 기업들 사이에서도 인공지능 도입 경쟁이 불붙었다는 점이다. BMW, 포드, 혼다, 테슬라, 도요타 등 전통 자동차업체들은 자체 제품에 인공지능 기능을 부여하려고 노력할 뿐 아니라, 비즈니스 모델이나 산업구조를 완전히 바꿀 기술에 많은 자원을 투입하고 있다. 이렇게 인공지능에 투자하는 경쟁업체가 산업 내에 많아지고, 이 기술을 통해 수익성을 높인 사례가 늘어나면서 인공지능 도입 속도는 점점 빨라질 것이다.

앤드루 응 교수는 인공지능 기술을 도입할 때는 무리하지 말고 일단 소규모 프로젝트 팀으로 시작하라고 조언한다. 일단 조직이 AI에 익숙해져야 한다. 또한 초기에 작은 성공을 만들어내야 향후 AI 개발을 위한 모멘텀을 얻을 수 있다. 이를 위해 1년 이내의 단기간에 달성할 수 있는 명확한 목표를 수립하고 실질적인 아웃풋을 보일 수 있는 솔루션을 구축하라고 응 교수는 제안한다. 외부 전문가와 협업을 맺어 프로젝트를 추진할 필요도 있다. 프로젝트 그 자체에 매몰되지 않고 객관적인 시각에서 진행을 도와줄 수 있기 때문이다. 또한 인공지능에 대한 전문성을 갖춘 파트너와 협력할 때 초기 추진력을 보다 빨리 얻을 수 있다. 프로젝트를 통해 모멘텀을 얻고 AI 개발에 대한 프로세스가 정립되면, 점차 더욱 성공적인 AI 프로젝트를 이끌어낼 수 있다. 응 교수는 2019년 2월에 쓴 〈하버드 비즈니스리뷰〉 기고문에서 첫 프로젝트를 선정할 때에는 다음 다섯 가지 질문을 고려해야 한다고 제시했다.

첫째, 조기 성공을 가져다줄 수 있는 프로젝트인가?

둘째, 프로젝트가 지나치게 거대하거나 작지 않은가?

셋째, 프로젝트가 나의 비즈니스에 맞는가?

넷째, 신뢰할 수 있는 파트너와 함께 파일럿 프로젝트를 가속화할 수 있는가?

다섯째, 프로젝트가 실질적 가치를 창출하는가?

프로젝트를 진행하면서 AI에 대한 이해도는 더욱 높아질 것이다. 이 기술이 자사 비즈니스의 어느 영역에서 가장 큰 가치를 창출할지에 대해 파악하게 될 것이다. AI 기능을 통해 산업 내에서 경쟁우위를 확보할 수 있는 지점을 찾는 것은 매우 중요한 전략이다. AI 혁신의 성공은 이러한 최적 지점을 찾아내어 자원을 집중시키는 데 달렸다.

Collaboration,
인간-머신 협업체계를 구축하라

2014년 체스 선수권 대회가 열렸다. 인간뿐 아니라 인공지능, 그리고 인간과 인공지능이 팀을 이루어 참여할 수 있는 프리스타일 대회였다. 이 대회에서 인공지능으로만 구성된 팀은 42경기에서 승리했지만 인간과 인공지능이 한 팀을 이루는 켄타우로스Centaur(그리스신화의 반인반마 종족)팀은 53경기를 승리했다. 오늘날 지구상 최고의 체스 선수는 인간도 인공지능도 아니다. 인간과 인공지능이 협업하는 켄타우로스팀이다. 켄타우로스팀은 인공지능 기술이 아무리 발전한다 해도 가장 똑똑한 건 인공지능도 인간도 아닌 둘의 조합이라는 것을 상징적으로 보여준다. 인간과 기계의 지능은 그 종류가 서로 다르고 상호보완적 관계가 될 것이다. 따라서 미래 조직의 가치창출 역량은 인간과 인공지능 머신 사이에 협력관계를 얼마나 잘 구축하느냐에 달렸다.

인공지능 도입을 단순히 AI 기능 하나를 추가하는 것으로 생각해선 안 된다. 단순한 기능 개선만으로는 지속 가능한 경쟁우위를 창출하지 못한다. 구성원과 AI가 서로의 강점을 효과적으로 발휘할 수 있는 협업체계가 구축될 때 장기적 경쟁우위가 생긴다. 이를 위해 인간과 머신의 시너지가 구체적으로 어느 영역에서 발휘될지를 파악해야 한다. 이는 인간이 집중해야 할 일과 머신이 집중할 일을 구분하는 작업에서 시작된다.

예를 들어, 인간이 큰 그림을 그리고design, 머신이 기초작업을 빠르게 한 후draft, 인간이 최종결정decision 및 마무리를 하는 모델을 조직의 프로세스에 적용해볼 수 있다. 보스턴에 있는 레스토랑 스파이스는 이러한 모델로 인간과 머신의 협업을 진행하고 있다. 미슐랭 스타 요리사를 고용해 핵심 메뉴를 개발하게 한다. 레서피가 정해지면 인공지능 기반의 로봇들이 레서피에 따라 요리를 한다. 사실 요리는 레서피를 기획한 다음부터는 상당 부분 루틴한 일의 연속이다. 이를 AI가 처리하는 것이다. 이 식당의 로봇은 손님이 주문을 하면 직접 냉장실에서 재료를 꺼내 단 3분 만에 요리를 완성한다. 재료의 보충과 요구르트 같은 디저트나 허브 장식 같은 마무리 작업은 사람이 한다. 이를 통해 이 식당은 세계 최고 수준의 요리를 빠른 시간 내에 조리할 수 있게 되었다. 이는 인건비 절감을 가져왔고, 고스란히 가격인하로 이어져 고객의 만족도를 높였다.

일반 회사 조직도 마찬가지다. 대부분 조직에서 인간은 맨 처음의 큰 그림 업무와 맨 마지막의 의사결정 작업을 맡게 될 것이다. 신기술 투자를 위한 분석 업무의 경우, 경영자는 투자 고려사항과 주어진 조건을 종합해 인공지능 알고리즘이 분석할 방향을 제시해 적용시킨다. 머신은 경영자가 제시한 큰 방향에 맞추어 산업분석, 기업 재무분석, 향후 시장흐름 추이 등에 대한 분석 작업을 빠른 시간 내에 처리하고, 필요할 경우 기존 보고서들을 학습해 새로운 보고서를 만들어내기까지 할 것이다. 앞으로 머신은 반복적이고 시간 소모적인 일을 빠르고 효율적으로 처리하는 데 많이 활용될 것이다. 그리고 최종 의사결정은 의사결정자인 인간이 할 것이다. 이러한 협업이 원활히 이뤄질 수 있도록 유연한 조직 구조와 문화를 만들 필요가 있다.

인공지능과의 협업이 반드시 조직 내부에서만 일어나는 것은 아니다. 조직의 내부 자원과 외부 조직의 AI 기능 협업도 시너지를 낼 수 있는 방법이다. 국내 유진자산운용의 유진챔피언 뉴이코노미 AI 4.0펀드는 조직 내·외부 자원을 적절히 결합한 사례다. 이 펀드는 미국의 켄쇼테크놀로지와 한국의 로보어드바이저robo-advisor 회사인 디셈버앤드컴퍼니December & Company의 업무제휴를 통해 탄생했다. 켄쇼는 딥러닝 기반의 예측에 강하다. 영국 브렉시트 이후의 파운드화 변동, 트럼프 미국 대통령 당선 직후의 환율 예측 등은 유명하다. 그럼 이 펀드는 어떻게 작동할까?

먼저 켄쇼가 딥러닝과 자연어처리 기술로 분석한 기업 데이터에서 혁신 종목을 발굴하여 투자유니버스(투자 대상 후보)를 구성한다. 이후 디셈버가 이어받아 자체 AI 엔진을 활용해 투자 목적에 최적화된 모

'유진챔피언 뉴이코노미 AI 4.0펀드' 포트폴리오 구성 프로세스

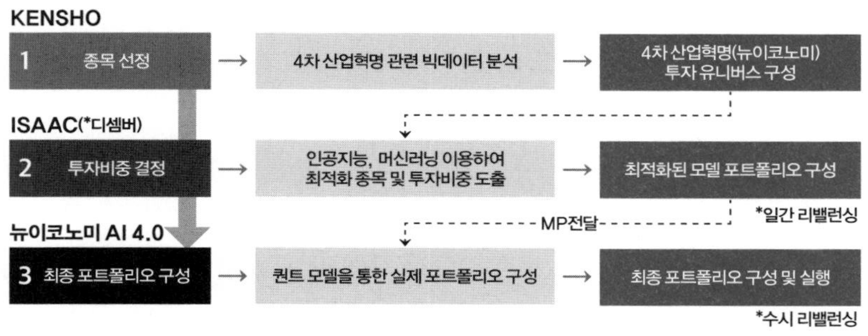

출처: 유진자산운용

델 포트폴리오를 구성한다. 이렇게 도출한 모델 포트폴리오를 유진자산운용의 자체 퀀트quant모델로 검증·보완해서, 약 80개 내외 종목으로 최종 포트폴리오를 구성한다. 퀀트란 수학·통계를 바탕으로 투자모델을 만들거나 금융시장의 변화를 예측하는 사람을 일컫는다. 한국과 미국의 AI 리서치를 통해 정보와 데이터를 지속적으로 수집하고, 마지막은 유진자산운용 펀드매니저가 검수하는 과정을 거쳐 검증하고 수시로 리밸런싱하며 성과를 높이고 있다. 인공지능 예측 알고리즘에 특화된 켄쇼와 최적화에 능한 디셈버의 기술력이 유진자산운용의 투자 역량과 결합해 시너지를 창출하는 협업모델이다.

Talents,
인재확보가 우선이다

많은 기업이 아웃소싱을 통해 인공지능 기술을 확보하고 있지만, 한계가 많은 게 사실이다. 조직 내 전문가의 부재는 매우 큰 한계다. 인공지능 시스템이 충분히 학습할 수 있도록 많은 데이터를 제공해야 하고, 알고리즘을 지속적으로 개선해야 하며, 자사의 제품과 서비스에 기술이 충분히 녹아들어갈 수 있도록 지속적인 개선 작업을 해야 하는데, 그 역할은 당연한 이야기지만 결국 조직 내 전문가의 몫이다. 초기에 AI 프로젝트의 성공을 견인하기 위해 외부 전문가와 협업하는 것도 도움이 되지만 장기적으로 효율적 개발을 이어가기 위해서는 내부에 전문가를 둬야 한다.

문제는 기술 전문가는 대체로 비즈니스 기획능력이 부족하고, 비즈니스 전문가는 기술을 모른다. 지금은 기술과 비즈니스 기획력을 다 가진 인재가 필요하다. 인공지능 기술과 비즈니스를 동시에 이해하고 있는 인재를 확보하지 못하면 기술을 흡수하지도, 비즈니스에 구현하지도 못할 수 있다. 외부 기업과의 제휴를 통해 시너지를 구축한다 하더라도, 조직 내부 역량과 외부 AI 기술을 효과적으로 통합하려면 결국 AI 기능이 내부 역량과 어떻게 통합될 수 있을지에 대한 기술적 지식이 필요하다. AI 전문 인재가 해야 할 역할은 다음과 같다.

- 인공지능 알고리즘을 개발하고, 지속적으로 성능을 향상시키는 역할
- 데이터를 수집하거나 수집된 데이터를 통합·관리하는 역할
- 고객 지원 데이터를 기반으로 알고리즘을 적용해 분석하는 역할
- 인공지능 기능을 기반으로 제품을 디자인하는 역할
- 고객 데이터를 사용, 맞춤화된 마케팅 및 홍보 활동을 기획하고 실행하는 역할
- 인공지능 시스템을 교육하고 개선하는 역할

기업이 AI 역량을 갖추기 위해서는 종합적인 지식을 갖춘 전문가를 확보해야 한다. 또한 AI 관련 기술을 지닌 다양한 인재 포트폴리오를 구성해야 한다. 인공지능 솔루션 회사 셀라톤Celaton은 인재를 모집할 때 창조성 요소와 비즈니스 및 프로세스 분석 기술을 함께 본다. 이 회사의 임원은 "비즈니스 문제를 통찰하고, 이를 해결할 기술적 지식이 있는 전문가가 필요하지만 이러한 인재를 발굴하기는 매우 어렵다"고 털어놓았다. 인공지능의 원활한 도입을 위해서는 전문가 확보가 가장

중요하지만 쉽지 않은 일이다.

무엇보다도 인공지능 프로젝트를 이끌 책임자 확보가 가장 중요하다. 선도기업들은 인공지능 기반 기술개발을 총괄하는 CAIOChief Artificial Intelligence Officer를 보유하고 있다. CAIO는 기업 내 사업 전반을 지원할 수 있는 AI 기능을 구축하고, AI 프로젝트를 위한 프로세스를 정립하고, AI 전문가의 채용 및 교육에 대한 기준을 제시하는 역할을 한다. 인공지능은 아직 초기단계이기 때문에 기업 내 모든 임원이 이 기술을 이해하는 것은 사실 무리다. 그러나 방대한 데이터를 생성하는 비즈니스라면, 머신러닝을 이용해서 가치를 뽑아낼 여지가 많다. 그렇기 때문에 이를 담당할 전문가를 책임자로 둘 필요가 있다.

애플의 경우 회사의 머신러닝 및 인공지능 전략을 책임지고, 팀 쿡Tim Cook 대표에게 조언을 해줄 수 있는 인공지능 책임자로 존 지안안드레아John Giannandrea를 2018년 영입했다. 지안안드레아는 구글의 인공지능 검색 부문 책임자였다. 실리콘밸리에서는 애플이 인공지능 분야에서 구글과 아마존 등 경쟁사보다 뒤쳐져 있다고 평가하는 상황이다. 이에 애플은 구글의 인공지능 기술을 따라잡기 위해 대대적으로 개발자 채용에 나서고 있다. 인공지능 책임자는 애플의 음성비서 시리의 성능을 강화하는 데도 힘쓴다.

대기업만 인공지능 책임자를 두는 건 아니다. 스포츠 데이터 및 정보 분야를 선도하는 스타트업 스태츠STATS 역시 인공지능 전문가인 스티브 젤러Steve Xeller를 임원으로 영입했다. 스태츠는 머신러닝을 통해 비디오 분석, 플레이어 트래킹 등을 정교하게 하여 차별화된 콘텐츠를 제공하는 미디어 서비스다. 새로 영입된 젤러는 스태츠의 팀 성과 솔루션인 스태츠 에지STATS Edge™의 성능을 강화시켜 매출신장에 힘을 쏟고 있다. 이 서비스는 머신러닝을 활용해 객관적으로 팀 성과를 분석하고 플레이 방식을 비교하여, 팀의 경기력을 분석해준다. 최근 경기나 혹은 시즌 전체의 결과를 바탕으로 앞으로 있을 경기 결과도 예측한다. 젤러의 인공지능 노하우는 회사의 서비스를 고도화하고 이를 기반으로 글로벌 영업을 확장하는 데 도움이 될 것이다.

앤드루 응 교수는 데이터는 있지만 심층적인 AI 지식이 부족한 대다수 기업에 AI 책임자를 고위임원으로 영입할 것을 권장한다. AI 책임자는 회사 전반의 인공지능 적용 전략을 짜고, 인공지능을 사용할 새로운 영역도 발굴하는 역할을 한다. 또 인공지능 전략을 수시로 모니터링하고 필요한 경우 교정해야 한다. 이러한 인공지능 전문가가 있으면 추가적인 AI 인재를 끌어오는 데도 유리하다.

선도기업들은 실질적으로 시스템을 개발할 엔지니어 확보에도 게으르지 않다. 훈련이나 채용을 통해 내부에 인공지능 인재를 두는 게 중요하다. 인공지능에 대한 높은 이해력을 갖춘 인재를 충분히 보유하고 있어야 실질적 적용이 빠르다. 중요한 점은 인공지능 이해력은 IT 담당 부서의 전유물이 아니라는 것이다. 기업의 모든 영역이 인공지능의 영향을 받게 될 것이기에 전 직원의 AI 이해력을 높여야 한다. 가령, 마케팅 부서에서 AI에 의한 변화를 이해하지 못하면 최적의 전략을 짜내지 못할 것이다. 앞으로는 소비자가 AI와 함께 의사결정을 내리거나 AI가 소비자를 대신해 단독으로 의사결정을 내리는 세상이 될 것이다.

소비자의 구매 의사결정 과정에서 핵심적 역할을 수행해온 브랜드가 이제는 인공지능으로 대체되는 것이다. 그동안에는 유명 브랜드의 상품이라 믿고 구매했지만, 이제는 정교한 AI 알고리즘이 추천했기 때문에 구매하는 식으로 구매결정 방식이 바뀐다. 이런 환경에서 마케터가 고려해야 할 대상은 소비자의 심리가 아니라 AI 추천알고리즘이다.

따라서 조직 전반적으로 기술이 가져올 변화에 대한 직원들의 이해도를 높이는 교육이 필요하다. 외부에서 AI 인재를 찾기란 요즘 하늘의 별 따기처럼 어렵다. 내부 훈련 시스템을 갖추면 장기적으로 꾸준히 인력을 창출할 수 있기 때문에 이점이 있다. 경력이 많은 IT 인재들도 인공지능 시스템을 익히기 위해서는 학습이 필요하다. 시스템이 어떻게 작동하는지, 어떤 문제가 발생할 수 있는지, 시스템의 한계는 무엇인지 등을 이해하기 위해 지속적인 교육과 훈련을 받아야 한다. 요즘은 동영상 강의 등 다양한 기회를 통해 AI에 대한 고품질 교육을 받기가 수월해졌다. 또한 회사 내부에 외부 전문가를 초빙해 교육을 맡기는 것도 방법이다. 그러나 앤드루 응 교수는 목적성 없는 AI 교육은 효과가 없으며, 수많은 교육 대안 중에서 자사의 사업과 가장 잘 맞는 콘텐츠는 무엇인지, 이를 어떤 매체 혹은 전문가를 통해 교육할 것인지를 신중히 선정할 필요가 있다고 조언한다. 기업이 사내에 마련해야 하는 교육 콘텐츠는 다음과 같다.

- AI가 창출하는 새로운 비즈니스 기회
- AI를 이용한 혁신전략

- AI 프로젝트의 관리기술
- 주요 알고리즘 및 애플리케이션 개발을 위한 기술적 이해
- 데이터 활용 및 분석 방법론
- AI 시스템의 유지 및 개선에 대한 이해

요약하면, 인공지능을 통한 혁신을 추진하기 위해서는 명확한 목표와 작업 계획을 수립해야 한다. 또한 이를 달성하기 위한 인력확보와 팀 구축에 신경을 많이 써야 한다. 조직 전체적으로 인공지능과 미래 핵심 비즈니스 간의 관계를 제대로 이해하는 인재를 확보하지 못하면 AI 혁신은 쉽지 않을 것이다. 또한 AI에 대한 이해가 충분한 인력을 확보하지 못하면 그 추진력을 지속적으로 이어가기 힘들 것이다.

Integration, 기능통합이 AI 흡수를 촉진한다

인공지능 혁신은 단순히 비즈니스 프로세스나 제품의 일부에 인공지능 기술을 추가하는 것만이 아니다. 인공지능은 턴키turnkey(수정 없이 바로 가동되는 완성된 시스템)방식으로 들여와서 바로 쓸 수 있는 종류가 아니다. 인공지능 기술의 조직 내 도입을 물리적 결합 방식으로 추구해서는 안 된다. 평범한 축구팀에 최고 수준의 스트라이커를 영입한다고 해서 팀 전력이 그 즉시 획기적으로 상승할까? 그렇지 않다. 이탈리아 축구구단 유벤투스는 크리스티아누 호날두를 영입한 이후, 전력을 극대화하기 위해 진영에 변화를 주고 선수들 포지션도 재배치했다. 호날두가 팀에 적응해야 하고, 팀 역시 호날두에 적응해야 하기 때문이다. 심지어 유벤투스는 '호날두 효과'를 위해 노조나 스폰서 등 팀 외부영역의 조정작업도 진행했다.

물론 인공지능 기술을 조직 전반에 흡수시키는 작업은 결코 쉽지 않다. 나는 전작 《기술지능》에서 새로운 기술을 조직에 효과적으로 흡수시키는 방법으로 세 가지를 제시했다. 바로 일치consistency, 호환compatibility, 보완complementarity이다.

먼저 '일치'다. 기술이 제공하는 가치가 조직이 추구하는 방향과 같아야 한다. 아무리 훌륭한 기술이라도 조직의 목적과 맞지 않다면 조직은 자발적으로 기술을 흡수하려 하지 않는다. 원하지 않는 것을 받아들이는 조직은 없다. 이를 위해서는 조직 전반에 인공지능 기술에 대한 이해가 충분히 이뤄져야 한다. 인공지능 기술이 나에게 어떤 이점을 줄 수 있는지 잘 알아야 하고, 이 기술을 통해 조직 혹은 각 구성원의 일이 더 잘될 것이라는 확신이 있어야 한다. 또한 기술의 이점이 실질적으로 조직의 방향과 일치해야 한다.

아마존의 경우를 보자. 아마존의 지향점은 애초부터 전자상거래의 활성화다. 아마존의 모든 조직은 상거래가 보다 활발히 일어나도록 모든 수단을 동원하고, 이를 통한 수익 확대를 큰 방향으로 삼고 있다. 아마존이 알렉사 같은 인공지능 기술을 개발한 것은 지금까지 생각하지 못한 방법으로 상거래가 일어나도록 하기 위해서다. 고객들이 인공지능 비서 알렉사에 익숙해지면, 직접 가게에 가거나 인터넷으로 쇼핑하지 않고 알렉사에게 시킬 것이다. 인공지능 기술은 아마존이 추구하는 바를 지금과는 다른 방식으로 실현시킨다.

사실, 그동안 아마존이 걸어온 역사를 보면 꾸준히 신기술을 흡수해 새로운 시장을 열었다는 것을 알 수 있다. 모든 노력의 공통적인 목적은 활발한 전자상거래였다. 2007년에는 전자책 단말기 킨들Kindle을 선보이며 모바일기기 시장에 진출했다. 2011년에는 초저가 태블릿 킨들 파이어Kindle Fire를 출시했다. 사람들이 컴퓨터가 아닌 새로운 기기를 통해서 아마존에서 상품을 구매하도록 만드는 것이 목적이었고, 이 노력은 적중했다.

아마존은 2004년 이후 20억 달러가 넘는 자본을 투자해 클라우드 인프라를 구축해왔다. 향후 5년 내 클라우드 서비스가 IT 시장의 25%를 차지할 것이라는 예상 때문이었다. B2B 모델로 시작했던 아마존이 과감한 투자 결과, 2006년에 IT 인프라 자원을 포괄적으로 제공하는 EC2Elastic Compute Cloud, 인터넷 스토리지 서비스인 S3를 내놨다. 2011년에는 개인용 클라우드 서비스로 영역을 넓혀, 클라우드용 미디어 플레이어 서비스를 시작했다. 책, 영화, 음악 등 미디어 콘텐츠가 빠르게 디지털로 변환되면서 클라우드 서비스 의존도가 점차 커질 것을 감지했기 때문이었다. 아마존에서 산 음악을 클라우드 서비스에 저장해놨다가 모바일이든 PC든, 또 집에서든 사무실에서든 어디에서나 꺼내 듣는다. 아마존은 이렇게 전방위로 기술을 도입해 거대한 시장을 만들어냈다. 1995년에는 매출이 51만 달러였지만, 20년이 지난 지금은 무려 20만 배나 늘었다.

경영자의 의지와 조직의 의지가 일치되는 것 또한 중요한 요건이다. 경영자의 의지가 너무 강한 나머지 조직이 따라오지 못하는 경우도 존재하기 때문이다. 인공지능은 최근에 발명된 기술처럼 여겨질 수 있지만 사실 역사가 깊은 기술 영역이다. 그런데도 이 기술이 조직 내에 활발히 내재되지 않는 이유는 기술적 장벽이 있기 때문이다. 데이터를 매끄럽게 통합하는 것도 만만치 않은 일이다. 학습 과정을 거치지 않은 초기 시스템의 성능은 기대한 것만큼 좋지 않을 수 있다. 기존 사업과의 충돌도 극복해야 할 과제다. 그래서 인공지능 프로젝트에 수반되는 다양한 어려움을 극복하려면 인공지능 개발에 대한 조직의 의지가 뒷받침되어야 한다. 이를 위해 경영자는 자신의 의지를 전사적으로 선포해야 한다.

두 번째 조건은 '호환'이다. 호환은 인공지능 기술이 실제 조직 안에서 작동되도록 하는 것이다. 어댑터가 맞아야 전기가 통하는 법이다. 인공지능이 조직 내에서 호환되려면 조직이 기술을 사용할 수 있는 역량을 갖추어야 한다. 조직이 인공지능을 사용하는 역량은 결국 사람에게 달려 있다. 인공지능의 이점을 최대치로 끌어내려면, 조직 전반의 프로세스에 인공지능이 완전히 녹아들어야 한다. 이를 위해 조직개편이 필요할 수도 있다. 인공지능 기술이 제대로 작동하고, 기존 임직원의 업무 효율성을 높이는 구조로 조직을 재구성하는 것은 불가피하다. 인공지능으로 인해 회사 내 직군에 대한 정의를 다시 내려야 할 수도 있다. 2017년 〈MIT 슬론매니지먼트리뷰〉에 따르면, 인공지능을 도입할 때 조기에 조직 구조를 갖추어야 초기 개발 단계부터 자동화를 통한 고객서비스, 제품 설계 및 운영 효율성을 향상시킬 수 있다. 이는 인공지능의 기능과 조직의 프로세스를 통합하기 위한 작업이다.

실제로, 인공지능을 도입한 이후부터는 기술적 문제보다 조직문화가 더 중요한 문제가 된다. 소프트웨어나 애플리케이션을 하나 들여놓았다고 제 스스로 기능을 발휘하는 게 아니다. 인공지능 기반 비즈니스는 조직 전체적인 변화를 요구한다. 대량생산 시스템의 기존 샴푸회사 마케팅 부서는 가용한 모든 채널을 동원해 자사 제품의 우수성을 어필하면서 일괄적인 프로모션을 진행하지만, 최근 등장한 스타트업 펑션오브뷰티처럼 인공지능으로 고객 개개인에게 맞춤 샴푸를 제공하는 기업에서는 이미 고객이 좋아할 만한 상품이 제조되기 때문에 영업사원은 고객이 이를 잘 활용하여 경험을 극대화하는 데 마케팅 초점을 맞춘다. 기존의 마케터들은 전통적으로 고객의 구체적이고 생생한 프로파일을 가리키는 페르소나에 집중했다. 마케터는 자신의 경험에 의지해 감, 추측 그리고 느낌을 토대로 이 페르소나를 만들어내기 때문이다. 그러나 인공지능 시스템은 페르소나의 설정이 필요 없다. 인공지능 알고리즘이 스스로 고객의 행동을 패턴화하여 실제 구매로 이어질 확률이 높은 고객들을 세세히 파악한 다음 구매 유력 고객을 골라내기 때문이다. 이 두 마케팅 방식이 같을 수는 없다. 인공지능 알고리즘 영역에서 더 중요한 이슈는 단순히 이를 만드는 엔지니어링이 아니라 이를 새로운 비즈니스 프로세스에 맞추어 마케팅, 운영의 등 다양한 영역에 적용하는 것이다.

앤드루 응은 머신러닝 도입은 기본적으로 기능공학feature engineering이라고 했다. 데이터에 내재된 기반 지식을 토대로, 머신러닝 등 알고리즘이 사업 목표에 맞추어 작동할 수 있도록 기능feature을 설계하는 작업을 말한다. 이는 엔지니어 혼자 할 수 있는 일이 아니라 조직 전체의 참여로만 가능하다. 영업 효율성을 높이는 방법론 중 하나인 리드 스코어링 모델Lead Scoring Model의 도입을 예로 들어보자. 리드 스코어링 모델은 고객마다 구매 가능성이 다르다는 것을 전제로 한다. 고객마다 기본 정보나 활동 등의 속성을 기반으로 구매 가능성을 예측해 순위를 매긴 후, 가능성 높은 고객에게 집중하는 것이다. 한마디로 영업의 적중률을 높이는 것이라고 할 수 있다. 2017년 〈하버드 비즈니스리뷰〉에 따르면, 고급 모터사이클 제조업체인 할리데이비슨Harley-Davidson 뉴욕 사업부는 AI 기반 마케팅 플랫폼인 앨버트Albert를 활용함으로써 영업 리드, 즉 구매 가능성 높은 고객 수가 무려 2,930%나 증가하는 성과를 거뒀다.

이 시스템을 도입하기 위해 조직이 가장 먼저 해야 할 일은 데이터 과학자와 마케팅, 재무, 운영 등 해당 비즈니스 각 영역의 담당자를 모두 모으는 것이다. 비즈니스 전문가와 인공지능 전문가가 머리를 맞대고 어떤 기능을 어떻게 구현할지 함께 고민해야 한다. 각 부문별로 중요한 고려사항을 공유하고, 이를 평가하여 시스템 구현에 반영할 사항을 정한다. 우선순위 높은 고객의 주된 가치를 예측하고, 수익을 창출할 수 있는 상호작용을 고려하고, 가치를 높이는 기능이 무엇일지에 대해 공유해야 한다.

영업하기에 적절한 고객을 가려내고, 이 고객이 무엇을 가치 있다고 느끼는지 알아내는 게 중요한데, 이는 특정 전문가가 할 수 있는 일이 아니다. 여기서 데이터 과학자는 정량적 접근법을 제시할 수 있다. 데이터 과학자는 그동안의 영업 및 판매 내역 데이터를 보고, 중요한 리드 활동을 가려낸다. 그러나 이 데이터에는 영업사원들이 실제 현장에서 겪은 경험이나 감은 포함되어 있지 않다. 따라서 영업사원들은 실제 영업활동을 하면서 알게 된 고객의 행동과 중요한 고려 요건 등을 공유해야 한다. 데이터 과학자와 영업사원은 중요한 직관과 그렇지 않은 것을 구분해야 하고, 데이터가 말해주지 않는 중요한 기능을 찾아야 한다.

인공지능의 주요 기능을 도출한 다음, 데이터 과학자들은 이 기능들을 토대로 알고리즘을 훈련시킨다. 그리고 이 기능들에 우선순위를 매기고, 숨어 있는 주요 기능을 찾아내는 알고리즘을 실행한다. 이러한 과정을 통해 잠재가치가 더 높은 기능을 가려낸다. 그리고 이 결과를 각 부문 전문가들과 다시 공유한다. 잘 작동하는 기능은 무엇이고 그렇지 않은 것은 무엇인지 함께 살펴보고, 판매의 용이성, 판매 시 상대적 ROI 등을 따져보며 시스템을 보완해나가는 것이다. 기능공학이 잘 이뤄지려면 이렇게 조직 내 각 부문 전문가와 인공지능 담당자가 융화되어 유기적으로 협력할 수 있어야 한다. 비즈니스 가치를 끌어내고 알고리즘의 최적 방향을 정하기 위해서는 일회성 회의 수준이 아니라 지속적인 의견교환이 이뤄져야 한다. 이러한 과정을 통해야만 일관된 프로세스를 만들어낼 수 있다.

물론 현실에서는 이와 같은 협력 작업이 결코 쉽지 않다. 데이터 과학자들을 고용한다 해도 그들과 함께 일하는 방법을 아는 사람이 조직 내에 아직 없을 것이기 때문이다. 많은 경우, 판매 담당은 데이터 과학을 이해하지 못하고, 데이터 과학자들이 제시하는 인사이트를 믿지 못한다. 기획 파트 역시 데이터 과학팀이 문제를 해결하는 게 얼마나 어려운 일인지 모르기 때문에, 성과가 빨리 나오지 않는 데 실망하고 협력을 소홀히 할 가능성이 높다. 데이터 과학팀이 오랜 연구 끝에 인공지능 솔루션을 만든다 해도, IT팀에서 이 새로운 솔루션을 일상적인 워크플로에 바로 통합하기란 결코 쉽지 않다. 반면 데이터 과학자 역시 데이터가 설명하지 않는 영업사원의 직관에 의심을 가질 수 있다. 데이터와 다른 부분이 많기 때문이다. 또 애써 개발한 솔루션을 워크플로에 바로 적용하지 못하는 시스템을 보고 답답함을 느낄 수 있다. 정기적으로 하는 회의에서 얻을 수 있는, 눈에 보이는 이점이 당장 존재하지 않기 때문에 많은 구성원이 통합 프로젝트 자체에 의미를 느끼지 못하고 많은 경우 저항하기도 한다. 캡제미니의 2018년 조사에 따르면, 인공지능 자동화를 도입한 금융회사 중 절반 정도(49%)는 AI 도입을 위한 조직 통합에 어려움을 겪는 것으로 나타났다.

이러한 어려움을 극복하기 위해서는 경영진에서 인공지능 도입에 대한 의지를 강하고 분명히 표명해야 한다. 이를 통해 이러한 조직 내 통합의 의미가 구성원 모두에게 충분히 인식되어야 한다. 또한 통합 자체에 대한 인센티브가 주어져야 한다. 프로젝트에 참여하는 구성원 입장에서는 부담스럽고 소모적인 일로 인식될 수 있기 때문이다. 돈을 쓰면 된다고 생각해서는 오산이다. 성과가 단기간에 나리라 예상하는 것도 위험하다. 각 부문의 구성원들이 장기적인 시야와 폭넓게 수용할 수 있는 개방적 마인드를 갖도록 하는 것이 중요하다.

통합을 위한 마지막 조건은 '보완'이다. 기술을 통해 조직의 약점이 극복되거나, 강점이 강화될 때 기술을 흡수하는 효과가 생긴다. 도입 이후 좋아지는 게 없다면, 지속적으로 유지할 동력을 잃게 된다. 인공지능 기술에 의해 변화가 일어나야 이를 더욱 발전시켜 시너지를 키울 수 있다. 사실 인공지능은 제대로 활용된다면, 조직에 다양한 이점을 가져다준다. 물론 이는 기술의 흡수가 성공적으로 이뤄질 때에만 얻을 수 있는 결과다. 그러나 이러한 결과가 기술의 흡수를 더 촉진한다는 점을 고려해야 한다. 즉 기술의 흡수와 보완은 상호의존적 관계라 할 수 있다.

출판사 인키트는 사업 초기부터 딥러닝 알고리즘을 도입해 비즈니스 모델 전반에 녹여냈고, 조직구조 또한 인공지능 출판에 맞게 바꾼 결과, 베스트셀러 출간율 90%대라는 놀라운 실적을 이뤄냈다.

유니클로 또한 2017년 가격인상으로 인해 조직 전체가 부진에 시달렸지만, 인공지능 기반 추천서비스인 유니클로IQ를 시작하면서 고객 경험의 질을 높일 수 있었고, 이를 통해 유니클로는 매출을 늘리고 경영 실적을 회복하는 데 성공했다. 알리바바 또한 딥러닝으로 구현된 패션 AI를 선보여 연중 최대행사인 11월 광군제에서 사상 최대 거래액을 경신할 수 있었다. 영화 〈대부〉에는 '거절할 수 없는 제안을 하겠다'는 대사가 나온다. 인공지능이 개별 고객이 가장 원하는 아이템을 파악해 거절할 수 없는 추천을 해주니 이렇게 실적이 좋을 수밖에 없는 것이다.

델타항공Delta Air Lines은 애틀랜타 국제공항을 시작으로 안면인식 입국 수속을 실시했는데, 키오스크에서 셀프체크로 10분 만에 신원을 확인할 수 있다. 고객은 편의성과 빠른 속도에 만족하게 되었고, 공항은

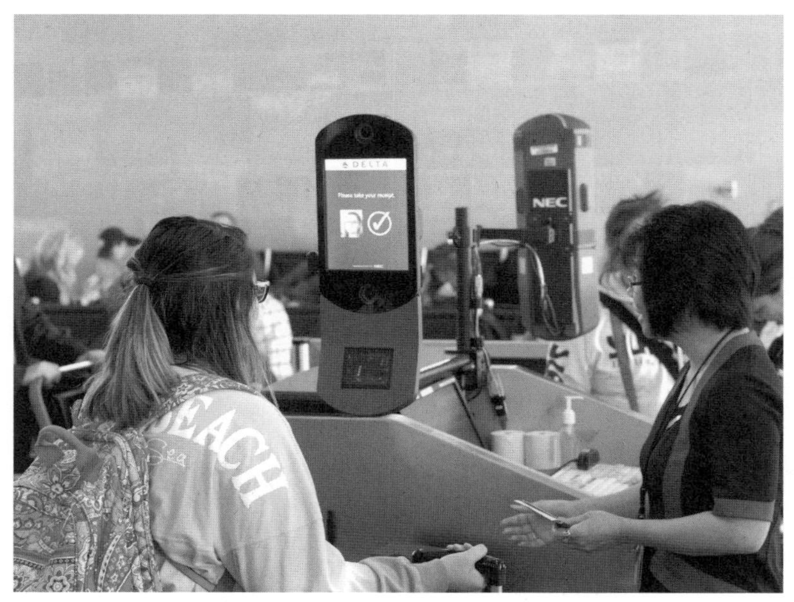

안면인식 기술이 적용된 애틀랜타 공항의 델타항공 체크인 키오스크
출처: news.delta.com/delta-launch-first-biometric-terminal-us

더 많은 승객을 빠른 로테이션으로 받을 수 있게 되었을 뿐 아니라 신원 확인 인력을 더 중요한 일에 배치하여 업무 효율성을 높일 수 있게 되었다. 인공지능 기술을 통해 실질적인 효과가 지속된다면, 조직은 이를 계속 내재화할 수 있고, 기술은 조직 프로세스에 점차 동화되어 더 큰 시너지를 불러올 것이다.

인공지능이 제대로 작동하려면 조직 내에 뿌리를 내려야 한다. 조직에 내재화가 잘되려면 기술과 조직의 방향이 일치해야 하고, 조직은 인공지능 기술이 호환될 수 있도록 역량을 갖추어야 한다. 또 인공지능에 의한 효과가 지속적으로 나타나도록 하고 이를 통해 조직의 프로세스 및 성과를 높여 선순환이 이루어지도록 해야 한다. 인공지능을 실제 조직에 도입하는 과정은 말처럼 쉽지 않다. 수많은 장애물을 넘기 위해서는 이러한 과정을 통해 조직에 깊이 흡수되어야 한다.

On tap data, 데이터 경쟁력이 AI 경쟁력이다

많은 사람이 인공지능을 떠올릴 때 딥러닝 같은 알고리즘을 생각한다. 정교한 알고리즘을 도입하면 좋은 비즈니스 솔루션이 나올 것으로 기대하지만 이는 큰 오해다. 마이크로소프트의 기술책임자인 제이콥 스포엘스트라Jacob Spoelstra는 "흔히 나타나는 실수는 정교한 예측 알고리즘을 개발해놓고도 거기에 필요한 데이터는 가지고 있지 않다는 점이다"라고 이야기했다. 알고리즘의 정교함이 데이터의 부재를 구제해주지는 못한다. 알고리즘이 작동하려면 데이터가 필요하다. 머신러닝은 라벨화되어 있는 데이터가 필요하고, 패턴인식 알고리즘이 작동하려면 다양한 이미지, 음성, 텍스트, 지문 등이 필요하다. AI 혁신은 데이터 확보 능력과 더불어 데이터에 대한 활용 및 관리 능력을 요구한다.

우리는 AI 비즈니스의 차별성이 어디서 나오는지를 정확히 이해해야 한다. 점점 인공지능 소프트웨어에 자유롭게 접근할 수 있는 시대가 되고 있다. 이러한 시대에 알고리즘 자체는 차별성을 만들어내지 못할 것이다. 솔루션의 성능을 더욱 고도화할 '데이터'가 중요해지는 것이다. 아마존이 애써 개발한 알렉사의 알고리즘을 개방한 이유는 무엇일까? 이는 인공지능의 진정한 가치는 정교한 알고리즘보다 데이터에 있다는 것을 시사한다. 수많은 디지털기기를 통해 수많은 사람이 알렉사를 이용한다면 고객 데이터가 기하급수적으로 쌓인다. 데이터가 방대해질수록 아마존의 예측능력은 더욱 월등해진다. 아마존은 인공지능 엔진은 공개했지만 데이터는 공개하지 않았다. 인공지능의 미래가 결국 데이터에 달려 있기 때문이다.

물론, 데이터를 확보하고 관리하는 것은 대부분 기업에 까다로운 일이다. 캡제미니가 2018년에 확인한 바에 따르면, 거의 절반에 가까운 46%의 인공지능 자동화 도입 기업이 데이터 확보 프로그램에 상당한 투자를 했지만 명확한 데이터 관리 전략은 갖고 있지 않다. 엄청난 양의 데이터를 보유하고 있으면서도 실제로는 그 데이터를 사용하지 못하고 있는 기업이 많다. 또한 많은 개발자들이 필요한 데이터에 액세스access할 수 있다고 여기지만, 정작 데이터 소유권 문제 때문에 제3자는 사용하지 못하는 경우가 많다. 공공 데이터나 공유 데이터 등 쓸 수 있는 데이터를 확보했지만 사용 가치가 떨어져 자사 비즈니스에 도입할 동기가 없는 기업도 허다하다.

일단 데이터를 모으는 것 자체가 조직에는 커다란 도전이다. 가장 기본적인 방법은 타깃 고객으로부터 이들의 활동 데이터를 직접 얻는 것이다. 구글이나 페이스북은 수십억 명에 달하는 이용자에게서 활동 정보, 이미지, 동영상, 음성 등 방대한 데이터를 확보하고 있다. 사람들이 사진을 올리고 그에 대해 친구들이 답글을 달고, 친구를 맺는 모든 활동은 페이스북 회원들을 이해하는 데 필요한 기반 데이터로 축적된다. IBM 역시 인공지능 성능 향상을 위해 데이터 확보에만 수백만 달러를 투자하고 있다.

모든 조직은 비즈니스에 가장 적합한 데이터를 확보하기 위해 다각적인 접근을 취할 필요가 있다. 전략적으로 데이터 확보 채널을 마련해야 한다. 커피숍 같은 서비스 업체는 디지털 데이터가 만들어지지 않는 비즈니스이지만, 스타벅스는 디지털 플라이휠Digital Flywheel이라는 새로운 디지털 서비스를 선보이면서 데이터 확보를 위한 활로를 열었다. 스타벅스의 디지털 플라이휠은 리워드, 개인 맞춤, 결제, 주문 등의 서비스를 모바일 앱으로 간편하게 제공함으로써 스타벅스 이용률과 편리성을 키우는 전략이다. 사이렌 오더Siren Order는 미리 모바일로 주문할 수 있는 서비스다. 매장에서 줄을 서서 기다릴 필요 없이, 가는 도중에 앱으로 커피를 주문하고 매장에 도착하면 커피를 바로 찾아갈 수 있다. 게다가 앱으로 주문 승인, 커피 제조, 제조 완료 등 진행 상태를 확인할 수 있고, 음료가 완성되면 진동벨처럼 알림 메시지를 받을 수 있다. 또 모바일 오더 & 페이는 초간편 결제 시스템이다. 앱에서 주문한 커피는 신용카드나 현금이 아닌 스타벅스 카드로 결제하면 된다.

이러한 디지털 세계에서의 고객행동은 데이터로 수집된다. 사람들이 어느 스타벅스에서 어떤 커피를 몇 잔 마셨는지, 결제는 어떤 방식으로 하는지 등의 정보가 인공지능을 학습시킬 귀중한 데이터라는 것이다. 고객에게 감성적인 경험을 선사하는 스타벅스는 이렇게 디지털 기술을 융합해 서비스 역량을 높이고 데이터 기반의 고도화된 인공지능 서비스를 통해 커다란 시너지를 만들어내고 있다.

데이터는 AI 시스템의 핵심 자산이기 때문에 데이터를 어떻게 확보할지에 대한 전략이 수립되어야 한다. 데이터는 하나의 채널을 통해 수집할 수도, 다양한 채널을 통해 전방위적으로 수집할 수도 있다. 구글은 검색포털뿐 아니라 음성비서, 네스트Nest(무선 보안 카메라) 같은 기기 등을 통해 전방위적으로 사용자 데이터를 수집한다. 양질의 데이터를 얻기 위해서는 정교한 전략을 수립해야 한다. 또한 이를 통합 데이터 웨어하우스data warehouse를 통해 집중화하여 관리해야 한다.

중요한 점은 데이터 확보가 IT 부서 등 조직 내 특정 부서의 전유 업무가 아니라는 점이다. 모든 조직에서 데이터 확보에 관여하지 않는다면 AI 경쟁력을 극대화하기 어렵다. 데이터 확보 업무를 IT 부서 등 기존의 관련 부서의 일로만 여긴다면 AI 기술의 강점을 키우는 데 한계를 지닐 수밖에 없다. 의식하든 그렇지 않든, 마케팅, 회계, 운영, 영업 등 거의 모든 부서가 각종 데이터를 접하고 있다. 협력 및 제휴 회사의 채널과 합치면 데이터 소스는 무궁무진해진다. 이를 회사의 AI 경쟁력을 위해 얼마나 유연하고 효과적으로 활용하느냐가 중요하다.

이해를 돕기 위해 한 가지 비유를 들어보겠다. 미국 캘리포니아주 서쪽 해안가에 있는 코스트 레드우드coast redwood(세계에서 가장 키가 큰 나무 종)는 평균 높이가 100미터다. 코스트 레드우드 중에서도 히페리온hyperion이라는 키가 더 큰 종자가 따로 있다는데, 그 높이가 무려 116미터나 된다. 원래 나무는 중력으로 인해 땅의 수분을 높은 곳까지 전달하지 못하기 때문에, 본연적으로 자랄 수 있는 높이에 한계가 있다. 코스트 레드우드가 이 한계를 극복할 수 있었던 이유는 다른 데 있지 않다. 보통 나무는 생장에 필요한 대부분의 수분을 땅속 뿌리를 통해 흡수해서 순환시킨다. 그런데 이 나무는 이파리에도 흡수 기능이 있다. 레드우드는 흡수하는 수분의 25~50%를 높이 깔려 있는 안개에서 얻는다. 안개가 짙게 낀 날이면 무려 700킬로미터가량의 물을 잎으로 흡수한다. 데이터 또한 마찬가지다. 인공지능 고도화를 위한 데이터를 조직 전반적으로 잘 흡수할 수 있느냐가 조직이 보유한 알고리즘을 성장시키고 결실을 내는 데 중요한 요건이 된다.

데이터 확보 못지않게 중요한 것이 관리와 사용이다. 어떨 때는 여러 데이터를 결합해서 사용해야 하는데, 필요한 데이터를 모두 가져오기 위한 추가 계약이나 이질적 데이터를 통합하는 것도 커다란 도전과제다. 새로운 프로젝트가 생길 때마다 기존 데이터에 새로운 데이터를 결합할 수 있어야 한다. 여기에는 생각보다 많은 비용과 노력이 든다. 기업이 합병하여 서로 이질적인 데이터를 결합해야 할 경우 작업자들은 꽤나 고생을 할 것이다.

사용 가능한 데이터를 모두 확보했다 해도 여러 시스템에 분산, 사용될 경우, 알고리즘을 학습하는 과정에 방해가 될 수 있다. 기술 트렌드 저널인 〈에메르즈〉의 편집자 다니엘 파겔라Daniel Faggella는 "여러 시스템에서 소스 데이터에 액세스할 때, 기술 통합, 변경 제어 및 기타 보안 위험 등 여러 가지 이슈가 있기 때문에 실제 데이터 사용 자체에 장애가 많다"는 점을 지적했다. 요즘에는 비정형 데이터를 통해 고객 문의의 패턴을 인식하고 방대한 거래 데이터를 분석하는 기업이 많다. 이를 고객 대응, 여신 처리, 금융사기 감지와 같은 업무에 활용한다. 이 모든 것이 고객경험을 높이는 데 중요한 일이지만, 큰 조직에서는 여러 부서에서 서로 다른 데이터를 사용하다 보니 데이터가 단편화되는 경향이 있다. 이는 인공지능 알고리즘의 성능을 향상시키는 데 커다란 걸림돌이다. 그때그때 필요할 때마다 데이터를 단편적으로 확보하는 게 아니라, 인공지능 솔루션에 대한 커다란 방향을 그린 후 그에 맞추어 일관된 데이터 확보 전략을 취해야 하고, 서로 다른 출처의 데이터를 어떻게 일관된 데이터세트로 결합할 것인지에 대한 분명한 전략을 세워야 한다.

앞서 조직의 기능적 통합이 중요하다는 이야기를 했지만, 기업의 사업전략이 데이터와 연결되도록 하는 것도 같은 맥락에서 중요하다. 많은 경우 기업 내 조직에는 데이터 장벽이 있다. IT 관련 부서나 고객관리 부서의 특정 인물만 데이터에 접근할 수 있고, 데이터를 이용하는 지원 파트에서는 접근이 불가능한 경우가 태반이다. 조직의 인공지능 활용능력의 기초는 데이터 접근성에서 시작된다. 데이터가 특정 영역에 격리되거나 여러 부서의 데이터가 분산되어 통합을 이루지 못하면 인공지능은 제대로 활용될 수 없다.

데이터 보호 및 공유의 문제

데이터와 관련하여 간과해서는 안 되는 게 개인정보 보호 문제다. AI 시스템을 가동하기 위해 데이터를 수집하는 이상 개인정보의 확보 및 처리에 대한 이슈는 매우 민감하다. 엔비디아의 감시용 CCTV 카메라는 99% 정확도로 대규모 범죄자를 색출하는 데 쓰이지만 일반 개인의 정보가 오용될 가능성도 있다. 스마트폰 없이도 얼굴만 스캔하면 결제가 되는 얼굴인식 결제 시스템인 알리페이의 '스마일 투 페이'는 서비스 측면에서는 이점이 많겠지만 보안과 개인정보에 대한 걱정을 낳고 있다. 간편하게 개인 식별을 하는 만큼 정보 또한 간편하게 탈취될 가능성을 배제할 수 없다. 캡제미니의 2018년 보고서에 따르면, 사이버 보안 및 데이터 프라이버시 문제 역시 인공지능 도입을 가로막는 요인이다. 해커들에게는 인공지능에 의한 서비스 변화가 매력적으로 다가온다. 수집한 데이터의 보안 및 관리체계를 탄탄하게 정비하지 못한 조직이 존재하기 때문이다. 특히 인공지능에 의한 자동화의 규모가 커질수록 보안 및 개인정보 보호에 대한 우려는 더 커질 것이다.

데이터의 개인정보 보호는 조직 내 강력한 데이터 거버넌스 제도가 명확히 자리잡혀 있는지 여부가 결정한다. 2019년 〈MIT 슬론매니지먼트리뷰〉에 따르면 실제 데이터에 익숙한 조직은 데이터 거버넌스에 대한 정책이 잘 수립되어 있다고 한다. 데이터 기반의 인공지능 비즈니스를 일찍 도입한 혁신기업은 데이터 관리방식도 우수할 확률이 높다. 뒤늦게 서둘러 기술을 도입하는 기업은 조직의 데이터 관리 시스템을 제대로 정비해놓지 못할 가능성이 크다. 이렇듯 AI 도입에 뒤처진 기업에는 데이터 관리 수준의 격차가 또 하나의 진입장벽으로 작용할 것이다.

한편, 많은 스타트업이 AWS나 구글 등 선진 플랫폼을 이용해 고도의 서비스를 실현하고자 한다. 그러나 이 경우 데이터를 선진 플랫폼에 제공해야 할 상황이 벌어질 수 있는데 여기서 공유에 대한 딜레마가 생겨난다. 알고리즘 등 고급 자원을 이용할 수 있다는 장점이 있는 반면에 데이터를 공유하는 플랫폼에 자사 비즈니스가 종속되거나 사용자의 데이터를 착취당할 수 있기 때문이다. 가령, TV 판매업자가 모바일 사이트의 로딩 속도를 최대 85%까지 높일 수 있는 구글 앰프AMP를 이용하면 고객 유치에 유리하다. 빠르게 열리는 페이지를 만들 수 있고, 구글 검색 결과에서 눈에 띄는 위치에 게재할 수 있고, 고객들의 페이지 방문 만족도도 높일 수 있다. 그러나 앰프를 사용하려면 구글에 사이트 연결 데이터에 대한 접근 권한을 제공해야 한다. 이 과정에서 고객 및 회사 영업 정보가 구글에 공급될 수 있다. 이러한 데이터 접근 권한을 부여하지 않으면 구글을 통한 광고효과는 떨어지고 로그분석 등을 할 수 없다. 이러한 효과를 거두려면 데이터 접근 권한을 넘겨야 하는데 여러 리스크 때문에 선뜻 계약을 체결하기 어려워진다.

독일 쾰른대학교 장 크래머Jan Krämer 교수 등은 2019년 〈MIT 슬론 매니지먼트리뷰〉를 통해 이에 대한 몇 가지 지침을 제시했다. 먼저 판매업체는 플랫폼이 제공하는 서비스에 지나치게 의존하지 말아야 하고, 채택 결정을 지속적으로 재평가하라고 권고한다. 또한 경쟁업체와의 차별화를 위해 데이터 공유 계약을 체결하라고 권한다. 새로운 데이터 소스를 경쟁업체와 분리하는 방식으로 데이터 공유를 활용하면 이익을 얻을 수 있다. 이와 함께 플랫폼에 의존하는 대신 경쟁사들, 즉 콘텐츠 및 서비스 제공 업체들이 함께 모여 단일 솔루션을 구축하는 것도 방법이다. 오픈 아이디로 접속을 공유할 수 있는 제3의 플랫폼을 만드는 것이다. 적절한 제휴관계는 플랫폼 이상의 시너지를 끌어낼 수 있다.

정리하면, 인공지능 솔루션에서 데이터는 가장 중요한 원동력이다. 사업에 최적화된 기능을 발휘하려면, 관련 데이터가 충분히 뒷받침되어야 한다. 이에 앞으로는 데이터의 중요성이 더욱 커질 것이다. 누구나 인공지능 소프트웨어를 사용할 수 있는 시대가 될 것이고, 결국 양질의 데이터에서 차별성이 창출된다. 조직 내 데이터 접근 및 활용 능력을 잘 갖추고, 개인정보 등 데이터 관리에 대한 견고한 체계를 마련하는 것이 중요하다. 또한 데이터를 활용해 플랫폼 및 제휴기업과 시너지를 내는 것 또한 정교한 검토를 통해 접근해야 한다. 데이터의 확보, 사용, 관리 면에서 성숙한 조직이 AI 경쟁력을 갖는다.

Network,
네트워크 효과로 역량을 증폭하라

실리콘밸리의 싱귤래리티대학교 교수인 살림 이스마일Salim Ismail은 그의 저서 《기하급수 시대가 온다》에서 기하급수적으로 성장하는 조직의 상당수가 네트워크 효과에 의존한다고 했다. 네트워크 효과란 조직이 출시한 제품이나 서비스에 대한 누군가의 수요가 다른 누군가의 수요에 영향을 받는 효과를 말한다. 한 재화의 수요자가 늘어나면 그 재화의 객관적 가치, 즉 재화 이용자들이 느끼는 가치도 더불어 높아질 수 있는데, 이를 일컬어 '네트워크 효과'라 한다. 가장 대표적인 예는 페이스북이다. 페이스북은 22억 명에 달하는 가입자를 보유하고 있다. 아무리 뛰어난 기능을 갖춘 신종 SNS가 시장에 등장한다 해도 페이스북을 넘볼 수는 없다. 지인들이 가장 많이 모여 있는 SNS가 페이스북이기 때문이다. 사람들은 더 많은 사람과 교류하기 위해 페이스북을 계속 이용하고 싶어 할 것이다. 사람이 사람을 끄는 것이다.

과거에는 거대 자산을 가진 조직이 더 강력한 힘을 지녔지만 기하급수적으로 성장하는 조직은 자원이나 인프라를 소유하려 하지 않고, 군중을 동원하려 한다. 자원을 소유하는 조직은 성장곡선이 산술적으로 증가한다. 자원의 여력만큼만 성장한다. 그러나 군중을 동원하면 이야기가 달라진다. 자원과 상관없이 가치를 무한대로 늘릴 수 있다.

사물인터넷 시대가 도래하면서 도로에 센서를 이식해 도로 상황을 실시간으로 파악하는 기술이 개발되고 있다. 도로망 센서 업체인 나브텍Navteq은 13개국 35개 주요 도시에 40킬로미터에 이르는 도로망 센서를 설치해 실시간 교통 감시 시스템을 구축했다. 해당 분야에서 거의 독보적인 기업이다. 그런데 노암 바르딘Noam Bardin이라는 이스라엘 사업가가 웨이즈Waze라는 전혀 새로운 방식의 비즈니스를 들고 나왔다. 웨이즈는 회사가 센서를 소유하지 않고, 도로를 달리는 사람들의 스마트폰에 있는 GPS 센서로 위치정보를 크라우드소싱한다. 참여자가 많지 않을 때는 효력이 미미하지만, 많을 때는 그 무엇보다 촘촘한 실시간 감시 시스템이 완성되는 것이다. 웨이즈는 사업을 시작한 지 2년 만에 나브텍과 동일한 개수의 센서를 확보했고, 4년 뒤에는 10배나 더 많아졌다. 지금은 웨이즈가 확보한 인간 센서가 1억 명이 넘는다.

나브텍은 센서를 하나 만들 때마다 비용이 든다. 하지만 웨이즈는 센서를 추가하는 데 돈이 들지 않는다. 기술이 업그레이드되면 센서 역시 업그레이드해야 한다. 나브텍이 부담해야 하는 센서 업그레이드

비용 역시 만만치 않다. 반면 웨이즈는 사람들이 스마트폰에 내려받은 앱만 업그레이드하면 되니 이 역시 비용이 들지 않는다. 웨이즈에 가입한 사람이 많다는 것은 도로를 감지하는 센서가 촘촘하다는 것이다. 사람들은 웨이즈에 촘촘한 인간 센서가 많아질수록 이 서비스에 더 큰 매력을 느낄 것이다. 이것이 바로 네트워크 효과다.

AI 전성시대에 경쟁의 판도는 과거와 다르다. 소비자는 구매를 하면서 제품의 브랜드 라벨이 아니라 방대한 고객을 바탕으로 정교하게 짜인 인공지능 알고리즘에 의존하게 될 것이다. AI 플랫폼이 정확하게 나의 취향을 파악해 최적의 상품을 추천할 것이기 때문이다. 이런 상황에서 유통업체들은 플랫폼에 종속될 수밖에 없다. AI 알고리즘이 추천하는 리스트에 들지 못하면 플랫폼에 의존하는 소비자에게 다가갈 수 없기 때문이다. 결국, 방대한 고객 기반을 보유한 플랫폼 기업이 추천 주도권을 장악해 시장 지배력을 넓혀갈 것이다.

그렇다면 네트워크 효과를 얻으려면 어떻게 해야 할까? 네트워크 효과를 창출하는 조직은 대부분 플랫폼을 구축한다. 플랫폼은 제품이나 서비스를 제공하는 공급자와 수요자 등이 모여드는 장이다. 플랫폼 참여자들의 연결과 상호작용을 통해 진화하며, 모두에게 새로운 가치와 혜택을 제공해줄 수 있는 상생의 생태계다. 페이스북이나 웨이즈도 일종의 플랫폼이다.

인공지능에게 플랫폼은 더욱 중요해진다. 실제로 세계적인 회사들이 인공지능 서비스에 있어서 플랫폼 역할을 차지하기 위해 전쟁을 벌이고 있다. 구글의 에릭 슈미트Eric Schmidt 회장은 이미 2015년부터 알파고 같은 머신러닝 기술로 구글의 클라우드 플랫폼을 구축하겠다고 선포했다. IBM의 버지니아 로메티Virginia Rometty 회장은 2016년에 IBM은 인지솔루션과 클라우드 플랫폼 회사로 새로이 출발한다고 천명했다. 인공지능 서비스에서 플랫폼이 중요한 이유는 뭘까? 인공지능이 플랫폼화되면 인공지능의 고차원적인 기능을 일반 사람도 클라우드 같은 플랫폼을 통해 쉽게 이용할 수 있다. 마이크로소프트가 PC 운영체제 시장을 90% 넘게 독점했던 것처럼, 인공지능 시대에도 플랫폼을 장악하는 기업이 많은 이점을 거머쥐게 될 것이다.

플랫폼의 가장 큰 장점은 독보적 성벽을 쌓을 수 있다는 것이다. 왜냐하면 플랫폼 내에서는 경쟁자가 따라오기 어려운 선순환 구조가 생기기 때문이다. 플랫폼 기업은 방대한 데이터를 축적함으로써 제품 및 서비스의 AI 기능을 향상시킬 수 있다. 제품과 서비스가 질적으로 향상되면 더 많은 사람이 모이게 된다. 더 많은 사람이 모이면 수집되는 데이터의 양이 더 늘어나고 이는 또다시 제품과 서비스의 질적 향상으로 이어진다. 플랫폼 구축은 이러한 선순환 고리를 설계하는 것이라고 볼 수 있다.

그럼 어떻게 해야 플랫폼을 장악할 수 있을까? MIT의 마이클 쿠수마노 교수는 플랫폼을 구축하는 세 가지 원칙을 제시했다. 첫 번째 원칙은 개방성이다. 개방형 정책을 통해 타 기업이나 전문가가 자사 제품과 서비스에 이를 접목할 수 있게 해야 한다. 구글은 2016년 8월 데이터 분석과 머신러닝이 적용된 서비스인 '구글 클라우드 플랫폼GCP'을 내놨다. 기업용 클라우드 서비스 시장을 공략하기 위해서다. 구글

AI의 선순환 구조

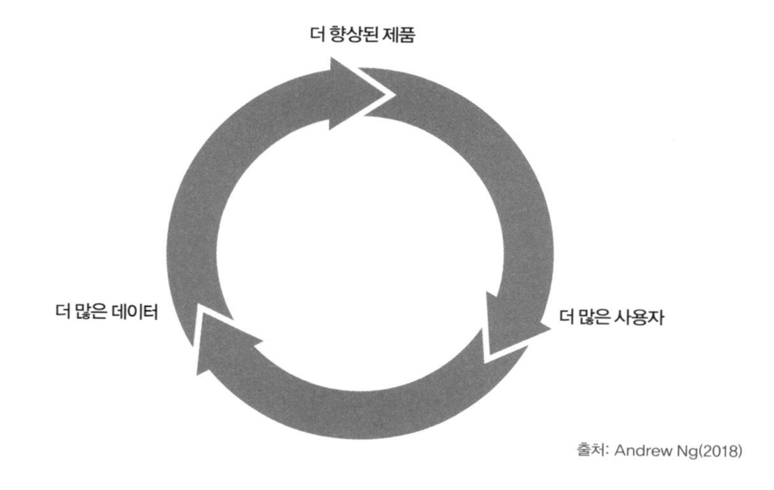

출처: Andrew Ng(2018)

은 과거에도 안드로이드를 모두에게 개방해 누구나 좋은 애플리케이션을 개발해 안드로이드 기반 스마트폰에서 구동할 수 있게 했다. 이를 더 잘할 수 있도록 아예 IT 기업 입장에서는 영업 비밀에 해당할 법한 안드로이드 알고리즘 자체를 공개했다. 구글은 이에 그치지 않고 딥러닝이나 자율주행차에 적용된 머신러닝과 딥러닝 알고리즘도 오픈소스로 공개하는 정책을 펼치고 있다. 개발자들은 이제 구글의 인공지능 알고리즘을 접할 수 있게 됐다. 이러한 정책은 전 세계적으로 구글 플랫폼에 맞는 다양한 인공지능 애플리케이션이 개발되는 데 기폭제 역할을 할 것이다.

이미 알고 있겠지만, 아마존은 2016년부터 인공지능 비서 알고리즘 알렉사를 외부 기업이 이용할 수 있도록 '알렉사 파트너 프로그램'을 펼치고 있다. AWS 파트너 기업들이 알렉사를 자사 제품에 탑재하거나 혹은 응용개발을 할 수 있게 한 것이다. 알렉사가 수행할 수 있는 일은 3만 개에 육박한다. 이 알렉사 알고리즘을 일반 기업이 자사 제품과 서비스에 녹여내는 것을 아마존이 허용한 것이다.

가령 냉장고 제조사가 아마존과 제휴해서 자사 냉장고에 알렉사를 탑재해 인공지능 냉장고로 구현해 출시할 수 있다. 냉장고 시장은 이미 기술적으로 상향평준화가 되었기 때문에 냉장 기술만으로는 차별화가 어렵다. 그런데 인공지능 기반의 전혀 다른 차원의 제품을 만들 수 있게 된 것이다. 엄청난 차별화가 아닐 수 없다. 아마존이 이러한 개방정책을 펼친 이후 LG전자, 소니, BMW 등 수많은 업체가 자사 제품에 인공지능 기능을 부여하기 위해 알렉사를 도입했다. 불과 1년 6개월도 안 되어 알렉사를 도입한 업체 수는 1만 개를 돌파했다. 아마존이 단숨에 인공지능 비서 시장을 장악한 것이다.

사실 이를 통해 아마존이 노린 것은 인공지능 비서 시장에 대한 지배력만이 아니다. 궁극적인 지향점은 고객과의 접점이다. 아마존은 고객들이 물건을 살 때 처음으로 가는 채널이 아마존닷컴이 아니라 구글 같은 검색엔진이라는 점에서 큰 도전을 받고 있었다. 이미 고객의 첫 인터페이스를 구글에게 빼앗긴 상태였다. 그런데 고객이 알렉사라는 새로운 인터페이스로 주문할 때는 기존에 PC에서 구글로 검색하는 것과는 전혀 다른 방식을 사용하게 된다. 나아가 아마존의 알렉사가 수많은 기업의 냉장고나 TV 같은 전자기기에 탑재되면 사람들이 알렉사를 점점 더 많이 부르게 된다. 결국 사람들은 알렉사를 통해 쇼핑을 하게 되고, 그 경로는 아마존일 수밖에 없는 것이다. 이렇게 고객 인터페이스를 장악하면 더 많은 고객 데이터를 얻고 이를 새로운 제품 개발에 반영할 수 있으니 고객 기반을 더욱 넓히는 선순환 구조가 만들어진다.

두 번째 원칙은 차별적 가치 제공이다. 아마존은 오래전부터 추천서비스를 개발해왔다. 이 서비스는 AWS 위에서 아마존 머신러닝 서비스로 진화했다. 가령 의류 회사가 AWS를 이용한다고 해보자. 의류 회사가 고객정보 데이터를 아마존 클라우드 서비스에 올리면, 아마존은 머신러닝을 통해 이 데이터를 검증하고 분석해서, 아마존이 갖고 있는 '추천서비스 기능'을 제공해준다. 즉, 의류 회사가 가장 궁금해하는 질문, '이 제품을 가장 좋아할 고객은 누구인가?' 혹은 '고객이 이 제품을 살까?'에 대해, 인공지능이 분석한 고도로 정제된 지식을 제공하는 것이다. 자기 사업을 하기도 바쁜 시장에서 이처럼 고도의 서비스로 타 기업의 경쟁력까지 높여주는 전자상거래 업체는 아마존이 유일하다.

AWS는 그 외에도 고객이 다양한 머신러닝 기능을 쉽게 사용할 수 있는 플랫폼 서비스를 제공한다. 렉스를 사용해 대화식 인터페이스를 구축하고, 폴리를 통해 텍스트를 음성으로 변환하는 기능을 만들 수 있고, 레코그니션을 사용해 이미지분석 기능을 추가할 수 있다. 또한 컴프리헨드Comprehend를 통해 텍스트에서 문맥을 파악하며, 세이지메이커SageMaker로 머신러닝 모델을 구축·교육·배포할 수 있다. 이를 통해 아마존은 더 많은 고객 데이터를 얻게 되고, 방대해진 데이터를 통해 더 성숙한 인공지능 서비스를 제공할 수 있게 되는 것이다.

세계 최대 기업가치를 지닌 아이콘 기업으로 자리잡은 중국의 바이트댄스 또한 플랫폼 비즈니스를 통해 차별적 가치를 제공한다. 바이트댄스의 주력 서비스인 진르터우탸오는 '오늘의 헤드라인 뉴스'라는 콘셉트로, 인공지능을 통해 이용자가 좋아하는 뉴스 테마 및 구독 패턴을 예측해서 맞춤형 뉴스를 무료로 추천해준다. 모든 사람에게 천편일률적으로 기사가 발송되는 기존 언론매체와 달리, 내가 제일 궁금해할 만한 뉴스만 맞춤형으로 제공해주니 사람들의 호응도가 높다. 이 기업은 사업 방향 자체가 다르다. 맞춤형 기사 제공 서비스지만 일반적인 온라인 언론사 비즈니스를 표방하는 게 아니라, SNS 플랫폼 방식을 채택하겠다는 것이다. 바이트댄스는 뉴스에만 머무르지 않고 영상 콘텐츠까지 아우른다. 그런데 이마저도 사용자들이 가장 즐거워할 만한 형태의 플랫폼으로 제공한다. 사용자가 재미있는 영상을 촬영하고 편집하며 웨이보微博나 위챗 같은 플랫폼에서 공유할 수 있도록 했고, 이는 엄청난 히트를 기록했다. 바이트댄스는 이후 립싱크 애플리케이션인 뮤지컬리Musical.ly를 8억 달러에 인수했다. 뮤지컬리는 미국 10대 청소년들의 번뜩이는 15초짜리 영상을 기반으로 하는 새로운 SNS 서비스다. Z세대 젊은층의 SNS 문화가 빠르게 바뀌고 있는데 이를 가장 먼저 반영한 애플리케이션이 뮤지컬리다. 바이트댄스는 틱톡Tick tock, 뮤지컬리 등 SNS 플랫폼을 통합해, 젊은 이용자들이 재미를 느끼고 삶을 공유하며 즐겁게 놀 수 있는 놀이동산을 제공하고 있다. 위챗의 경우 월간 누적이용자가 10억 명을 돌파했다.

이러한 흐름을 보면서 인공지능으로 인한 소비자의 소비패턴 변화를 직시해야 한다. 앞으로는 솔루션형 소비패턴이 대두될 것이다. 그동안 소비자는 어떤 물건이 필요하면 상품을 일일이 찾아서 직접 구매했다. 상품에 대한 정보를 조사해야 하고, 가격 비교 등의 노력을 기울여야 했다. 스킨케어가 필요하면, 안티에이징 크림, 수분 크림, 스킨 마사지 서비스 등 피부 건강과 관련 있는 제품 및 서비스를 일일이 찾아 구매해왔다. 그러나 인공지능 시대에는 나의 관심사를 알려주면 나에게 최적화된 스킨케어 상품과 서비스를 자동으로 분류하여 알려준다. 이러한 유형의 소비활동에서 고객이 만족을 얻으려면 인공지능이 소비자의 정보, 취향, 맥락을 제대로 이해해야 한다. 그러려면 알고리즘이 정교해야 하는 것은 물론이고, 풍부한 소비자 데이터를 기반으로 다양하고 입체적으로 소비자를 학습할 수 있어야 한다. 이러한 플랫폼이 존재하면 소비자는 몰리고, 이는 보다 정교한 플랫폼으로 발전할 수 있는 학습 데이터가 되어주기 때문에 또다시 선순환 구조가 만들어진다.

플랫폼 장악의 세 번째 원칙은 대가 없는 제공이다. 무無에서 시작해 어느 시점까지는 성과가 없다는 점을 인정해야 한다. 협력적인 생태계를 구축하려면 외부 지향적이어야 한다. 자사가 보유한 아이디어를 개방하고, 시스템, 기술, 자금을 협력사에 제공할 수 있어야 한다. 외부 협력사의 전적인 신뢰를 확보할 수 있어야 하고, 그들과 직접적으로 경쟁하지 않으리라는 절대적인 확신을 줘야 한다. 플랫폼 구축에는 상당한 자금이 들어갈 수도 있다. 비디오 게임 플랫폼을 출시했다고 해보

자. 최고의 진입방식은 비디오 게임 콘솔을 개발해 무상으로 배포하는 것이다. 페이스북 초창기를 예로 들어보면, 무료 회원가입이라는 획기적인 전략을 통해 자사 플랫폼에 타 기업체가 쉽게 애플리케이션을 만들어 페이스북이 수집한 정보로 재미난 기능을 만들 수 있게 했다. 페이스북 친구 목록이나 좋아하는 음악과 영화, 게임 사용자 그룹을 형성하는 방식 등에 관한 정보는 페이스북 혼자서 만든 것이 아니다. 다른 회사가 페이스북 플랫폼에 다른 기능을 개발해 선사하도록 셋업 환경을 개발한 덕이다.

IBM도 블루믹스Blumix라는 클라우드 플랫폼을 가지고 있다. 그리고 블루믹스를 통해 다양한 인공지능 서비스를 누구나 이용할 수 있다. 가령, 미국 퀴즈쇼 〈제퍼디!Jeopardy!〉에서 사용된 왓슨의 Q&A API 기능을 이용할 수 있다. 자사 비즈니스 분야에 특화된 지식 데이터베이스를 만들어서, 왓슨을 활용하면 마치 어려운 퀴즈에 정답을 척척 내놓듯이 궁금한 질문에 대한 정확한 답을 얻어낼 수 있다. 어디에 활용할 수 있을까? 고객의 질문에 응대하는 데 활용할 수도 있고, 새로운 사업 아이템에 대한 아이디어를 얻을 수도 있다. 퍼스널리티 인사이트Personality Insight도 흥미로운 서비스다. 보통 어떤 사람에 대해 400개 정도의 단어가 주어지면, 그 사람이 어떤 성향인지를 맞출 수 있다. 얼마나 내성적인지, 도전적인지 등 99가지 형태의 행동모델을 분석해낸다. 이 기능은 많은 영역에 쓰일 수 있다. 경력 컨설팅을 해줄 수도 있고, 고객에 대한 CRM 데이터로 활용할 수도 있다. 톤 애널라이저Tone Analyzer도 흥미롭다. 이 서비스는 주어진 문장이나 스피치를 통해 사람의 감정상태를 읽어낼 수 있다. 말하는 사람의 감정상태에 적합한 메시지와 제스처로 응대할 수도 있다. 고객들을 친절하게 안내해야 하는 곳이나, 정신과 진료처럼 감정을 다루는 영역에서 요긴하게 활용할 수 있다. 물론 일부 기능은 유료다. 그러나 IBM 같은 최첨단 기업이 천문학적인 자금을 쏟아부어 세계 최고 전문가들의 손길로 만든 알고리즘을 비교적 부담 없는 비용으로 이용할 수 있다는 점은 이용자 입장에서 커다란 혜택이 아닐 수 없다.

정리하면, 인공지능 비즈니스 혁신에 성공하려면 '당장' 움직이는 조직이 되어야 한다. 무엇보다도, AI 기술에 대한 선점과 변화에 '민첩'해야 한다. 또한 조직 내 인간과 인공지능 머신의 '협업'체계를 구축해야 한다. 인공지능에 대한 기술적 지식뿐 아니라 비즈니스 및 산업 지식을 동시에 보유한 '인재'를 확보해야 한다. 또한 인공지능 도입은 IT 관련 부서만의 일이 아니며, AI와의 시너지가 극대화될 수 있도록 조직 전반적인 기능의 '통합'이 이뤄져야 한다. 인공지능 알고리즘의 성장 기반은 풍부한 '데이터'이기 때문에 데이터의 확보 및 관리가 수월하도록 정비해야 한다. 끝으로 기하급수적 성장을 이끌 수 있는 플랫폼 형태의 비즈니스를 통해 '네트워크' 효과를 창출해야 한다. 존 챔버스가 이야기했듯 끝까지 생존하는 물고기는 큰 물고기가 아니라 빠른 물고기다. 부단히 움직여라.

5장

AI 이노베이터 마인드

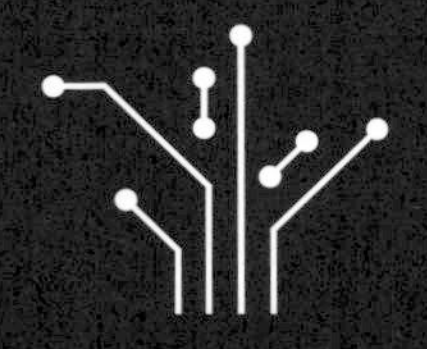

기술에 대한 비전을 세워라

구글 CEO인 선다 피차이는 2017년 'AI 퍼스트'를 선언하며 구글의 모든 사업은 인공지능 중심이 될 것이라고 발표했다. 지메일이나 검색뿐 아니라 구글 홈, 구글 어시스턴트, 기업용 클라우드 서비스에 이르기까지 모든 서비스를 인공지능 기반으로 개발한다는 골자다. 그는 앞으로 구글 비즈니스의 핵심은 머신러닝 등 AI에 대한 장기적인 투자라고 강조했다. 주주들에게 보내는 편지에서도 인공지능은 사람들의 일하는 방식을 개선할 수 있는 기회라고 강조했다. 이 시점에 구글은 거금을 들여 17개의 AI 기술 보유 스타트업을 인수했다.

피차이는 'AI 퍼스트'에서 2018년 '모두를 위한 AIAI For Everyone'로 확장된 개념을 다시 발표했다. 앞으로도 인공지능을 중심에 두고 관련 기술의 개발과 서비스 발전을 위해 다양한 시도를 펼치겠다는 의지를 전 조직과 고객에게 밝힌 것이다. 이를 통해 구글의 전 조직은 인공지능 기술과 서비스가 사람들 곁에서 구현되도록 힘을 모으고 있다. 이메일을 보낼 때 인공지능이 적절한 문장을 예측해 제시해주고, 전화로 식당과 미용실을 예약해주는 등 일상생활에 구글의 인공지능이 스며들 수 있도록 기술을 개발하고 있다.

인공지능 비즈니스를 성공적으로 추진하기 위해서는 기술에 대한 경영자의 비전이 중요하다. 인공지능 기술 도입은 경영자의 의지와 비전만큼 이뤄질 것이다. 불확실성이 크고 생소한 영역이기 때문에 경영자의 결정 없이 조직 스스로 움직이기란 사실상 불가능하다. 앞서 인공지능 기술 도입 속도를 결정하는 변수 중 첫째가 경영자의 의지라고 밝혔다. 경영자가 인공지능을 어느 정도 강하게 도입하려 하는가, 혹은 얼마나 광범위하게 적용하려 하는가는 실제 비즈니스에서 인공지능 기술이 차지하는 비중을 결정할 것이다. 스타트업도 마찬가지다. 기술에 대한 창업자의 믿음과 자신감만큼 기술개발에 대한 투자가 이뤄진다.

나는 전작《기술지능》에서 기술혁명 시대에 필요한 것은 '불가능한 목표Impossible purpose'라고 강조한 바 있다. 인간은 대부분 과거 지향적이다. 과거 지식에 비추어 상식적이고 당연시되는 것을 추구한다. 그런데 그렇게 기존 궤도에서 가능한 것만 추구하다 보면 같은 자리에만 머물게 된다. 혁신이란 이전에 없던 새로운 궤도를 만들어내는 것이기 때문에 지금의 익숙한 궤도에서 벗어나야 하고, 익숙하지 않은 생각,

조금 무리한 상상력이 필요하다. '가능한 미래'는 어제의 목표이고, 새로운 혁신은 '불가능한 미래'에서 시작된다.

인공지능 비즈니스에서는 '불가능한 목표'의 중요성이 특히 더 크다. 인공지능은 과거에 불가능했던 일들을 가능하게 만드는 기술이다. 인공지능은 사람이 운전대에서 손을 떼고, 자동차가 스스로 주행하게 만드는 기술이다. 자살 잠재성이 높은 대학생을 감지해 자살을 방지하는 기술이다. 대량생산 중심의 산업에서는 수천만 고객의 개별 선호에 맞춰 일일이 다른 상품을 제공한다는 건 상상조차 하지 못했다. 그러나 인공지능의 자동 맞춤화 기능은 100% 커스터마이징을 실현하고 있다. 지금까지는 고객의 니즈를 정확히 파악할 수 없어서 인구통계학적으로 구매 가능성이 높은 고객군을 선택해 마케팅을 해왔지만, AI 인식혁신 기술은 고객 자신도 모르는 니즈를 파악해 구매로 이어질 만한 추천을 해주고 있다. 우리가 가능하다고 생각하는 것은 거의 대부분 과거의 기준이다. 과거의 범위 안에서 기술을 해석하는 것은 미래 잠재성이 많은 기술을 좁은 새장에 가두는 것과 같다. 인공지능이 할 수 있는 일은 과거의 기준으로는 불가능한 영역에 해당될 것이다. 그렇기에 더욱 불가능한 목표를 수립해야 하는 것이다.

구글의 공동창업자 래리 페이지Larry Page는 이렇게 말했다. "우리가 구글을 통해 만들어낸 많은 것들이 처음에는 미친 생각처럼 보였다." 하지만 지금 그러한 '미친 생각'들이 모든 산업의 판도를 바꾸고 우리는 '미친 사람들'이 만들어놓은 새로운 시장 속에서 살아가고 있다. 앞으로 인공지능은 수많은 '미친 상황'을 만들어낼 것이다. 3년 후부터는

AI에 기반해 역량을 증폭시켜 시장을 파괴하는 기업이 많아질 것이다. 이런 시대에 시장을 파괴하는 기업은 바로 지금 불가능한 목표를 위해 한 걸음씩 전진하는 기업일 것이다. 미래학자 토머스 프레이는 현재가 미래를 만드는 것이 아니라, 미래의 비전이 현재를 만든다고 했다. 불가능하게 느껴질 정도의 대담한 비전은 시야를 넓혀준다. 시대의 흐름을 읽는 눈이 밝아질 것이고, 변화의 본질을 해석하는 눈이 생길 것이다. 경영자의 담대한 비전이 조직의 미래를 구할 것이다.

경영자는 인공지능 기술 도입에 대한 구체적 전략을 마련해야 한다. 2017년 〈MIT 슬론매니지먼트리뷰〉에 의하면 AI 도입을 추구하는 기업의 60%는 인공지능 도입전략이 절실하다고 생각하지만, 50%가량만이 실제 기술 도입전략을 가지고 있다고 했다. AI 도입을 추구하는 기업의 절반만이 구체적인 기술전략을 세우는 게 현실이다. AI 전략도 이상과 현실 사이에 차이가 존재한다. 인공지능 전략은 데이터 확보에 대한 전략은 물론 AI 기반의 비즈니스 모델 개발에 대한 구상, 인재확보에 대한 전략, 외부 기업과의 제휴 포트폴리오 전략 등을 전반적으로 포괄한다. 경영자는 인공지능에 대한 담대한 비전 아래 구체적 전략을 마련해야 한다.

앤드루 응이 구글 브레인팀을 이끌 때 조직 내부에서 딥러닝 기술에 대한 회의론이 일었다. 응은 구글 서비스에 AI를 적용하는 데 있어서 작은 프로젝트의 성공으로 추진력을 얻고 이를 통해 점차 AI 적용 범위를 확대해나가겠다는 전략을 세웠다. 그 시작이 바로 음성인식을 통한 웹 검색 서비스 개발이었다. 구글에 직접적인 수익을 가져다주지는 않지만 이는 조직 내에서 의미 있는 프로젝트로 자리잡았고, 이 프로젝트가 성공하자 AI 기술개발에 대한 추진력이 생겼다. 이를 통해 인력과 자원을 모을 수 있게 되었고 AI 도입을 구글맵 등 다른 영역으로 확대하는 데 성공했다. 이처럼 AI 이노베이션 추진에는 경영자의 전략이 필요하다.

기술의 본질을 통찰하라

인공지능에 의한 변화는 단절적이고, 불규칙적이며, 불확실할 것이다. 누군가에게는 맞서기 어려운 큰 위협이 될 것이고, 누군가에게는 일생일대의 기회가 될 것이다. 인공지능 기술혁명 시대에 큰 기회를 얻기 위해서는 이 기술이 가져올 변화의 이면을 꿰뚫는 통찰력이 필요하다. 변동성이 높은 산업에서 유연하게 대응하지 못해 도태된 사례는 쉽게 찾을 수 있다. 경영자의 통찰력은 기업의 생존과 직결된다. 〈포브스〉는 상당수 경영자가 인공지능이 실제로 어떤 역할을 하는지도 모른 채 도입하는 현실을 지적하며, 인공지능 기술의 장밋빛 미래에 도취되어 방향성 없이 도입하는 것은 피해야 한다고 강조한 바 있다. 물론, 인공지능 기반 제품 및 서비스를 만드는 데 필요한 시간과 가치를 추정하는 것부터가 어려운 일이다. 데이터를 이용한 알고리즘 학습은 다른 디지털 프로젝트에 비해 훨씬 오래 걸릴 수 있고, 성공과 실패에 대한 불확실성도 크다. 고위험 프로젝트이다 보니 선불리 다가서기 부담스러운 게 사실이다. 그렇기 때문에 더욱 통찰력이 필요하다. 그렇다면 구체적으로 무엇을 통찰해야 할까? 세 가지가 특히 중요하다.

첫 번째로 문제problem를 통찰해야 한다. 과거 변화가 크지 않고 프로세스가 대체로 정형화된 시기에는, 풀어야 할 문제 자체가 어느 정도 정해져 있었고, 이를 '어떻게 해결할 것인지how to solve'가 중요했다. 그러나 기술혁명으로 인해 산업의 변화가 큰 지금은 해결해야 할 문제가 무엇인지조차 알기 어렵다. '무엇을 해결할 것인가what to solve'에 대한 통찰이 중요한 시기다. 자율주행차가 상용화될 때 차량 내부에 있는 사람들의 안전을 위협하는 새로운 변수는 무엇인가? 자동차 보험회사의 수익은 크게 위협받을 수 있는데, 무엇부터 해결해야 하는가? 수많은 고객 데이터를 통해 알고리즘 학습을 하는 동안 개인정보가 유출될 수 있는 지점은 어디인가? 우리 회사를 위협할 만한 AI 기반 혁신기업은 어느 영역에서 어떤 형태로 등장할 것인가? 이에 대비하기 위해 우리 조직은 무엇부터 준비해야 할 것인가? 이렇게 문제를 추적하는 질문이 중요해지는 시기다.

인공지능을 도입하기 위해서는 자기 조직에 대한 솔직한 이해가 필요하다. 많은 조직이 인공지능 기술을 도입하지만 모두가 효과를 보지는 못한다. 선도적인 이미지로 포장하기 위해 무늬만 인공지능을 도입하는 기업도 많다. 내가 가진 약점을 분명히 알아야 문제를 해결할 실마리를 찾을 수 있고, 그런 상태에서 인공지능을 도입해야 기술이 작동한다. 자신에 대한 이해가 결여된 상태에서 인공지능을 도입하면 실질적으로 창출되는 가치가 별로 없다. 인공지능은 조직의 호환을 요구하는 기술이다. 그렇기에 조직에 대한 솔직한 이해가 있어야 조직을 움직이고 AI를 받아들일 수 있다. 앞서 살펴봤듯 인공지능 도입은 조직의 대대적 변화를 수반할 수 있기 때문에, 이러한 변화를 감당할 수 있는 역량이 있고 준비가 되었는지 냉철히 따져봐야 한다. 조직에 대한 이해가 결여된 상태에서는 '모든 것이 실현 가능할' 것처럼 보인다. 그러나 현실에 부딪히면 그게 아니었다는 것을 뒤늦게 깨닫는다.

경영자는 '무엇이 가능하고 무엇이 불가능한지'를 구분해야 한다. '무엇에 주의를 기울여야 하고 무엇을 무시해야 하는지'를 깨닫기 위해서이다. 인공지능은 불확실성이 많다. 고려해야 할 요소도 많다. 가장 중요한 문제를 통찰하고, 인공지능이 해결할 수 있는 공간을 찾아, 최적의 지점에 기술을 도입하는 것이 현명한 방법이다.

두 번째로 통찰해야 할 것은 기술의 잠재성potential이다. 사실 기술 자체는 현상이고, 기술 이면에 숨어 있는 본질적 가치를 읽어내야 한다. 같은 기술을 보더라도 그 가치에 대한 해석은 다르다. 2014년, 구글은 네스트랩스Nest Labs를 35억 달러, 우리 돈으로 약 4조 원에 인수했다. 네스트랩스는 5센티미터 정도 되는 온도조절기를 만드는 작은 회사지만, 구글이 해석한 이 회사의 가치는 단순한 온도조절기가 아니었다. 향후 스마트홈 시대를 선점하는 데 있어서 이 작은 기기가 결정적인 교두보 역할을 하리라 예상한 것이다. 이 온도조절기는 텔레비전,

냉장고, 화재경보기 등 50개 이상 기업의 제품 및 서비스와 연계된다. 인공지능 기능이 탑재되어 있기 때문에 집 안 내 모든 가전제품이 사용자에 따라 지능적으로 맞춤 작동하도록 컨트롤타워 역할을 한다. 똑같은 기술을 보고도 일반 사람은 온도조절기로 이해했지만, 구글은 거대한 스마트홈 시장을 봤다. 그 결과 구글은 네스트랩스의 연매출인 3억 달러보다 무려 10배나 많은 돈을 지불하고 이 기업을 인수했다. 일반적으로 실리콘밸리 스타트업의 인수 비용이 연매출의 1.5~2배 정도임을 감안하면 꽤 큰 액수였다. 과거 구글은 시장에서 평가한 가치보다 훨씬 큰 금액인 16억 달러에 유튜브를 인수했다. 유튜브는 그 이후 50배 이상 성장했고, 구글의 현금흐름의 절반가량을 창출하고 있다. 통찰의 크기다.

기술의 잠재성을 통찰하기 위해서는 하나의 기술이 어떻게 시장에 진입하여 성장하는지에 대한 메커니즘을 이해해야 한다. 하버드경영대학원의 클레이튼 M. 크리스텐슨Clayton M. Christensen 교수는 와해성 기술Disruptive technologies은 기존 기업들을 시장에서 몰아낼 만큼 영향력이 크지만 시작 시점에는 열등했다는 점을 강조한다. 새로운 기술이 기존 기술을 밀어내고 시장을 지배하면, 사람들은 무의식적으로 새로운 기술이 완벽할 것으로 생각하지만 크리스텐슨 교수에 의하면, 와해성 기술은 처음에 눈에 띄지 않으며 부족한 게 많은 상태에서 시장잠식을 시작한다.

아이폰이 2007년 시장에 처음 나왔을 때에는 여러 가지 문제가 많았던 게 사실이다. 아이폰은 당시 휴대폰 업계의 1, 2위였던 노키아와 모토로라 기기보다 크고 무거웠다. 또한 통화가 끊어지는 콜드롭Call drop이 심했다. 노키아가 이미 3G 휴대폰을 내놓았지만 아이폰은 2G였다. 데이터 처리 능력이나 카메라 성능 등도 다른 경쟁사에 비해 뒤떨어졌다. 성능 면에서 아이폰은 그야말로 열등한 제품이었다. 휴대전화 본연의 성능은 떨어지지만, 아이폰은 '내 손안의 PC'를 지향하며 모바일 혁신을 선도했고, 기존의 식상한 기기와 다른 세련되고 창조적인 콘셉트와 아이디어를 내세워 타사 제품을 몰아내기 시작했다. 결과적으로 아이폰은 휴대전화 시장을 재편했다.

인공지능 기술은 잠재성이 많지만 실제 이 기술이 적용된 제품이나 서비스는 아직 파일럿 수준인 경우가 많기 때문에 성능 면에서 열등한 경우가 대부분이다. 인공지능 비서 서비스는 음성인식 기능이 있지만 말을 제대로 못 알아들을 때가 많고, 구글 번역 서비스 역시 비록 정확도가 급속도로 높아지고는 있지만, 여전히 문맥을 파악하지 못해 다시 손봐야 하는 경우가 많다. 자율주행차도 도로에 돌아다니기에는 아직 도로 상황을 스스로 다 이해하지 못한다. 로보어드바이저는 아직 시장의 모든 변수를 고려하지 못하고, 투자수익률도 전문 펀드매니저에 비해 떨어질 때가 많다. 기술이 본격적으로 등장하는 초기단계에서 인공지능 기술의 성능은 아직 사람들의 눈높이를 다 채우지 못하고 있다.

이 시점에서 경영자가 봐야 할 것은 단순한 기술의 현재 사양이 아니라, 이 기술이 장차 만들 시장의 크기, 가치의 크기다. 산업을 선도한 기업들은 대부분 아무도 주목하지 않은 기술의 미래 잠재성을 보고 조기에 도입해 시장 선점에 성공했다는 점을 기억해야 한다.

한편, 인공지능이 가져올 소비문화의 변화 또한 경영자가 통찰해야 할 중요한 부분이다. 인공지능으로 인해 서비스가 고도화될수록 소비자들은 AI 기반 서비스에 의존하게 될 것이다. 내가 일일이 찾아보며 구매하는 것보다 나를 잘 아는 AI가 추천해주는 구매 대안이 더 탁월하다는 것을 점차 깨닫게 될 것이기 때문에, 사람들은 주체적으로 소비 의사결정을 하기보다는 인공지능 서비스에 의사결정을 맡기게 될 것이다. 이러한 변화 속에서 어떤 현상이 나타날까? 바로 브랜드 영향력이 약해지고, 인공지능 서비스의 영향력이 커진다는 것이다. 지금까지는 제품에 대한 정보를 완전하게 파악하지 못했기 때문에 브랜드가 절반 정도는 제품에 대한 설명을 해주었다. 좋은 브랜드는 좋은 상품을 팔 것이라는 기대가 있었다.

그러나 AI가 시장에 있는 모든 상품군을 비교 분석해 사용자에게 가장 잘 맞는 대안을 추천해주는 상황에서는 브랜드가 의미 없다. 이런 상황에서는 브랜드의 힘에 의지하기보다는 인공지능 알고리즘이 추천하는 포트폴리오 안에 드는 것이 더 중요해진다. AI 플랫폼이 소비자에게 다가가는 제품의 필터링 역할을 하다 보니, 제품을 파는 기업 입장에서는 공략해야 할 대상이 소비자가 아닌 AI로 바뀌게 되는 것이다.

앞으로는 B2C에서 B2AI라는 새로운 비즈니스 전략이 등장할 것이다. 기업 마케팅 입장에서는 AI 플랫폼에 채택되기 위한 전략이 중요해질 것이고, AI를 먼저 공략하면 AI가 소비자를 설득하는 방식으로 바뀔 수도 있다. 이러한 시장 변화를 통찰하는 것 역시 경영자가 지녀야 할 중요한 자질이다.

마지막은 수익성profit을 통찰해야 한다. 인공지능을 도입하는 목적은 기업의 궁극적인 목적과 연결되어야 한다. 이를 위해서는 인공지능 및 데이터 분석을 위한 ROI 목표가 존재해야 한다. 아무리 작은 회사라도 머신러닝을 이용해서 데이터 학습을 할 수 있고, 대기업의 경우 마케팅을 위한 통찰력을 얻고 자동화 성능을 향상시킬 수 있다. 이로 인해 수익은 늘어날 수도 있지만 반대로 줄어들 수도 있다.

따라서 무엇보다 경영자는 인공지능 기술 도입을 통해 새로운 가치가 얼마나 창출될 수 있는지를 냉철하게 따져봐야 한다. 인공지능으로 새롭게 탄생한 제품과 서비스가 경쟁사에 비해 어떤 차별점을 갖는지에 대한 가치제안을 정확히 파악해야 하고, 타깃 고객이 느낄 가치의 크기는 어느 정도일지 객관적으로 평가해야 한다. 또한 이러한 가치를 어떤 방식으로 고객에게 제공하고, 구체적으로 어느 부분에서 현금흐름을 창출할 것인지 꿰뚫어 봐야 한다.

비용도 마찬가지다. 인공지능을 도입할 때는 단순히 시스템 구입에만 비용이 드는 게 아니다. 인공지능 도입으로 인해 프로세스에 변화가 생길 수 있고, 인력에도 변화가 필요할 수 있다. 기술을 다룰 줄 아는 인재를 확보하고 교육하는 데도 비용이 수반되며, 응용 제품을 보완하는 데 추가적인 예산이 필요할 수도 있다. 인공지능 도입은 장기적 관점에서 접근해야 한다. 장기적인 수익 실현을 위해 단기적 손실을 감수해야 할 수도 있다는 말이다. 인공지능 도입으로 인한 이러한 전반적인 영향을 고려해 ROI를 따져봐야 한다. 인공지능 프로젝트는 불확실성이 높기 때문에 가능성 있는 몇 가지 미래 시나리오를 만들고 시나리오에 대한 수익성 테스트를 해보는 것도 합리적인 방법이다.

통찰력을 얻으려면 먼저 지식을 쌓아라

나는 《기술지능》에서 통찰의 기반은 풍부한 지식이라고 강조했다. 인간은 역량 한계, 의사결정의 복잡성, 불완전한 정보 같은 문제 때문에 의사결정을 완벽하게 하지 못하며, 이런 상황에서 합리적인 의사결정은 지식의 기반에 좌우된다. 우리는 주변에서 일어나는 모든 현상을 다 인지하지 못한다. 겉으로 드러난 현상만 본다. 그중에서도 각자의 시야에 들어오는 것만 인지할 수 있다. 이렇게 인지 자체가 제한적일 수밖에 없고, 심지어 이에 대한 해석은 각자 갖고 있는 지식에 기반해 다르게 이뤄진다. 인공지능이 인류에게 미칠 영향에 대해 기술자나 경영자, 혹은 역사학자가 바라보는 관점은 다르다. 각자 보유하고 있는 지식의 양에 따라 대상을 해석하는 양상은 달라진다. 딥러닝에 대한 아무런 지식이 없다면 이걸로 뭘 할 수 있을지에 대한 통찰은 나오기 어렵다. 그러나 기술에 대한 풍부한 지식이 있고, 기술을 이용한 다양한 사례를 접해본 사람은 기술의 잠재성을 수월하게 해석해낼 수 있을 것이다.

오랜 기간 지식을 쌓으면 자기만의 지식기반이 생기고, 이는 곧 통찰력의 근간이 된다. 기술적 통찰력은 단순히 기술의 규칙, 절차, 도표 등 표면적 지식을 아는 데 머무르지 않는다. 기술을 시장에 선보일 때 일이 어떻게 돌아갈지, 어디서 잘못될 수 있을지 꿰뚫어 본다.

인지과학자 게리 클라인Gary Klein 박사는 "통찰에 이르기 위해서는 어쨌거나 그 분야에 통달해야 한다"고 강조했다. 전문성을 갖출수록 통찰에 가까워지는데 전문성을 갖추려면 경험적 지식이 필요하다고 했다. 수업을 듣거나 책만 읽어서는 부족하다는 의미다. 모든 요소들이 어떻게 작동하는지에 대한 나만의 '정신적 모델'이 만들어져야 한다. 이를 위해서는 많은 경험이 필요하고 사례를 통한 간접적 경험도 쌓아야 한다고 강조했다. 특히 실패 사례가 중요하다. 그래야 모든 것이 어떻게 작동하고, 어떻게 하나로 어우러지는지 터득할 수 있다. 어우러지지 않는 부분을 꿰뚫어 보고, 중요한 연관성을 파악할 수 있어야 통찰에 이른다.

인공지능 시대에 경영자가 기술에 대한 통찰력을 갖기 위해서는 AI에 숙달해야 한다. 앞으로는 인공지능에 기반하지 않은 사업이 거의 없을 것이다. 대부분 비즈니스가 인공지능에 의해 고도화될 것이다. 회계 시스템 자동화든, 제조 시스템 자동화든, 직원을 채용하는 방식이든, 주어진 데이터를 이해하는 방식이든, '기술 패키지'가 주어질 것이다. 모두 경영자가 이해해야 할 것들이다. AI에 숙달한다는 것은 인공지능으로 인해 나타나는 변화와 리스크를 이해하는 것이다. 인공지능의 한계점은 무엇인지, 무엇이 잘못될 수 있는지를 통찰해야 한다.

물론 인공지능은 일반 경영자 입장에서는 생소한 영역이기 때문에 지식과 경험을 쌓기가 쉽지 않다. 경험이 전혀 없는 상태에서 기술의 수익성을 따지기는 어려운 일이기에, 유사 업종에서 인공지능을 활용한 사례들을 연구하는 것이 도움이 될 것이다. 일찍 기술을 도입한 혁신가들 혹은 기술에 능통한 전문가들과 많이 접촉하는 것도 도움이 된다. 이들을 통해 인공지능을 구현하는 데 어떤 물적·인적 조치가 필요한지를 파악해야 한다. 이를 통해 인공지능을 성공적으로 채택하는 데 얼마나 걸렸는지, 최소 ROI를 실현하는 데 얼마나 걸렸는지를 이해할 수 있을 것이다.

기능적 고착에서 벗어나라

아래 왼쪽 사진이 무엇으로 보이는가? 남성 변기를 눕혀놓은 것처럼 보이지만 미술가 마르셀 뒤샹Marcel Duchamp이 만든 위대한 예술작품이

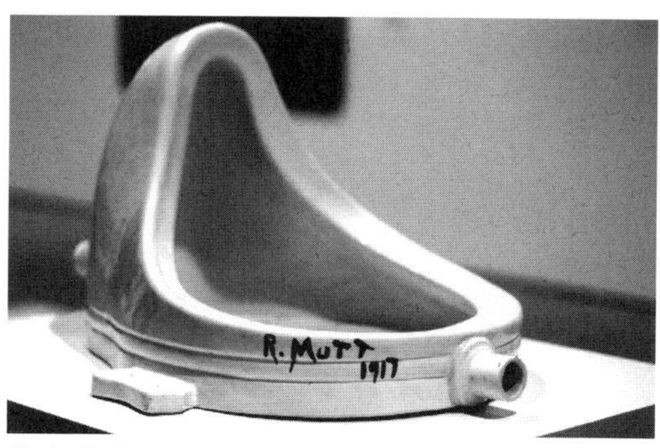

샘, 마르셀 뒤샹, 1917

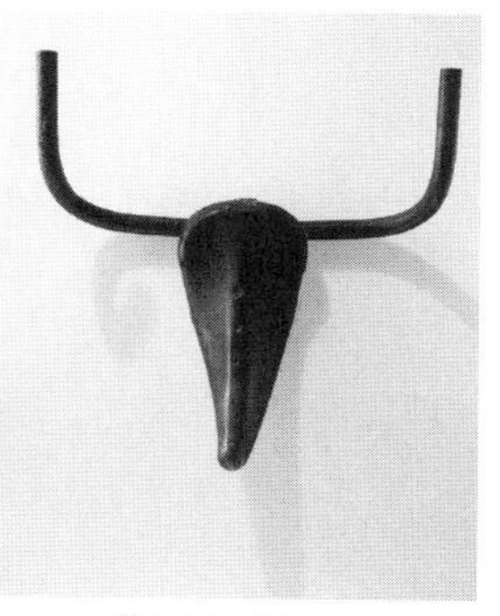

황소 머리, 파블로 피카소, 1942

다. 이름은 '샘fountain'이다. 뒤샹은 이 작품을 위생용품점에서 구입해 1917년 뉴욕의 전시회에 출품했다.

그 옆에 있는 작품은 피카소가 만든 '황소 머리Bull's Head'다. 1942년, 파리의 길을 걷던 피카소는 낡은 자전거를 발견해 예술적 영감을 얻어 이 작품을 만들었다. 자전거의 안장과 손잡이를 떼어 붙여놓고, 황소 머리라는 이름을 붙여 위대한 예술작품으로 만들었다.

이 두 작품의 공통점이 있다. 첫째는 독창적인 창조물이지만 가장 흔한 사물을 재료로 이용했다는 점이다. 둘째는 각 사물 고유의 기능을 버리고 새로운 개념으로 탈바꿈시켰다는 것이다. 이러한 시도가 가능했던 것은, 변기를 변기로만 보지 않고 자전거 안장을 안장으로만 보지 않는, 즉 사물을 기존과는 다른 용도, 다른 개념으로 바라볼 수 있는 인지적 유연성이 두 작가에게 있었기 때문이다.

혁신을 막는 가장 큰 인지적 장벽은 기능적 고착functional fixedness이다. 기능적 고착은 어떤 대상을 그것의 전통적 쓰임새로만 보게 만드는 심리적 편향이다. 토니 맥카프리Tony McCaffrey는 어떤 대상을 보면 그 물건을 사용하는 데 중요하지 않은 기능들을 머릿속에서 자동적으로 없애 버리기 때문에 기능적 고착이 생겨난다고 설명했다. 일상생활을 하면서 한 가지 대상에 대해 수만 가지 개념을 떠올리게 되면 선택지가 너무 많아 적절한 판단과 결정을 할 수 없다. 따라서 기능적 고착은 어떤 면에서는 효율적인 신경 기제로 인한 자연스런 현상일 수 있다. 그러나 새로운 적용과 발견이 중요한 혁신에 있어서는 걸림돌이 된다.

특히 AI 비즈니스 혁신에 있어서 기능적 고착의 극복은 더더욱 중요하다. 인공지능 알고리즘은 그동안 우리 일상에 적용된 적이 없다. AI 기술을 적용하고 응용하는 데는 상상력과 사고의 유연성이 필요하다. 이 기술을 제품이나 서비스에 적용하는 데 있어서 기능적 고착에 빠져버리면 기술을 창조적으로 적용할 여지가 사라져버린다. 따라서 AI에 의한 비즈니스 혁신을 이루는 데 있어서 이러한 인지 장벽을 극복하는 것은 매우 중요하다. 어떻게 극복할 수 있을까?

첫 번째는 본질적 용도의 부정이다. 모든 사물은 용도가 정해져 있는 것 같지만 달리 생각해보면, 그 무엇이든 본래의 용도를 무력화할 수 있다. 뒤샹은 변기로 작품을 만들 때 레디메이드ready-made 개념을 내세웠다. 레디메이드, 즉 기성품을 이질적인 환경이나 장소에 옮겨놓음으로써 본래의 목적성을 잃게 만들고 사물 그 자체의 '무의미성'만 남게 했다. 남성용 변기가 화장실이란 고유 공간에서 벗어나 기존 통념과는 다른 낯선 공간에 놓임으로써 더 이상 용변을 위한 변기가 아니게 되었다. 거기에 '샘'이라는 새로운 의미를 부여함으로써 위대한 작품으로 승화되었다.

만일 변기를 화장실에 붙어 있는 딱딱한 기구로밖에 생각하지 못한다면 변기에 AI 기술을 적용할 만한 공간을 찾기 어려울 것이다. 변기의 본질적인 용도를 부정하고, 새로운 의미부여를 하면 다른 존재로 탈바꿈한다. 앞서 살펴본 사례 중에 누미는 용변 기구에 대한 근본적인 용도를 부정하고 AI 음성인식 기술을 적용시켜 변기를 엔터테인먼트 도구 그리고 화장실에서 집안일을 처리하는 가상비서 도구로 승화시켰다.

두 번째는 이질적 결합이다. 스티브 잡스는 "창조란 그냥 여러 가지 요소를 하나로 연결하는 것"이라고 했다. 창조적인 사람에게 어떻게 그렇게 창조적으로 일할 수 있느냐고 물으면 그들은 죄책감을 느낄 것이라고도 했다. 왜냐하면 그들은 실제로 엄청나게 새로운 것을 만들어 낸 것이 아니라 단지 이미 있는 것들을 연결하기만 했을 뿐이기 때문이다. 피카소가 '황소머리'라는 위대한 예술작품을 만들기 위해 사용한 재료는 가장 흔한 물건 중 하나인 자전거의 안장과 손잡이였다. 이 둘을 붙여놓고 동물의 개념을 연결했더니 새로운 존재가 탄생한 것이다. 어떤 사물이 원래 기능을 잃고 조형적인 특성을 띨 때 이를 '오브제objet'라고 일컫는다. 어떤 사물들이 이질적으로 결합될 때, 혹은 고유의 환경에서 벗어나 이질적 환경에 배치될 때 해당 사물은 감흥을 불러일으키는 혁신적인 오브제로 탈바꿈된다.

앞서 소개했던 데이팅 애플리케이션 틴더와 DNA 분석업체인 페라모르의 제휴를 보자. 데이팅 앱과 유전분석 서비스의 결합은 상당히 이질적이다. 단지 사회적인 요소만이 아닌 생물학적 요소까지 고려하여 보다 정확한 매칭 서비스를 제공하겠다는 취지에서 공감력 있는 조합이기도 하다. AI의 학습 데이터에 생물학적 정보까지 포함되니 예측 및 맞춤화의 정확성은 더 높아질 가능성이 크다. AI 기술을 적용할 때는 이러한 전치轉置적인 시도가 필요하다.

닛산자동차는 자율주행 기술을 회의실 의자에 접목했다. 보통 회의가 끝나면 의자가 너저분하게 어질러지는 경우가 많다. 그런데 박수 한번 치면 모든 의자들이 자율주행 기능에 의해 원래 자리로 돌아간다. 이 의자의 이름도 이를 설명하듯이 '주차하는 의자Parking chair'다. 각국 및 각 도시의 제도적 장벽 때문에 자율주행차가 도로를 다니지는 못하지만, 이 기술을 회의실과 연결해서 새로운 혁신적 제품을 탄생시킨 것이다.

세 번째는 포괄적 개념화다. 토니 맥카프리와 짐 피어슨Jim Pearson은 〈하버드 비즈니스리뷰〉에서 특정 대상에 대해 일반화하여 표현해보는 '포괄적 기술記述'로 기능적 고착 문제를 극복할 수 있다고 소개했다. 1912년 타이타닉호가 북대서양에서 빙산과 충돌하고 침몰해 1,500명이 넘는 승객이 구조되지 못한 채 목숨을 잃었다. 많은 연구들이 타이타닉호 침몰의 원인이었던 빙산이 구조의 수단으로 활용될 수도 있었을 것이라고 분석한다. 빙산의 평평한 곳으로 승객을 실어 날랐다면 수많은 생명을 구할 수 있었을 거라는 분석이다. 1850년대 아일랜드에서 캐나다로 이주하던 선박이 침몰했지만 176명 승객 중 127명은 세인트로렌스St. Lawrence만의 부빙 위로 올라가 목숨을 건질 수 있었다. 항해에 있어서 빙산은 피해야 할 위험물로 간주되지만 침몰 상황에서는 구조물로 볼 수 있어야 한다. 대상을 특정 용도에 국한하지 말고, 용도를 보다 포괄적으로 확장해 다른 차원의 용도를 떠올려볼 필요가 있다.

문제를 혁신적으로 해결해야 하는 상황에서 유연한 사고를 하려면 주어진 자원과 지향하는 목표를 포괄적으로 넓히는 게 중요하다. 그래야 가능한 목표와 가용 자원을 연결하기가 수월해지기 때문이다. 예를 들어, 불임 부부의 제1목표는 아이를 갖는 것이다. 이러한 상황에서 문제해결을 위해 원인을 포괄적인 관점으로 추적해본다면 건강상태, 신체조건, 심리적 상황 등을 고려할 수 있다. 또한 불임 부부의 상당수는 정확한 가임기간을 몰라 최적의 타이밍을 놓쳐 임신을 못하는 경우가 많다고 한다. 최적의 가임기를 알아낼 수 있다면 임신 확률을 높일 수 있다는 이야기다. AI의 딥러닝 알고리즘은 가임 최적기를 정확히 예측하는 기능으로 개발될 수 있다. 이 경우 가임 타이밍 예측이라는 목적과 AI 딥러닝 기반의 예측기술이라는 자원을 연결해 불임 부부를 위한 혁신제품을 만들어낼 수 있다.

이 연결고리를 실제로 구현해낸 기업이 있다. 미라Mira는 인공지능으로 부부의 신체상태를 분석해 최적의 가임기를 예측해주는 분석기를 내놓았다. 미라는 평상시 소변을 통해 황체 호르몬을 측정한다. 이 기기의 알고리즘은 호르몬 패턴을 학습하고, 정확한 배란 주기를 인지하여 성공 가능성이 가장 높은 임신 시기를 예측한다.

또 다른 예로 마트를 생각해보자. 우리는 필요한 물건을 사기 위해 집 근처의 마트로 간다. 우리에게 마트는 고정된 장소의 개념이다. 우리가 직접 마트에 가서 물건을 살 수 있다. 배달도 사람이 해주는 것이지 마트는 고정적이다. 그런데 필요한 물건이 있는 마트가 우리 집으로 오는 것까지는 생각해보지 못했다. 이걸 가능하게 하는 자원이 없었기 때문이다. 그러나 자율주행기술은 '물건 구매'라는 목적을 해결하기 위해 바

AI 기반 가임예측기, 미라 / 출처: www.miracare.com

퀴 달린 자율매장이 집 앞까지 오는 전혀 새로운 개념을 창출했다. 로보마트가 보여주듯이, 마트를 앱으로 호출하는 개념은 기존의 마트 개념에서는 결코 나올 수 없는 방식이다. 무인차량이 집 앞 현관까지 찾아와 채소와 과일 등 마트에서 구입하는 생필품을 제공하는 것은 기존 패러다임과는 그 종류가 전혀 다르다. 포괄적 개념화를 통해 기존의 상식을 깨고 가능성을 넓히면 혁신할 수 있다.

균형감각을 유지하라

인공지능에 대한 기대가 클수록 경영자는 균형감각을 가져야 한다. 불확실한 시대에 흔들리지 않으려면 균형감각을 유지해야 한다. 판단이 어느 한쪽으로 치우치지 않고, 중심이 쉽게 바뀌지 않아야 한다. 시류에 편승하는 것도 좋지 않고, 지나친 낙관론이나 비관론도 바람직하지 않다. 기술혁명 시대에는 환경의 변화와 상관없이 생각의 균형을 유지하는 능력이 필요하다.

경영자는 인공지능을 도입하면 그 즉시 사업의 성과가 극적으로 좋아진다거나, 문제들이 저절로 해결되는 것으로 오해해선 안 된다. 잠재성과 실제를 구분해야 한다. 인공지능이 산업을 크게 변화시킬 기술임에는 의심의 여지가 없다. 그러나 인공지능 도입 시점에서 이 기술을 기업에 극단적 변화를 가져올 마술상자로 보는 것은 그릇된 일이다. 미숙한 시스템이 갑자기 성숙해 영리해지고 신세계가 열리는 것이 아니다. 금융권의 많은 기업들이 유망한 AI 솔루션 중 하나인 로보틱스 프로세스 오토메이션RPA을 도입하고 있다. 인공지능 기반으로 서비스업의 프로세스를 자동화하여 초효율을 달성하고자 한다. 그러나 기술을 아는 경영자라면 이런 소프트웨어를 들여놓아도 프로세스가 한순간 획기적으로 바뀌리라 기대하지 않는다. 기술이 아직 미성숙한 단계에 있고, 조직도 이 생소한 기술을 받아들일 준비가 되어 있지 않기 때문에 마술을 기대할 수는 없다.

AI 기술은 상용화 단계에 빠르게 진입하고 있지만 아직 많은 영역에서 미성숙한 모습을 보이는 게 사실이다. 가령, 컴퓨터의 안면인식 정확도는 AI로 인해 획기적으로 향상됐지만, 한편으로 조건을 조금만 바꾸어 테스트하면 그 수치가 떨어진다. MIT 연구진이 마이크로소프트와 IBM 등 AI 기반 안면인식 소프트웨어로 사진 속 인물을 알아보는 테스트를 했다. 사진의 남성이 백인일 때는 99%의 정확도를 보인다. 그러나 황인종 및 흑인종이면서 여성인 경우에는 정확도가 65%로 떨어진다. 그동안 훈련한 데이터가 남성 및 백인 중심이었기 때문에 이에 해당하는 조건에서 벗어나면 정확도가 떨어지는 것이다. 이 역시 데이터에 의존하는 속성 때문에 나타나는 데이터 편향 오류의 일종이다.

자율주행차도 미성숙한 모습을 보이고 있다. 2018년 미국 피닉스 인근 도시 템페Tempe에서 자율주행 모드로 운행하던 우버 차량이 템페 시내 커리 로드와 밀 애비뉴 교차로에서 길을 건너던 여성 보행자를 치어 사망에 이르게 했다. 보행자가 횡단보도 바깥쪽으로 건너고 있던 상황에서 자율주행차가 보행자가 있던 위치를 주의가 필요하지 않은 구역으로 인식했을 수 있다는 게 당국의 분석이다. 신기술은 초기단계에 여러 가지 기술적 오류들이 발견되고 이를 극복하면서 점점 성숙하는데, 이는 인공지능도 예외가 아니다. 인공지능 기술은 아직 다 성장하지 않았기 때문에, 기대한 만큼 극적인 효과가 나타나지 않을 수 있고 오히려 예상치 못한 오류로 인해 곤혹을 치를 수도 있다. 이러한 점을 염두에 둬야 한다.

또한, 기술은 사회적 메커니즘에 속해 있다는 것도 함께 고려해야 한다. 기술의 발전은 사회적 수용 없이는 이뤄지지 않는다. 아무리 뛰어난 기술이라 해도 대중이 거부하면 발전이 지속되지 않는다. 자율주행 기술의 경우에도, 사고가 났을 때의 책임 문제에 대한 이슈와 법률 및 규제 문제로 인해 상용화가 쉽지 않은 게 현실이다. 실제로 우버의 자율주행차량 사망사고가 나자 기술이 전면적인 재검토를 받아야 한다는 여론이 크게 일었고, 애리조나 주정부는 우버의 자율주행 시험 중단을 지시했다. 파괴성이 큰 기술인 만큼 이에 대한 사회의 반감, 기득권 세력의 저항은 더 클 수 있다. 일반적으로 소비자의 신기술 수용 속도는 기술의 발전 속도에 비해 떨어진다. 인공지능이 결합된 고도의 혁신제품을 내놓았을 때 소비자들이 이를 받아들일 것이라고 함부로 장담할 수 없다는 이야기다. 아마존이나 구글도 핵심 비즈니스의 현금 흐름이 풍부하기 때문에 인공지능 기술개발에 적극적으로 지원하고 있지만, 추후 경영상황이 악화되거나 개인정보 유출 등 사회적 비판

여론이 생기면 주주들이 AI에 대한 투자에 압력을 행사할 수도 있다.

이렇듯 사회적 요인이 기술의 발전을 지연시킬 수 있다는 점을 고려해야 한다. 물론 시간이 지나면 사회적 저항을 극복하고 대중의 열렬한 환영을 받는 혁신제품이 나타날 것이다. 단지 기술이 성숙단계에 이르기까지 다양한 변수가 있다는 점을 경영자가 기억해야 한다는 것이다. 기술에 대한 과도한 기대나 근거 없는 확신은 피해야 하고, 현재 선도기업들이 내놓는 파일럿 수준의 기술을 보고 과소평가해서도 안 된다. 인공지능은 어디까지나 목표를 달성하는 데 쓰는 도구다. 도구에 대한 지나친 맹신이나 불신은 피해야 한다.

이와 함께 기술은 인류의 편의성을 증진시키지만 해악이 되는 방향으로도 사용될 수 있음을 직시해야 한다. 실제 AI가 특정 인물에 대한 표적 살상 등 고도의 기능을 지닌 테러 무기로 활용될 수 있다. AI는 이미 다양한 분야로 그 활용성을 넓혀가고 있으며 앞으로도 그 활용 분야가 더 늘어날 것이다. 따라서 앞으로 AI 기술이 사회에 미치는 영향은 지금보다 더욱 클 것이다. 구글은 다음과 같이 AI 개발원칙 일곱 가지를 정해 개발 방향으로 따르고 있다.

1. 사회적으로 유익이 되는 기술을 개발한다.
2. 기술로 인한 불공정한 편견 및 차별을 조장하지 않는다.
3. 기술은 인류의 안전을 해치지 않도록 개발되어야 한다.
4. AI는 인간의 통제를 받으며 인간에게 책임을 둔다.
5. 개인정보 보호에 대한 정교한 설계를 한다.

6. 수준 높은 과학의 기준을 지킨다.

7. 이러한 원칙에 따라 사용할 수 있도록 노력한다.

구글은 이러한 원칙에 입각해 개발하지 말아야 할 AI 기술도 정해 놓았다.

1. 세상에 큰 해악을 일으키거나 일으킬 수 있는 기술

2. 사람들을 직접 손상 또는 손상 촉진을 목적으로 하는 무기

3. 국제 규범을 위반하는 형태로 정보를 수집하거나 이용하는 것

4. 국제법과 인권의 원칙에 어긋나는 목적을 가진 기술

시대의 흐름에 베팅하라

변화의 시대에는 시장의 근본적 흐름을 읽고 다가오는 기회에 과감히 베팅하는 능력이 가장 필요하다. 변화가 극심할 때는 현재 자신의 위치가 위태로워질 수도 있고, 반대로 이전에 경험해보지 못한 거대한 기회를 얻을 수도 있다. 인텔의 전 회장인 앤드루 S. 그로브Andrew S. Grove는 1987년 인텔의 CEO로 재직하면서 반도체 산업의 근본적인 구조 변화를 예견했다. 인텔은 메모리칩에 주력했다. 당시 반도체 시장은 크게 메모리칩과 마이크로프로세서 두 종류가 주도했다. 그가 직시한 PC 시장의 변화에서 메모리칩은 전망이 밝지 않았다. 마이크로프로세서가 주인공이 될 것임을 확신했다. 그는 주력사업인 메모리칩에 집중하는 전략을 과감히 내려놓고 무게중심을 마이크로프로세서로 전환하기로 결정했다. 이 베팅에는 수십 억 달러가 들었고, 주력사업에 대한 기회비용까지 고려하면 훨씬 막대한 비용이 들었을 것이다. 하지만 그의 결정은 적중했다. 이후 IBM PC가 선풍적 인기를 끌면서 개인용 컴퓨터가 급속도로 보급되자 PC에 들어가는 마이크로프로세서의 자리는 인텔의 독무대가 됐다. 그로브는 386이나 펜티엄 같은 프로세서를 탄생시켰고, 인텔 브랜드의 초석을 마련했다. 현재 인텔은 컴퓨터용 CPU의 80~90%를 공급하고 있다. 그의 결정은 탁월했다. 그러나 그가 결정을 내리던 상황을 돌이켜보면 잘나가던 기업을 망가뜨릴 수도 있는 위험한 상황이기도 했다. 인텔은 기존 주력사업을 통해 안정적인 수익을 창출하고 있었기 때문에 내외부적으로 저항이 많았다. 그러나 만일 그가 현실에 안주했다면 변화에 앞선 경쟁자에게 더 큰 위협을 받거나, 적어도 지금의 인텔이라는 거대한 제국은 만들어지지 못했을 것이다.

지금은 인공지능이 새로운 변화를 주도하고 있다. 이 시점에 우리는 어떠한 자세를 가져야 할까? 나는《기술지능》에서 세 가지 베팅의 법칙을 소개했다. 무엇보다, 모든 베팅은 변화를 일으킨다. 땅에 씨앗을 심으면 어쨌든 싹이 자라난다. 변화의 시기에 심는 씨앗은 거대한 기회를 가져올 수 있다. 앤드루 S. 그로브는 마이크로프로세서라는 씨앗을 심었고, 이를 위해 사업의 방향을 전면적으로 바꿨다. 이 씨앗은 훗날 인텔을 IT업계 최강자로 발돋움하게 만들어주었다. 현재 시장을 주무르고 있는 거대기업의 과거를 되돌아보면 변화의 흐름을 간파해 숨겨진 기회에 베팅하는 데 주저하지 않았다는 것을 알 수 있다. 제프

베조스Jeff Bezos는 전자상거래가 유행하기 전부터 효율적인 온라인 쇼핑몰을 구축했고, 모바일기기, 드론 등 각종 신기술을 동원해 사업의 기반을 넓혀왔다. 지금은 인공지능 기반 가상비서를 출시해 이전에 없던 새로운 시장을 창조했다. 빌 게이츠는 PC의 일반화가 진행될 것이라는 시장의 변화를 간파했고, PC 안에 들어갈 운영체제를 장악할 수 있는 기회를 만들어내기 위해 모든 역량과 자원을 투자했다. 게이츠는 이 베팅을 통해 거대한 소프트웨어 왕국을 만들었다. 베팅은 크건 작건 변화를 일으킨다. 인공지능은 중대한 위협이자 거대한 기회다. 베팅은 기회에 다가서게 할 것이다.

또한, 베팅을 하지 않으면 아무 일도 일어나지 않는다. 씨앗을 심지 않으면 아무 싹도 나지 않는다. 오해해선 안 된다. 아무 일도 안 일어난다는 게 현재 상태의 존속을 의미하지 않는다. 파괴적 혁신의 시대에 가만히 있는 것은 막강한 경쟁자에 의해 도태되는 것을 의미한다. 전 세계 시가총액 1위는 애플이었지만 2019년이 되자 아마존에게 자리를 내줬다. 과거 스티브 잡스에 의해 이뤄졌던 베팅이 그동안의 애플을 만들었지만, 잡스 이후 별다른 베팅이 이뤄지지 않았다. 월스트리트에서는 샤오미Xiaomi나 삼성전자 등 경쟁자에 비해 애플은 혁신전략이 부족하다는 비난이 쏟아졌다. 골드만삭스는 애플을 몰락한 휴대폰 왕국인 노키아에 빗대기도 했다. 위대한 업적을 이루고자 한다면 리스크를 감수하고, 과감한 베팅을 해야 한다. 결과적으로 따져보면, 새로운 것을 시도해서 실패하는 것보다 아무 일도 하지 않아서 기회를 놓치는 손실이 더 큰 경우가 많다. 인공지능 시대에는 두 가지 선택지가 존재한다. 베팅하거나 도태되거나!

끝으로, 모든 베팅에는 희생이 따른다. 세상에 공짜는 없다는 진리는 비즈니스에 가장 잘 적용된다. 열매를 얻고 싶다면 씨앗을 심어야 하고, 씨앗을 심은 이후부터는 작물을 잘 가꾸기 위해 시간과 비용을 들여야 한다. 비즈니스 베팅을 위해서는 충분한 자금을 쏟아부어야 한다. 새로운 사업이 실패할 수도 있다는 리스크도 베팅을 위해 지불해야 할 비용 중 하나다. 인공지능은 파괴적 혁신이다. 기존의 기술과 제품을 무력화할 수 있는 기술이다. 문제는 무력화되는 게 자사의 기술 및 제품일 수도 있다는 것이다. 인공지능 베팅을 위해서는 기존 사업을 잠식할 수 있는 카니발라이제이션을 감수해야 한다. 이러한 희생을 감수하지 못한다면 기회를 얻기 어렵다. 코닥이 디지털 카메라 기술을 가장 먼저 개발해놓고도 디지털화에 늦은 이유는 기존 필름 사업의 잠식을 우려했기 때문이라는 점을 생각해봐야 한다.

인공지능에 대한 베팅은 기술의 특성상 장기적이고 지속적이어야 한다. 인공지능 알고리즘 자체가 지속적인 학습을 통해 성능을 고도화하는 속성을 지녔고, 참신한 애플리케이션을 개발하기 위해서는 끊임없는 연구개발도 이뤄져야 한다. 조직 전반적으로 AI 효과를 극대화하기 위해 교육 및 채용이 계속적으로 필요할 것이다. 구글, IBM, 마이크로소프트, 애플 등 세계적 IT 기업들은 일찌감치 AI 기술을 도입하는 데 큰 베팅을 했고, 매년 새로운 기술을 가진 스타트업을 인수하는 데 막대한 자금을 쓰고 있다. 그에 비해 국내 시장은 이러한 선도기업들과 약 2~5년 정도의 기술격차를 보이고 있다. 인공지능의 경우 선도기업의 기술 발전 속도는 후발자에 비해 빠르기 때문에 점점 따라가기 어려워질 것이다. 그러나 아직 늦지 않았다고 본다. 아직 각 분야마다 지배기업이 자리를 잡지는 않았다. 모두가 초기시장을 만들어가고 있는 상황이다. 참신한 응용모델로 새로운 시장을 창조할 수도 있다. 시장은 이미 인공지능에 의한 고도화를 향해 거침없이 흘러가고 있다. 경영자들은 이 분야의 베팅에 머뭇거려서는 안 된다.

참고문헌

국내문헌

· 김위찬, 르네 마보안, 《블루오션전략》, 교보문고, 2005년 4월.

· 〈동아비즈니스리뷰〉, '온오프라인 통합 기반의 고객경험 혁신 마윈 구상 현실로… 우리의 전략은?', 2018년 4월10일.

· 〈디지털타임즈〉, '깃허브 딥러닝 라이브러리 인기순위', 2017년 2월 16일.

· 마이클 쿠수마노, 《전략의 원칙》, 흐름출판, 2016년 5월.

· 〈매일경제〉, '제조업의 새 심장, AI', 2018년 7월 20일.

· 〈서울와이어〉, '구글 'MadeWithAI' 머신러닝이란 무엇인가?', 2017년 11월 28일.

· 〈서울와이어〉, '딥러닝의 원리는 통계가 만드는 마술', 2017년 12월 5일.

· 〈서울경제〉, '인공지능 안에 머신러닝… 머신러닝 안에 딥러닝 있다', 2018년 9월 4일.

· 〈세계일보〉, '디지털 트랜스포메이션이 만들 내일', 2017년 10월 12일.

· 〈시사人〉, '자동번역이 똘똘해졌죠? 이 사람 덕분입니다', 2018년 8월 20일.

· 위르겐 메페르트, 아난드 스와미나탄, 《디지털 대전환의 조건》, 청림출판, 2018년 12월.

· 〈이코노미스트〉, '딥러닝으로 진화하는 자율주행', 2018년 10월 22일.

· 〈이코노믹리뷰〉, '켄쇼가 발굴, 4차산업 선도기업 투자', 2018년 8월 19일.

· 〈인더스트리뉴스〉, 'RPA 시스템으로 가속화되는 디지털 노동', 2018년 8월 11일.

· 〈인공지능신문〉, 'AI 스포츠 데이터 플랫폼 기업 '스태츠', 최고영업책임자로 스티브 젤러

영입', 2018년 9월 4일.
· 정두희, 《기술지능: 미래의 속도를 따라잡는 힘》, 청림출판, 2017년 11월.
· 정보통신정책연구원, 〈글로벌 소셜로봇 시장 현황 및 전망〉, 제28권 13호 통권 627호, 2017년 7월 16일.
· 〈조선일보〉, '기보 없이도 전승 알파고 제로 나왔다… 인류 난제 해결할 것', 2017년 10월 19일.
· 조지 웨스터민 · 디디에 보네 · 앤드루 맥아피, 《디지털트랜스포메이션》, e비즈북스, 2017년 1월.
· 〈CIO〉, '알아두면 쓸데있는 딥러닝 이야기', 2017년 7월 27일.
· 〈CIO〉, '구글 · 아마존 · MS · 애플 · 페이스북 · IBM은 AI에 어떻게 투자하나', 2018년 12월 6일.
· 〈CIO〉, '구글, 자사 기계학습 시스템 '텐서플로' 오픈소스화', 2015년 11월 10일.
· 〈CIO〉, 'CIO가 올해 주목해야 할 16개 오픈소스', 2019년 1월 15일.
· 〈CIO〉, "수요예측, 구매추천' 쇼핑몰서 열일하는 텐서플로', 2017년 5월 2일.
· 〈CIO〉, '최고 AI 책임자를 채용해야 할까', 2017년 5월 8일.
· 〈CIO〉, "클라우드 · 머신러닝으로 방향 잡은' 오픈소스 기대주 14선', 2018년 6월 28일.
· 〈IT동아〉, '기업 인공지능 개발? 아마존의 세 가지 AI 서비스와 함께하시라', 2017년 7월 31일.
· 〈IT조선〉, 'IBM, 인공지능 개발 돕는 'AI 오픈스케일' 공개', 2018년 10월 18일.
· 〈IT뉴스〉, '구글, AI 무기 포기… 'AI 개발 7개 원칙' 발표', 2018년 6월 8일.
· 〈KPMG〉, '비즈니스 기회창출을 위한 AI알고리즘의 활용', 2018년 6월 15일.
· 〈ZDNET〉, "머신러닝-딥러닝', 뭐가 다를까', 2017년 8월 7일.
· 〈ZDNET〉, 'IBM AI 왓슨의 비즈니스 활용사례 대방출', 2017년 11월 14일.
· 〈WISET〉, '4차 산업혁명 소셜로봇은 무엇인가', 2018년 3월 31일.

해외문헌

· Alan Trefler, 'What Consumers Really Think About AI: A Global Study',

PEGA, 2018년 12월 1일.
· Andrew Ng, 'AI Transformation Playbook: How into the AIera', 〈Landing AI〉, 2018년 12월 13일.
· Aaron Smith and Monica Anderson, 'Automation in Everyday Life', Pew Research Center, 2017년 10월 4일.
· Amarjot Singh, Devendra Patil, SN Omkar, 'Eye in the Sky: Real-time Drone Surveillance System (DSS) for Violent Individuals Identification using ScatterNet Hybrid Deep Learning Network', IEEE Workshop, 2018년 6월 3일.
· Andrew Ng, 'How to Choose Your First AI Project', 〈Harvard Business Review〉, 2019년 2월 6일.
· Anna Spiegel, 'Food Delivery Robots Officially Roll Out In DC Today', 〈Washingtonian〉, 2017년 3월 9일.
· Brad Power, 'How Harley-Davidson used artificial intelligence to increase New York sales leads by 2,930%', 〈Harvard Business Review〉, 2017년 5월 30일.
· Clayton Christensen, 'Reinventing Your Business Model', 〈Harvard Business Review〉, 2008년 12월.
· Cyril Bouquet, Jean-Louis Barsoux, & Michael Wade, 'Bring Your Breakthrough Ideas to Life', 〈Harvard Business Review〉, 2018년 11월-12월호.
· Daniel Faggella, 'Enterprise Adoption of Artificial Intelligence-When it Does and Doesn't Make Sense', 〈EMERJ〉, 2019년 2월 10일.
· Daniel Faggella, 'Feature Engineering for Applying AI in Business', 〈EMERJ〉, 2018년 12월 24일.
· Daniel Faggella, 'Is Artificial Intelligence for Small Business? Factors to Consider for Technology Adoption', 〈EMERJ〉, 2019년 2월 12일.

· David Roe, 'Why Organizations Are Turning To Artificial Intelligence', CMS Wire, 2018년 2월 15일.

· Eric Gervet, Renata Kuchembuck, Hugo Evans, and Michael Hu, 'Will You Embrace AI Fast Enough?', 〈AT Kearney Report〉, 2017년.

· Gil Press, 'Top 10 Hot Artificial Intelligence (AI) Technologies', 〈Forbes〉, 2017년 1월 23일.

· In-Car Voice Assistant Consumer Adoption Report 2019, Voicebot, 2019년.

· Jaakko Lehtinen, Jacob Munkberg, Jon Hasselgren, Samuli Laine, Tero Karras, Miika Aittala, Timo Aila, 'Noise2Noise: Learning Image Restoration without Clean Data'. arXiv preprint arXiv:1803.04189, 2018년 10월 29일.

· James Vincent, 'These six-wheeled delivery robots are starting trials in Europe', 〈The Verge〉, 2016년 7월 6일.

· Jan Krämer, J., Daniel Schnurr & Michael Wohlfarth, 'Trapped in the Data-Sharing Dilemma', 〈MIT Sloan Management Review〉, 60(2), 22-23. 2019년 겨울.

· Jon Fingas, 'Walmart tests shelf-scanning robots in 50-plus stores', 〈Engadget〉, 2017년 10월 26일.

· Joy Buolamwini & Timnit Gebru, 'Gender shades: Intersectional accuracy disparities in commercial gender classification', Conference on Fairness, Accountability and Transparency, pp. 77~91, 2018년.

· Lauren Olsen, 'Retail could get a big boost by what's written on a shopper's face', 〈WWD〉, 2017년 8월 22일.

· Melissa A. Schiling, 《Strategic management of technological innovation》, Tata McGraw-Hill Education, 2010년 4월.

· Michael Chui, James Manyika, Mehdi Miremadi, Nicolaus Henke, Rita Chung, Pieter Nel & Sankalp Malhotra, 'NOTES FROM THE AI FRONTIER INSIGHTS FROM HUNDREDS OF USE CASES', Mckinsey Global Institute,

2018년 4월.
· Mike Brewster, Claire-Louise Moore, 'Artificial-intelligence-global-consumer-insights-survey PwC Report', 2018년.
· Nora Walsh, 'The Next Time You Order Room Service, It May Come by Robot', 〈New York Times〉 2018년 1월 29일.
· Peng Zhou, Xintong Han, Vlad I. Morariu, Larry S. Davis, 'Learning Rich Features for Image Manipulation Detection', arXiv preprint arXiv:1805.04953, 2018년 5월 13일.
· Philip Kushmaro, 'How AI is reshaping marketing', 〈CIO〉, 2018년 9월 4일.
· Pranav Rajpurkar, Jian Zhang, Konstantin Lopyrev, Percy Liang, 'Squad: 100,000+ questions for machine comprehension of text', arXiv preprint arXiv:1606.05250, 2016년 1월 11일.
· Ram Mudambi and Tim Swift, 'Knowing When to Leap: Transitioning between Exploitative and Explorative R&D', 〈Strategic Management Journal〉, 35, pp. 126~145, 2013년 2월 5일.
· Romy Oltuski, 'Why shop when you can 3D print your clothes?', 〈Racked〉, 2017년 4월 24일.
· Sam Ransbotham, David Kiron, Philipp Gerbert, AND Martin Reeves, 'Reshaping business with artificial intelligence: Closing the gap between ambition and action', 〈MIT Sloan Management Review〉, 59(1), 2017년 9월 6일.
· Samsung debuts next generation of family hub refrigerator at CES 2018, Samsung press news release, news.samsung.com/us/family-hub-3-0-refrigerator-ces2018, 2018년 1월 8일.
· Thomas H. Davenport, '7 Ways to Introduce AI into Your Organization', 〈Harvard Business Review〉, 2016년 10월 19일.
· Tony McCaffrey & Jim Pearson, 'Find Innovation Where You Least Expect

It', 〈Harvard Business Review〉, 2015년 12월.

· '9 Ways Your Business Can Plan For Artificial Intelligence', 〈Forbes Technology Council〉, 2017년 3월 24일.

· 'A ping pong robot at CES 2019 made me wonder: Could I go pro?', 〈CNet〉, 2019년 1월 11일.

· 'Amazon-Marriott Deal Will Make Alexa A Hotel Butler, But The Implications Range Far Wider', 〈Forbes〉, 2018년 6월 19일.

· 'Artificial Intelligence Market Forecasts', Tractica, 2018년.

· 'Chinese Police Add Facial-Recognition Glasses to Surveillance Arsenal', 〈Wall Street Journal〉, 2018년 2월 7일.

· 'driven by intuition: car by lexus, story by artificial intelligence, camera by Oscar-winning director', 〈Toyota Newsroom〉, 2018년 11월 19일.

· 'Growth in Machine', Capgemini Digital Transformation Institute, 2018년 7월 12일.

· 'Sizing the prize: What's the real value of AI for your business and how can you capitalise?', 〈PwC〉, 2017년 8월 16일.

· 'TechRadar: Artificial Intelligence Technologies Q1', Forrester Research, 2017년 1월 18일.

· 'The Eye In The Sky Gets A Brain That Knows What It's', 〈Fast Company〉, 2017년 1월 16일.

· 'The race for AI: Google, Twitter, Intel, Apple in a rush to grab artificial intelligence startups', Research Briefs, 〈CB Insights〉, 2017년 4월 5일, https://www. cbinsights. com/blog/top-acquirers-ai-startups-ma-timeline.

· 〈Trendbird Annual Report〉, 2018년.

· 〈Trendbird Monthly Report〉, 2018년 2~12월.

3년 후
AI 초격차 시대가 온다

1판 1쇄 발행 2019년 7월 12일
1판 8쇄 발행 2021년 11월 19일

지은이 정두희
펴낸이 고병욱

책임편집 윤현주 **기획편집** 장지연 유나경
마케팅 이일권 김윤성 김도연 김재욱 이애주 오정민 **디자인** 공희 진미나 백은주 **외서기획** 이슬
제작 김기창 **관리** 주동은 조재언 **총무** 문준기 노재경 송민진

펴낸곳 청림출판(주)
등록 제1989-000026호

본사 06048 서울시 강남구 도산대로 38길 11 청림출판(주) (논현동 63)
제2사옥 10881 경기도 파주시 회동길 173 청림아트스페이스 (문발동 518-6)
전화 02-546-4341 **팩스** 02-546-8053
홈페이지 www.chungrim.com
이메일 cr1@chungrim.com
블로그 blog.naver.com/chungrimpub
페이스북 www.facebook.com/chungrimpub

ISBN 978-89-352-1285-9 03320

※ 이 도서의 국립중앙도서관 출판예정도서목록(CIP)은 서지정보유통지원시스템 홈페이지(http://seoji.nl.go.kr)와 국가자료공동목록시스템(http://www.nl.go.kr/kolisnet)에서 이용하실 수 있습니다.(CIP제어번호: CIP2019023917)